高等学校城市轨道交通运输专业教材

交通运输系统规划

主　编　林南南
副主编　胡　华　李思杰
主　审　朱海燕

中国铁道出版社有限公司

2022年·北　京

内容简介

本书介绍了交通运输系统规划与设计的基本理论、基本方法以及其中的关键技术。全书共分九章，包括交通运输系统规划概论、交通运输系统调查与数据分析、交通运输系统需求预测、城市道路交通系统规划、城市轨道交通系统规划、常规公共交通系统规划、航空运输系统规划、综合客运交通枢纽规划，以及交通运输系统规划综合评价方法。

本书主要作为高校交通运输工程专业的本科生及硕士研究生教材，也可作为对该专业有兴趣的读者的参考资料。

图书在版编目(CIP)数据

交通运输系统规划/林南南主编．—北京：中国铁道出版社有限公司，2022.5
ISBN 978-7-113-28772-6

Ⅰ.①交… Ⅱ.①林… Ⅲ.①交通运输规划 Ⅳ.①U491.1

中国版本图书馆CIP数据核字(2022)第008328号

书　　名：交通运输系统规划
作　　者：林南南

责任编辑：徐　清　　**编辑部电话：**(010)51873147　　**电子邮箱：**357716058@qq.com
编辑助理：宋晗炜
封面设计：高博越
责任校对：安海燕
责任印制：高春晓

出版发行：中国铁道出版社有限公司(100054，北京市西城区右安门西街8号)
网　　址：http://www.tdpress.com
印　　刷：三河市国英印务有限公司
版　　次：2022年5月第1版　2022年5月第1次印刷
开　　本：710 mm×1 000 mm 1/16　**印张：**13.25　**字数：**244千
书　　号：ISBN 978-7-113-28772-6
定　　价：42.00元

前　言

交通运输系统规划是指有计划地引导交通运输系统一系列行动的展开，即规划者如何提示各种目标，又如何将提示的目标付诸实施的方法。交通运输系统规划有广义和狭义之分，广义的交通运输系统规划包括交通运输基础设施建设发展规划、交通运输组织管理规划、生产经营规划等。狭义的交通规划是指交通运输基础设施建设发展规划。

交通运输系统规划是以将人和物移动的方式合理组织为目的，以实现城市生活的方便、出行便捷和利于人们游憩为宗旨，包括交通设施的配置和功能上的规划；是以土地规划、区域规划为基础，而进行的适合区域定位发展的交通线路、交通方式和交通工具三者的合理配置，使其发挥各自的优势。

交通运输系统规划的意义主要体现在以下几个方面：

(1)交通运输系统规划是建立完善综合运输体系，获得交通运输最佳效益的重要方式和途径；

(2)交通运输系统规划是缓解道路交通拥堵问题的根本措施；

(3)交通运输系统规划是充分发挥原本有限的交通基础设施的效益，实现城市交通管理科学化的重要手段。

掌握交通运输系统规划的知识体系，对于培养交通运输专业的学生而言，就好比掌握了开启生活、工作和交通规划与设计知识的一把金钥匙。“授人以鱼不如授人以渔”，在这种教育思想的启迪下，非常有必要编写一本引领学生了解交通运输系统规划的教材。

本书的编写更加注重教育思想和观念的改革，力求处理好知识、能力和素质三者的辩证统一关系，更加注重学生实践能力的培养。通过结合交通运输系统规划实践，重点向学生介绍交通运输系统调查与数据分析、需求预测、交通运输系统规划综合评价的理论方法，城市道路交通系统、城市轨道交通系统、常规公共交通系统、航空运输系统以及综合客运枢纽的规划方法。通过本书的学习，帮助学生全面了解和掌握交通运输系统规划的理论与方法，培养和树立综合宏观战略和系统分析思维，培养分析和解决工程实践问题的创新意识和创新设计能力，逐步具备解决实际问题的能力。同时，在立德树人理念下，探索课程思政改革内涵和途径，融合思政育人与专业教学，指导学生理解交通运输系统规划对社会、健康、安全、法律、文化的影响，培养学生在交通运输领域乃至大交通运输系统的专业担当精神，并不断提升交通强国的社会责任意识，成为具有爱国情怀、工匠精神、国际视野、职业伦理和社会责任的社会主义事业建设者和接班人。

本书共 9 章，林南南主编，朱海燕主审，胡华、李思杰担任副主编，韦薇参编。其中第 1、2、4 章由胡华编写，第 3、5 章由李思杰编写，第 6、8、9 章由林南南编写，第 7 章由韦薇编写，林南南负责全书统稿、校订与定稿。在本书的编写过程中，得到了上海工程技术大学和中国铁道出版社有限公司的大力支持，在此表示深深的感谢。在本书的编写过程中，学习参考了很多著作、论文及实际案例，在此一并表示衷心的感谢！

本书由十三五国家重点研发计划（2017YFC0804900）、国家自然科学基金面上项目（52072235）和上海工程技术大学高水平应用型大学一流研究生人才培养项目资助，在此一并表示感谢！

由于编者水平及经验有限，书中难免存在不足和错误之处，恳请各位读者批评指正，不吝赐教，提出宝贵意见！

编　者

2021 年 10 月

目　录

第1章　交通运输系统规划概论 ······ 1

1.1　交通运输系统规划的目的与任务 ······ 1
1.2　交通运输系统规划的分类与层次 ······ 2
1.3　交通运输系统规划的原则与要求 ······ 5
1.4　交通运输系统规划的主要内容 ······ 7
1.5　交通运输系统规划的发展历史 ······ 11

第2章　交通运输系统调查与数据分析 ······ 14

2.1　交通调查的目的和意义 ······ 14
2.2　交通调查的主要内容 ······ 15
2.3　起讫点调查 ······ 17
2.4　交通(运输)量调查 ······ 23
2.5　居民出行调查 ······ 31
2.6　交通调查抽样方法 ······ 36
2.7　交通运输系统规划数据库构建方法 ······ 39

第3章　交通运输系统需求预测 ······ 41

3.1　四阶段交通需求预测方法概述 ······ 41
3.2　交通生成预测 ······ 42
3.3　交通分布预测 ······ 47
3.4　交通方式划分 ······ 53
3.5　交通流分配 ······ 57
3.6　常用交通需求预测软件 ······ 65

第4章　城市道路交通系统规划 ······ 68

4.1　城市道路交通系统规划概述 ······ 68

4.2 城市道路交通线网布局形态 …… 70
4.3 城市道路交通线网布局规划的内容和方法 …… 75
4.4 城市道路交通停车场规划与设计 …… 79
4.5 相关标准与规范 …… 83

第5章 城市轨道交通系统规划 …… 86

5.1 城市轨道交通系统规划概述 …… 86
5.2 城市轨道交通线网规划 …… 87
5.3 城市轨道交通车站规划 …… 102
5.4 城市轨道交通车辆段规划 …… 105
5.5 相关标准与规范 …… 107

第6章 常规公共交通系统规划 …… 109

6.1 常规公共交通系统规划概述 …… 109
6.2 常规公交线网布局规划 …… 111
6.3 公交场站布局规划 …… 119
6.4 公交车辆发展规划 …… 126
6.5 快速公交系统规划 …… 130
6.6 相关标准与规范 …… 139

第7章 航空运输系统规划 …… 141

7.1 航空运输系统规划概述 …… 141
7.2 民用机场体系规划 …… 148
7.3 航线网络规划 …… 161

第8章 综合客运交通枢纽规划 …… 167

8.1 综合客运交通枢纽规划概述 …… 167
8.2 综合客运交通枢纽调查内容及实施 …… 170
8.3 综合客运交通枢纽需求预测 …… 175
8.4 综合客运交通枢纽布局设计评价方法 …… 179
8.5 相关标准与规范 …… 183

第 9 章　交通运输系统规划综合评价方法 …… 185

9.1　交通运输系统规划评价的特点 …… 185
9.2　交通运输系统规划的技术评价 …… 186
9.3　交通运输系统规划的经济评价 …… 192
9.4　交通运输网络规划的社会评价 …… 198
9.5　交通运输系统规划的综合评价 …… 198

参考文献 …… 202

第 1 章　交通运输系统规划概论

交通运输系统规划是交通运输系统建设与管理科学化的重要环节，是国土规划的重要组成部分。交通运输系统规划属于长期发展布局规划，是制定交通运输系统建设中长期规划、编制五年建设计划、选择建设项目的主要依据，是确保交通运输系统建设合理布局，有序协调发展，防止建设决策、建设布局随意性、盲目性的重要手段。本章主要介绍了交通运输系统规划的目的与任务、不同的分类与层次、规划所依据的基本原则和要求、规划的主要内容等。

1.1　交通运输系统规划的目的与任务

交通运输系统规划是指根据特定交通运输系统的现状与特征，用科学的方法预测交通系统交通需求的发展趋势及交通系统的管理模式、控制方法，以达到交通系统交通需求与交通供给之间的平衡，实现交通系统的安全、畅通、节能、环保的目的。

交通运输系统规划的目的是协调多种运输方式或某种单一运输方式，对交通方式、设施布局、体系结构、建设管理、运营服务等方面进行统筹安排，考虑资金、物力、政策和环境、土地等资源的限制，尽可能满足经济和社会发展对交通运输系统的需求，建立与社会经济发展规划相适应的高效、安全、经济、舒适和环保的交通运输系统。

交通系统规划的主要任务是通过交通系统现状的调查分析和交通需求的预测，提出规划期交通系统的发展目标和总体布局，确定交通基础设施的性质、功能和建设规模，制定主要路线的走向，确定交通枢纽场站的选址和布局，评价和优化交通网络结构与配置，制定分期实施的建设序列，保证规划期交通系统的交通需求与交通供给之间的平衡，满足社会经济发展对交通系统的需求。

交通运输规划研究的是一个能使人与货物运输安全和经济，并使人的出行舒适、方便且环境不受干扰的交通运输系统。交通运输规划与土地使用、社会经济条件、运输模式及其时间变化等因素有关，特别是土地使用，与交通运输规划密切相关，一定要促使它们之间相适应。

1.2 交通运输系统规划的分类与层次

1.2.1 交通运输规划的分类

为了全面掌握交通运输规划的内容,便于叙述和分析,交通运输规划可以按照不同的标准划分为不同的类型。

1. 按规划区域空间范围划分

所谓规划区域,是指规划研究所涉及的地域,它可以大至一个国家、数个国家,小至省、市、县、乡、镇、村,甚至某个厂、矿、学校。据此可把交通运输规划分为全国交通运输规划、区域交通运输规划与城市交通运输规划。

(1)全国交通运输规划是指在一个国家范围内的交通运输规划。如全国高速铁路网、高速公路网、航空线路等干线交通网的规划。

(2)区域交通运输规划是指覆盖大城市及其周边范围的交通运输规划,如京津唐地区、长江三角洲地区等的交通运输规划。区域交通运输规划虽然起步较城市交通规划早,但其发展的成熟程度则比城市交通规划低。由于交通系统的多样性和地方的复杂性,迄今为止,还没有像城市交通规划那样有统一的模式。

(3)城市交通运输规划是城市(包括所辖的城区、郊区和卫星城、县等)范围内的交通运输规划。如城市道路交通运输规划、城市公共交通运输规划等以城市为对象范围的交通规划。

2. 按规划期长短划分

所谓规划期是指规划的"未来"时域,指从现在起至未来某一时期之间的时间间隔,如5年、10年、20年等。按规划期长短可分为近期、中期、远期和远景。

(1)近期交通规划。一般规划期为3～5年,应以解决现状存在的主要问题为主,并与实施的重点项目结合,强调可实施性。

(2)中期交通规划。一般规划期为5～10年,与近期交通规划相比宏观,可实施性减弱。

(3)远期交通规划。一般规划期为10～20年,比中期规划更宏观,可实施性进一步减弱。

(4)远景交通规划。一般规划期为20年以上,规划目标进一步宏观,方向性较强。

3. 按所涉及的运输方式划分

(1)综合交通规划,即包含道路、轨道交通、水运、航空和枢纽等交通方式的交通规划。

(2)城市道路交通规划,即以城市道路交通为对象的规划。

(3)公路交通规划,即以公路交通为对象的规划。

(4)铁路交通规划,即以铁路交通为对象的规划。

(5)港湾交通规划,即以港湾交通为对象的规划。

(6)空港交通规划,即以航空交通为对象的规划。

除综合交通外,(2)～(6)均属于专项规划。在全国性或大区域范围的交通规划中,城市(包括港湾)被作为节点处理。然而,在城市或区域交通规划中,城市道路和港湾道路也必须详细列入,并且随着部门间协调能力的加强、城市化和交通一体化的进展,城市道路和公路的明确界限将逐渐被淡化。

4. 按运输对象划分

所谓运输对象是指运输行为作用于其上的人或物,即乘客或货物。按运输对象的不同可以分为货物运输规划和乘客运输规划。

乘客运输交通规划,即乘客的流动以及以此为基础的交通规划。

货物运输交通规划,即货物的流动以及以此为基础的交通规划。

1.2.2　交通规划的层次

随着城市交通供需规模的扩大化以及交通系统的复杂化,城市交通问题也逐步由单一问题向多层次、多元化问题转变。城市交通问题首先出现在局部点或线上,从点的角度说,可能是道路的某一交叉口、公交的某一场站、某一停车场;从线的角度说,可能是某一道路路段、某一条公交线路等。其后,交通问题将逐步扩展到分系统或片区层面,此时的交通问题可能属于单一交通系统,如道路问题、停车问题,也可能是某一片区的多系统综合性的交通问题,如道路、公交、停车等均出现问题,并且相互影响。然后,交通问题将向更大范围的分区层面扩展,它可能是单系统交通问题,也可能是多系统综合性交通问题。最后将出现全市性的交通问题,此时的交通问题不仅可能是单系统或多系统的综合性问题,而且可能是交通系统与社会经济的其他系统之间的矛盾与冲突。

因此,针对不同层次的交通问题,需开展不同层次的交通规划设计工作,如图1.1所示。本书结合某市交通规划设计工作的实践,对各层次交通规划的工作内容分别论述如下。

1. 宏观层面的交通规划——综合交通规划及专项交通规划

综合交通规划是研究全市综合性交通问题(包括交通系统与其他社会经济系统之间的矛盾),综合交通规划一般在城市总体规划、重大专项交通系统长远发展规划以及城市对外交通体系规划的基础上开展,是政府为协调交通系统内部以及交通与社会、经济、环境等的相互关系而制定的交通发展政策及行动方案。

专项交通规划是研究单一系统的交通问题。对城市交通的单一系统,包括轨

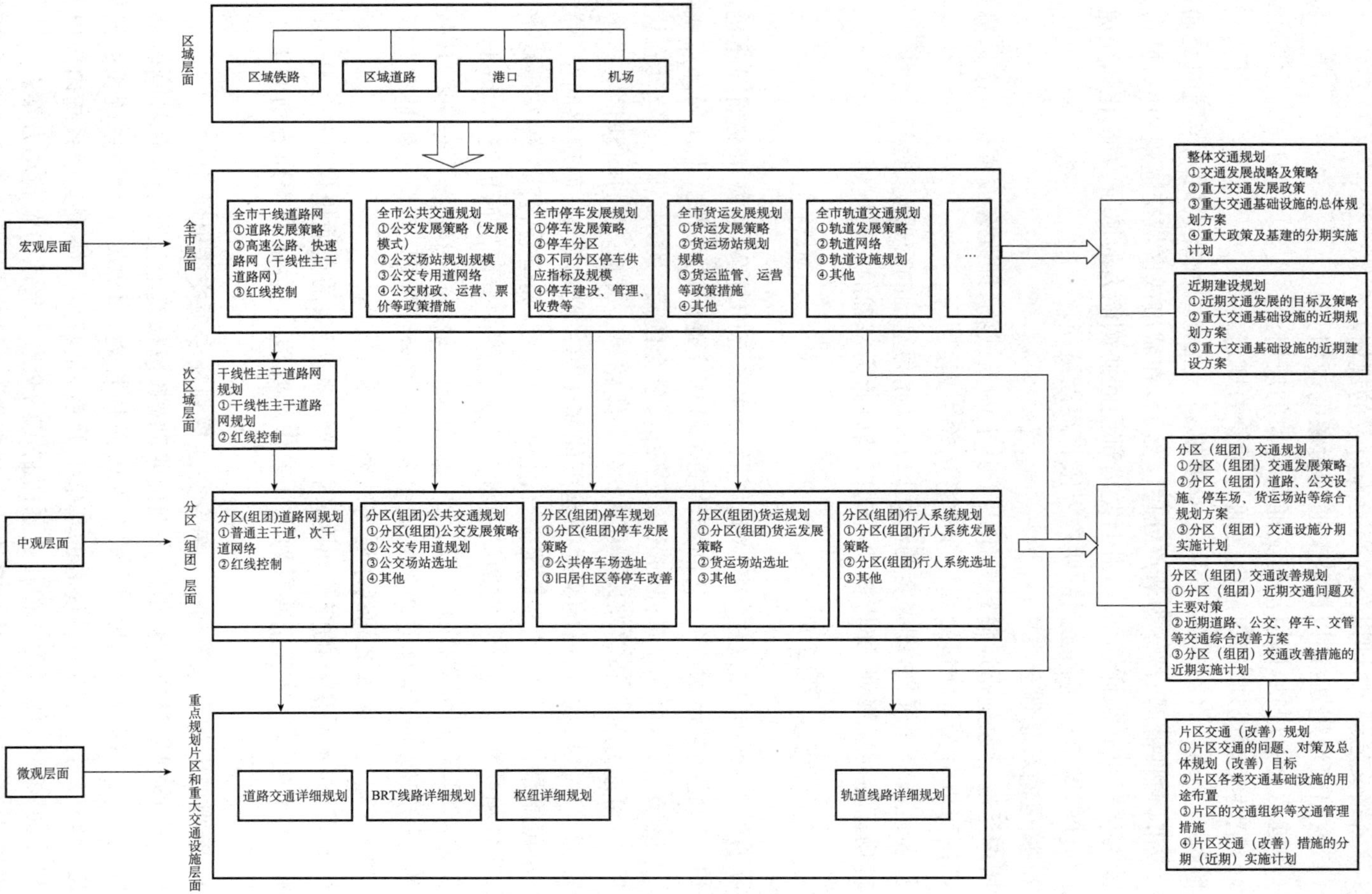

图 1.1 城市交通规划设计层次示意图

道、干线道路、公共交通、综合枢纽、停车、交通管理以及货运交通等，分别进行专项规划，制定各交通系统的发展目标和发展策略，确定各交通系统设施的功能、结构、布局，提出各系统的设施规划及分期实施计划等。

2. 中观层面的交通规划——分区交通(改善)规划

分区层面进行的交通规划包括分区交通规划和分区交通改善规划。分区交通规划的主要任务是衔接上层次交通规划，在分区范围内落实重大交通系统长远发展规划，并进行必要的衔接和深化补充研究；分区交通改善规划的主要任务是针对分区现状面临的交通问题，提出交通改善的目标与思路，制订分区交通改善总体方案。

3. 微观层面的交通规划——重大交通设施或重点片区的交通详细规划

重大交通设施建设规划、详细规划及交通影响分析是研究局部点或线的交通问题。其中，重大交通设施建设规划是重大交通设施近期实施的控制和依据性规划，其主要任务是在中长期专项规划的基础上，明确近期建设工程、规模、设施用地、投融资及实施效益等；重大交通设施交通详细规划是对设施的交通功能进行设计，并确定设施的总体布置方案，明确与土地利用及其他交通设施的衔接安排等，以指导工程的可行性研究，特别是方案设计；建设项目交通影响分析的主要任务是，明确建设项目实施而引发的需求，评价其对周边交通运行、交通服务的影响，解决由建设项目引发的交通问题并保障项目必要的交通进出条件。

片区层面进行的交通规划包括片区交通规划和片区交通改善规划。片区交通规划的主要任务是衔接上层交通规划，明确片区内上层次交通规划所确定的(重大)交通设施协调及用地控制要求，并进一步细化。片区交通改善规划主要任务是针对区现状交通问题，提出交通改善目标与思路，制订片区交通改善规划方案。

1.3　交通运输系统规划的原则与要求

1.3.1　交通运输规划的基本原则

1. 综合运输，协调发展

现代交通运输由五种运输方式组成，每种运输方式各有自己的技术经济特点和各自的适应范围。因此在进行交通运输规划时，首先要考虑各种运输方式的现状与发展规模。在这一原则的指导下，进行某种运输方式的规划，使该种运输方式的发展规划协调存在于由五种运输方式组成的综合运输系统之中。比如公路运输规划，就应特别注意规划区的铁路和水路的情况，各自在宏观上有一个总体协调规划，以此作为公路运输规划的基本依据。片面追求某种运输方式或者脱离其他运输方式而单一发展某种运输方式，不仅不能很好地满足社会经济发展和人民生活水平提高对运输的需求，甚至还会给社会造成不应有的资源浪费和财产损失。

2. 结合实际，量力而行

交通基础设施建设面广量大，耗资比较昂贵，耕地占用多。目前运输线路数量和质量虽亟待增加和提高，但还不可能在短期内产生奇迹般的突变。各地经济和自然条件，以及运输网现状等，亦有较大差别。因此交通运输规划，无论是在宏观上和微观上，均涉及众多的错综复杂的因素和条件，而且还处于变化的动态过程之中。正因为如此，我们强调交通运输规划必须从实际出发，一次规划，分期实施，既要保证交通运输规划适应区域交通运输发展的需要，同时也要切实可行。经批准后的交通运输规划方案，虽然在实施过程中还必须通过信息反馈作必要的修改，但它仍是交通基础设施建设的基本依据。因此强调联系实际、量力而行的交通运输规划原则，其意义在于保证交通运输基础设施建设按计划进行，保证交通运输规划方案始终具有约束性和适应性。

3. 科学规划，讲究效益

交通运输规划需要考虑多种因素，而且各种因素又有时间和空间方面的差异。但在任何情况下，贯彻经济效益原则，实现最佳效益目标，应是始终不渝的，交通运输规划尤其应如此。规划工作的实质就在于科学地总结过去，精确地把握现在，根据过去和现在的客观变化规律，恰如其分地预计未来，其中贯穿过去、现在和未来的重要量化指标，应是经济指标。

4. 系统分析，整体优化

交通运输系统是一个相对比较复杂的系统，因此交通运输规划必须以系统分析原理为其理论基础。实践证明，欲使区域交通运输实现其使用要求和目标，并且能够体现以上所述的几项原则，采用系统分析方法是必不可少的。

5. 立足未来，适当超前

交通运输规划本身就是对未来一个时期交通运输发展的全面的、科学的布局和安排，由于人们思维的定式，用现在的眼光观察事物并对其未来发展做出推测，这种推测往往过于保守，或者因不可控因素的出现使未来产生新的情况，致使有些规划还没有完全实施，就已显露出落后于时代的弊病。或者是过度超前，对未来的推测过于乐观，对不利因素考虑较少，致使规划实施在资金等方面遇到困难或实施后效益很差，资源浪费严重，影响规划的科学性和严肃性。这两者都是应当避免的。

1.3.2 交通运输系统规划的要求

交通运输系统规划必须坚决贯彻党和国家确定的战略方针和目标，充分体现国民经济“持续、稳定、协调发展”的方针，使交通运输系统发展布局服从于社会经济发展的总战略、总目标，服从于生产力分布的大格局，正确处理地区间、各种运输方式间交通网络的衔接，从国情、从本地区特点出发，既要有长远战略思想，又要从实际出发做好安排。要严格执行国家颁布的有关法规、制度，严格执行交通运输系统工程建设的技术规范、技术标准。

1.4　交通运输系统规划的主要内容

交通运输系统规划的主要内容如下：

1. 交通运输系统现状调查

交通运输系统现状调查是进行城市交通规划、城市道路系统规划和城市道路设计的基础工作。通过对城市交通现状的调查与分析，摸清城市道路上的交通状况，城市交通的产生、分布、运行规律以及现状存在的问题。其主要包括：①土地使用调查；②居民出行调查；③货物流动调查；④机动车出行调查；⑤公共交通调查；⑥社会经济因素调查；⑦出入口调查和车速调查；⑧其他调查。

2. 交通运输系统存在的问题诊断

交通运输系统存在的问题诊断，顾名思义是分析交通问题的症结，对症下药，达到缓解或从根本上解决问题的目的。诊断的对象不同，诊断内容也就不同。诊断的内容又因诊断的层面而异，如交通规划属于宏观诊断层面、交通管理和控制属于中观诊断层面、对路口路段的整治则是微观诊断层面。值得特别指出的是，交通系统存在的问题诊断有别于交通现状的评价。交通现状诊断的关键是发现交通系统存在的根本问题，找出交通系统失效的主要原因，根据所探寻的根源，寻求一种或多种解决方案妥善处理现存的问题。而交通评价更注重交通运行的良好与否，与此同时发现影响交通运行状况的重要因素。

纵观国内外对交通现状诊断的方法可以分为两类：①定性交通现状诊断。即根据交通系统现存的问题，从宏观政策层面或管理层面对交通系统进行诊断。②定量交通现状诊断。即发现交通系统现存的问题，通过利用系统工程、物理数学方法对交通系统进行建模，通过对模型求解得出解决存在问题的方案。

3. 交通运输系统交通需求发展预测

交通需求预测是利用资料调查与分析的成果建立各种预测模型，并运用这些模型预测规划区域未来交通需求状况，其目的是为交通系统的规划、评价提供依据。交通需求预测常采用的方法是“四阶段”预测模型，即把交通需求预测过程分为四个阶段：交通生成、交通分布、交通方式划分和交通分配，如图 1.2 所示。

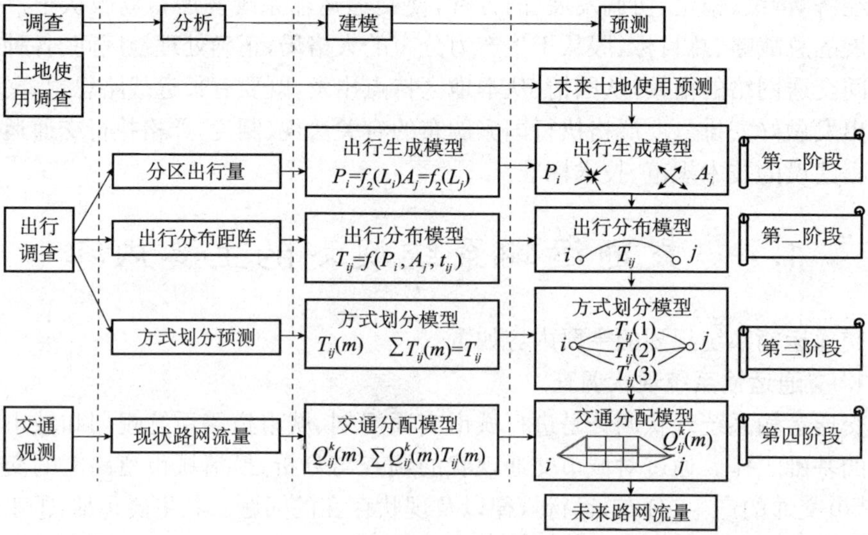

图 1.2　交通需求“四阶段”预测模型

通常所建立的模型包括运输需求预测模型(交通量发生与吸引模型)、交通量分布模型、运输方式选择模型和网络分配模型。由于模型的数学表达式不同,所采用的标定方法也不尽相同。模型标定后,才能用来对该区域进行交通运输系统规划。

(1)交通运输规划的基础模型

利用规划区历年来的人口和社会经济的调查数据,建立交通运输系统规划的基础模型,包括人口预测模型、社会经济活动模型、土地利用模型。有了这些模型,才能计算规划年的交通运输需求量,并能明确交通运输发展的各种限制条件。

(2)交通运输需求预测模型

利用上述基础模型,结合历年交通运输需求与经济社会发展的相关性及本规划区的其他相关因素,建立运输需求预测模型,利用该模型预测本规划区域及各交通小区未来规划年的交通运输需求量(包括交通发生量和吸引量)。

(3)交通量分布模型

交通运输需求预测模型可以得到本规划区域及各交通小区未来规划年度交通运输需求量(包括交通发生量和吸引量)。这些需求只是分布在规划区及各小区的“中心”节点上,交通运输规划所依据的是各小区之间的运输需求交换量,并以此交换量作为确定未来运输网络布局及线路等级、运输结构、场站设施的基本依据。交通分布模型的作用是把预测的交通发生量和吸引量,通过迭代运算得到各小区之间的交通分布(OD)(O,Origin—起点;D,Destination—终点)矩阵。

(4)运输方式选择模型

在交通分布模型中确定的各小区之间运输需求交换量是不区分运输方式的总运输需求量,而交通运输规划总是就某种运输方式来进行的。因此,各小区之间的运输需求交换量还必须在各种交通运输方式之间进行合理的分配,运输方式选择模型正是根据上述交换量、规划区的具体条件,并考虑各种运输方式的技术经济特点及其合理的适用范围,来选择最佳的运输方式以满足各小区之间的运输需求交换量。

(5)网络分配模型

运输方式选择模型获得的各小区之间的运输需求交换量只描述了各小区之间在某种运输方式上总的交换量,即该种运输方式在总运输需求交换量所占的份额。该种运输方式在各小区之间可能不只一条路线相连接,所以这些交换量就应该具体地分配到各条线路上去,并依此确定各条线路的等级。因此,必须建立网络分配模型来解决这个问题。对新规划的地区,可以解决整个区域的路网规划;对已建成的地区,可以解决交换量在路网中的分配,从而确定现有的网络密度是否与交通运输需求相适应,以便采用相应的措施建立优化的交通网络系统。

模型是定量分析的基础,规划中视分析内容的不同,可采用不同的模型,如用网络模型进行网络结构分析,利用回归模型进行模型类比分析,借助于重力模型等预测交通分布量,即 OD 量等。模型分析是现代交通运输系统规划最为显著的特征。

任何模型都是对现实存在或计划建立系统的一种抽象和简化,所以它不可能是客观系统的简单映射,因此在各个方面、各个细节上都和客观系统相一致的模型是不存在的。对交通运输规划所建立的模型和客观系统之间的判别是模型有效性分析要回答的关键问题。有效性检验包括两部分:模型抽象的有效性和模型转换的有效性。模型抽象的有效性是指模型反映客观系统的真实程度,经过与现实系统在对照、修改和验证后,模型能较真实地描述现实系统,为现实系统所应用的程度。模型转换的有效性是指由数学模型转换为计算机程序的可能性,如果能保证转换成计算机程序,说明模型转换的有效性好。

4. 交通运输系统规划方案设计与优化

交通规划的方案设计与优化是整个交通规划最终的着眼点和最关键的工作。方案设计与优化就是根据交通预测的结果和现状存在的问题,提出可行的规划方案,求出交通规划问题的解。规划方案设计包括网络设计和枢纽设计两个问题。网络设计要回答的主要问题是:增加通行能力,增加新的道路路段、网络规模、形式等。交通枢纽设计要回答的问题是:枢纽的选址、规模。在方案设计中,尤其是网络设计中,交通分配是其基础和依据。

5. 交通运输系统规划方案综合评价

交通运输系统规划方案综合评价主要包括四个方面，即技术、经济、社会环境和交通运行效果评价。

交通规划的技术评价是从交通网络的建设水平和技术性能方面出发，分析其建设规模与社会经济发展的适应性、交通网络的内部结构和功能，主要对交通规划中某种技术的引进可能带来的社会影响进行定性定量的全面研究，从而对其利弊得失做出综合评价。

交通规划的经济评价是以交通网络为整体的经济效益分析。交通规划的根本目的和重要原则之一，就是以最少的投资，获得交通系统的最佳经济效益。交通规划的经济评价正是通过比较各规划方案的建设、运营成本和效益，并结合规划期的未来资金预测，对方案的经济合理性进行分析论证。

交通规划的社会环境评价就是分析交通网络系统对规划区域社会环境方面的作用和影响。包括促进国土和自然资源的开发利用、水土保持和环境保护条件的改善以及对区域政治、经济、文化古迹及风景名胜等方面的影响等。相对技术评价和经济评价来说，社会环境评价具有宏观性、长期性、多目标性、间接效益多、指标定量难等特点，从定量分析要求出发，社会环境评价是难度较大的一类评价，还有待进一步探索。

交通运行效果的评价是以安全、通畅、快捷为目标，从较为宽泛的角度出发，全面、系统地评价交通运行特征，包括道路基础设施的使用情况、交通需求特征状况、城市停车设施的供给与使用情况以及交通管理设施在城市交通系统中所发挥的效率等，从而得到相应的改善方案。

6. 交通运输系统规划方案的分期实施计划编制

编制交通运输系统规划应该遵循国家有关法律、法规和技术规范，应当以建设集约化城市和节约型社会为目标，遵循资源节约、环境友好、社会公平、城乡协调发展的原则，贯彻优化发展城市公共交通战略，优化交通模式与土地使用的关系，保护自然与文化资源，考虑城市应急交通建设需要，处理好长远发展与近期建设的关系，保障各种交通运输方式协调发展。此外，编制交通运输系统规划的规划期限应与城市总体规划相一致、应与城市总体规划确定的规划编制范围相一致。规划成果应包括规划文本、规划说明书、规划图纸及基础资料汇编。其中，规划文本应当以条文方式表述规划结论，内容明确简练，具有指导性和可操作性。规划说明书应该与规划文本的条文相对应，并对规划文本条文做出详细论述。交通调查分析、交通模型等技术性分析文件以及主要专题研究成果应该作为规划说明书的附录。规划图纸所表达的内容应清晰、准确，与规划文本内容相符，现状图、规划图和分析图应当分别表示，图例应一致。基础资料汇编应包括规划编制中涉及的相关基础资料、参考资料及文件。在交通运输系统规划编制完成后，应当组织技术审查。规划成果在技术审查前应采取多种形式征求社会公众和相关部门意见。直辖市的交通运输系统规划编制完成后，报送中华人民共和国住房和城乡建设主管部门，由住房和城乡建设部综合交通体系规划专家委员会进行技术审查，其他城市由省、自治区住房和城乡建设主管部门进行技术审查。经技术审查后的交通运输系统规划成果，应纳入城市总体规划进行审批。

7. 交通运输系统规划的实施

交通运输系统规划的实施需要做好以下工作：一是全面加快交通运输系统规划的前期工作，明确规划进展时间，加快推进立项审批、设计审批等前提工作，并落实好规划项目建设用地、环评和地方出资等要素条件，尽快开工建设，形成事务工作量。二是紧扣时间节点，做好资金申请工作，按照“成熟一个、上报一个”的原则分批次上报资金申请报告，避免在最后期限集中上报。三是加快在建项目建设，高度重视、逐项跟进，加强对具体项目建设单位的指导协调和专项督查，定期协调，排除困难，加快推进各项工作，要切实加强项目资金和工程质量管理，确保按期优质完成各项工程建设。四是配合做好中、后期评估和调整工作，提前梳理规划项目进展情况和后续建设需求，为中、后期调整做好谋划和储备。

1.5　交通运输系统规划的发展历史

根据交通规划技术方法、规划思路与目标、规划应对的问题及其实践，可将交通规划发展分为以下六个阶段。

第一阶段(1930—1950 年)，这一阶段以缓和或消除交通拥挤为主要规划目的，采用的技术方法以道路交通量调查为基础，依据汽车保有量进行交通量增长预测，并基于经验开展交通量分配。

第二阶段(1950—1960 年)，这一阶段规划的目的主要是解决市内汽车交通急剧增加带来的交通阻塞，是汽车道路的交通规划。其特点是以高通行能力道路为对象的长期性道路规划。采用的技术方法包括家庭访问调查、道路交通量调查，并开始使用个人收入、社会人口结构、汽车保有量等经济指标参数，以道路交通(主要是汽车交通)为对象开展交通发生与吸引、交通分布、交通量分配的三阶段交通预测法。

如欧洲部分国家和美国、日本先后建立了强制性定期规范的居民出行调查及综合交通调查制度。这两个阶段交通运输规划和建设的主要思路是加强基础设施建设，以大规模的交通运输网络支撑交通量的增加。

第三阶段(1960—1970 年)，这一阶段，小汽车发展迅速，汽车保有量激增，交通状况急剧恶化。此时交通规划的目的开始考虑通过综合交通规划，合理分配交通投资(私人交通对公共交通)，征收停车费，进行长期性交通规划。同时，“四阶段预测法”开始出现于城市交通规划。规划分析研究的对象由车辆需求向个人需求转移，个人出行选择模型与交通方式划分模型被导入到了交通需求预测之中。如20世纪60年代芝加哥、纽约、巴黎等城市的交通规划。

20世纪60年代是现代交通规划真正开始发展的年代，这一时期的交通规划技术主要有以下两个特征：

第一个特征是:“四阶段预测法”成为交通规划的主要研究方法。20世纪60年代之前的交通规划主要是以“道路网”规划的形式从属于城市规划，究其原因主要是受到交通规划研究方法的限制。由于这一时期主要以定性的方法研究交通，严重制约了交通规划理论和实践的发展。而以1962年芝加哥交通规划为标志，“四阶段预测法”开始逐步应用于交通规划的实践。这种研究方法的改变直接导致交通规划出现了两个方面的变化:①交通规划由于有量化的数据分析作为支撑，其成果更加具有系统性和说服力;②交通规划的重要性更加突显，使其从城市规划中的“一部分”变为相对独立的规划成为可能。

第二个特征是:开始重视公共交通的发展。20世纪60年代之前，在发达国家私人交通一般是构成城市客运交通的主体。交通规划则通过道路网规划的手段，主要满足私人交通发展的需求，公共交通往往不受重视。而在60年代的城市交通规划中，公共交通开始逐步受到规划者的重视，体现在具体规划中则是公共交通所占比重在逐步加大。

第四阶段(1970—1980年)，这一阶段内交通问题开始多样化。例如，大气污染、噪声、拥挤、停车难、交通事故、公共交通衰退等。同时，公众开始参与到交通规划过程中来。此时，交通规划的目的强调局部性，注重短期性规划，并以低成本交通营运政策为指导;规划的技术方法趋于多样化，主要表现在:集计模型的精炼化和简化，非集计模型的出台和应用，以及渐增规划、反应规划等。

这一阶段，开始出现整体性的交通规划，如香港的第一次整体交通规划。随着城市常规公交、轨道交通等各种交通方式的快速发展，如何从整合交通系统的角度协调各种交通方式的发展，逐步得到城市管理者的重视。在这类规划中，突破了原有仅将道路交通作为主要规划对象的情况，更加关注不同交通方式之间的协调。交通系统“整合一体化”开始逐步成为交通主要规划的重要追求目标。

第五阶段(1980—1995年)，公共交通、城市环境问题、交通事故、堵车、交通弱者问题越来越受到重视。同时，计算机技术、GPS、GTS、ETC以及信息通信网的发展为交通规划的技术方法注入了新的活力，并取得了一定的研究成果。交通规划定量化也有所突破，非集计模型得到了重视，“四阶段法”预测法开始向动态方向发展。

第六阶段(1995—2021 年),这一阶段,世界经济和科学技术迅猛发展,交通规划的研究方法和规划目标体系也出现了新的变化。这一变化主要体现在交通规划正在朝着涉及多个学科、涵盖社会生活各领域、采用多种研究方法的方向发展。如交通规划目标中,在交通环保的基础上,又出现了"以人为本""交通安全""社会公平"等各种规划理念。交通规划不仅涉及交通规划学科本身,还涉及经济、社会等多个相关学科。面对这些变化,在交通规划的研究方法上也逐渐出现定性与定量相结合,交通与计算机相结合的发展趋势。分析其主要特征,前述 6 个阶段又可概括为 3 个阶段,见表 1.1。

表 1.1 交通规划不同发展阶段特征

<table>
<tr><th></th><th>第一阶段:20 世纪 50 年代前</th><th>第二阶段:20 世纪 50 至 70 年代</th><th>第三阶段:20 世纪 70 年代至今</th></tr>
<tr><td>研究对象</td><td>汽车交通</td><td>前期主要是汽车交通,后期开始重视公共交通</td><td>综合交通与社会、经济</td></tr>
<tr><td>研究目的</td><td colspan="2">消除交通拥挤</td><td>与城市规划有机结合,相互协调</td></tr>
<tr><td>与城市发展规划的关系</td><td colspan="2">将交通作为城市发展的派生需求,被动适应城市规划</td><td>与城市规划有机结合,相互协调</td></tr>
<tr><td>主要研究方法</td><td>以现状调查数据为基础,主要采用经验定性预测方法</td><td>逐步采用"四步骤"交通预测方法</td><td>多学科、系统工程方法,定量与定性相结合分析方法</td></tr>
<tr><td>研究成果</td><td>道路网规划</td><td>前期主要是道路网规划,后期演变为综合交通规划</td><td>整体性、战略性交通规划与专项规划等不同层次规划相结合</td></tr>
</table>

总体而言,交通规划理论脱胎于运输和经济学科,逐渐向系统学、运筹学等学科靠拢;从传统的四阶段交通规划,逐步向考虑经济财政可持续、环境可持续、社会可持续方面转变;并在计算机技术的支持下,不断趋于定量化、可视化。

第2章 交通运输系统调查与数据分析

为发展我国的交通运输事业,必须有科学、正确的预测和决策。正确的决策来源于科学的预测,而科学的预测又必须来源于系统周密的调查和准确的数据分析。交通运输系统调查就是通过对多种交通现象进行调查,提供准确的数据信息,为交通运输系统规划、交通运输设施建设、交通运输控制与管理、交通安全、交通环境保护和交通流理论研究等方面服务。因此,必须重视交通运输调查的作用,熟悉和了解交通运输调查及其数据分析的内容和方法,以便更好地发挥交通运输调查的作用。

2.1 交通调查的目的和意义

交通调查即是为了找出交通现象的特征性趋向,在道路系统的选定点或路段,收集和掌握车辆或行人运行情况的实际数据所进行的调查分析工作。交通规划中的交通调查,主要目的是为交通规划提供全面、系统而又真实可靠的实际参考资料和基础数据,依据这些数据准确分析规划区域的交通现状,对交通规划涉及的经济、运输、交通量等做出准确可靠的预测,并且制定出合乎社会发展规律并且与交通需求相适应的交通规划方案,达到规划工作指导交通建设与发展的目的。调查资料不全或者失真,则对交通现状的评价必然得出片面甚至错误的结论,也会造成社会经济发展趋势预测、交通需求预测结果精度低,导致规划方案无法实施。

交通调查的范围、调查手段、调查层次的深浅和调查资料的准确性和完整性,都将直接影响交通规划的制定和实施。在进行交通系统规划的各个阶段,都需要有相对应的基础数据。交通调查的意义主要体现在以下几方面:

1. 交通调查资料是交通运输系统现状评价的基础

通过交通调查,得到规划区域社会经济系统、交通运输系统、交通流等现状资料,构造定性或定量的评价方法,对交通运输系统的现状进行评价,通过对现状的分析和评价(道路状况、交通特征、交通安全和服务水平等),分析现状交通系统存在的问题,为交通规划提供依据。

2. 交通调查可以为交通需求预测模型提供基础数据

通过对规划区域社会经济系统、交通运输历史和现状的调查,以此为基础建立交通需求预测模型或采用客观的定性分析方法，对规划区域的社会经济、交通运输的发展趋势做出科学预测，为制定交通管理规划和中、长期交通规划提供直接的依据。

3. 交通调查资料也是制定交通规划目标的重要依据

通过对规划区域的社会经济发展规划、综合运输发展规划、资源开发等宏观规划资料的调查，了解调查规划区域内社会经济发展历史、现状和战略构思，是进行交通规划目标制定的重要依据。

2.2　交通调查的主要内容

交通调查的内容因采用的规划方法和规划侧重点不同而异。总的来讲，在进行交通规划时，主要对规划区域交通运输、社会经济及土地利用基础资料、相关的政策和法规等方面做出真实、全面、系统、客观的调查。

1. 交通运输调查

(1)交通量、运输量调查

①规划区域内综合运输方式的OD运输量，尤其是规划区域道路网基年的OD交通量，是进行交通需求预测的基础。

②规划区域内的轨道交通、道路、水运、航空和管道五种运输方式历年完成的客、货运量和周转量及汽车保有量。

③规划区域内有关道路网历年的交通量、车速、车流密度、交通量的构成资料。

④规划区域内五种运输方式的技术经济指标，如平均吨(座)位、运输成本、平均速度、平均运距、实载率等。

(2)交通基础设施调查

交通基础设施调查资料是交通运输规划的基本素材。调查所要求搜集的信息类型取决于它最终的用途，有的调查资料具有较长的适用寿命，即数据保持不变，几乎无须修改；而另一些信息随时间迅速变化，需要经常修改以保持其适用时间和可用性。根据交通运输规划的需要，交通基础设施调查通常包括以下内容：

①路网调查。路网调查主要是搜集调查区域内公用道路的信息。在有些调查中可能还包括某些专用道路，如林业道路、边境国防公路等的信息搜集。路网调查数据通常分路段搜集，路段可以按道班分界点、里程桩、交叉口、桥、隧道或者道路等级、路面状况发生改变的地点来划分。路网调查包括道路几何参数调查和路面状况调查两个部分。

a. 道路几何参数调查包括反映道路现状的一些项目，如路段长度、道路宽度、路肩宽度、中央分隔带宽度、行车道宽度、交叉口类型与尺寸等影响车辆运行的因素。

b. 路面状况调查包括路面类型（水泥混凝土、沥青混凝土、砂石路面、土路面等），路基材料与结构、使用时间以及道路铺面状况（优、良、中、差、坏）。

②道路运输站场调查

道路运输站场调查包括调查现有设施的容量与利用程度，趋势分析和未来市场预测。调查内容的详与略取决于调查结果是用于改、扩建原有站场，还是建造全新的站场。

③载运工具调查

载运工具是运输生产力的主要构成要素，一般说来，载运工具调查包括载运工具数量、类型、技术状况、分布、载运工具的运用情况，发生的交通事故情况等资料。这些资料一般在交通运输企业或交通主管部门或交警部门。

2. 社会经济及土地利用基础资料调查

社会经济系统是进行运输系统分析的重要因素之一，在进行交通规划时，社会经济现状和规划资料是不可缺少的。社会经济调查是根据交通规划的需要，对规划区域内的社会经济状况及土地利用做全面的调查，收集详尽的资料。

(1)经济资料

①经济水平。经济水平是指经济发展的总体规模和发展程度的总体体现，目前我国反映经济水平的指标主要有国民经济生产总值、社会总产值、工农业总产值、工业总产值、农业总产值和国民收入等。

②经济结构。经济结构是指社会经济各种组成部分、国民经济各个部门和社会再生产各个方面的构成和相互关系，比较直观的指标是国民经济各个部门的各产业的总产品或总劳务的价值量和各自在总体中所占有的比值。国民经济各部门可按五大类分为农业、工业、建筑业、运输业和商业；也可按三大产业分为第一产业、第二产业和第三产业。

③经济布局。经济布局从根本上决定了交通流的发生点和汇集点的分布。调查的主要内容是规划地区重要生产部门在空间上的分布和重点区域行业的专门化程度。

(2)人口

①总量指标。包括总人口、职工数量、社会劳动者、农业总人口和工业总人口等反映规划区域人口总量的有关指标。

②相对指标。包括人口密度、人口平均增长速度、人口自然增长速度等相对指标。

(3)自然资源

资源是区域社会经济发展的基本条件，直接影响并制约着规划区域内社会经济发展的规模和水平，资源分为自然资源和社会经济资源两大类。规划区域内自然资源的储量和分布从根本上决定了生产布局、社会经济结构和规模，也就决定了交通基础设施的布局。自然资源调查的主要内容有矿产资源、旅游资源、动力资源等，其中与交通运输关系比较密切的是矿产资源和旅游资源。社会经济资源调查的内容包括劳动力、科学技术、工业经济、农业经济、基础设施存量等。

（4）土地利用基础调查

土地利用和交通系统有着密切的联系，不同性质的土地利用，可发生或吸引不同性质的交通。

①交通分区土地使用性质调查。土地利用与交通有着不可分割的关系，是影响交通产生的主要因素之一，须按照我国国家标准《城市用地分类与规划建设用地标准》（GB 50137—2011）的规定进行调查，主要调查各交通分区主要土地使用类型的面积和强度。

②交通分区的就业岗位和就学数量调查。调查规划区域或典型交通小区的就业岗位和就学数，反映规划区域内土地利用的不同。

③商品销售额调查。调查规划区域或典型交通小区的商品销售额。

3. 相关政策与法规调查

与交通运输系统相关的政策主要有：

（1）区域经济发展规划、区域社会经济建设方针政策、国土开发利用规划。

（2）区域人口、资源开发、环境保护等方面的政策。

（3）综合运输发展规划，尤其是道路运输发展规划。

（4）道路工程技术标准、规范、定额、指标和基本建设的政策法规。

4. 交通影响调查

交通影响调查目的在于估计新的开发建设项目（住宅、办公楼、商业建筑或者综合性建设）带来的交通量的变化，确定为疏导新生成的交通量需要对交通运输系统所做的改善。交通影响调查还要评价项目对自然和人类生存环境的正面和负面的影响，包括预测未来运输需求，描述新增需求的影响，以及提出减少其负面效果的措施。

交通影响调查是开发项目环境影响调查的一个子项。由于交通高度可见并且影响大多数人，所以交通影响调查是环境影响调查很主要的一个部分。

2.3 起讫点调查

2.3.1 起讫点调查目的

起讫点调查的实质是把出行（人、车、货）从技术与社会综合的角度进行研究。

这种方法改变了传统的单靠断面交通量的调查与增长率估计来研究交通需求与交通运输能力的关系。

起讫点调查的具体目的：

1. 通过搜集出行类别与数量资料，在计算机上模拟现状的出行，为发现主要交通症结，调整与改善道路系统功能，从系统上和政策上对近远期工程项目排序提供依据；

2. 由 OD 调查资料、土地使用资料建立各类交通预测模型，为远期交通规划提供依据；

3. 客观地分析评价各类交通出行的特征，特别是公共交通服务水平，为提高公共交通系统的运行效率，制定近期、远期交通政策提供有效信息。

2.3.2 起讫点调查类别与方法

1. 调查类别

(1)个人出行

个人出行包括城市居民和流动人口的出行，调查内容主要包括出行目的、出行方式、出行时间、出行距离、出行起讫点以及用地设施等。城市居民出行调查是世界各国开展交通调查最常用的方式之一。

(2)车辆出行

机动车辆包括货车与客车。机动车出行调查包括所有牌照车辆和调查日进入调查区域的外地车辆。车辆出行 OD 应包括车型、营业特点、装载(货)、出行目的、出行次数、出发和到达时间、地点、经过主要江河桥址以及主要路口等信息。

(3)货物流通出行

货物流通出行一般分两部分：一部分是调查货物流通集散点(列明单位)，调查运输设施能力(岸线、码头、泊位、年吞吐量以及铁路专用线、货运汽车)、停车场地、仓储情况；另一部分是货物种类、运入量、运出量、运输方式等。

2. 调查方法

调查方法很多，主要有以下几种方法：

(1)家访调查(个人出行)

对居住在调查区内的住户，进行抽样家访。由调查员当面了解该户中包括学龄儿童在内的全体成员一天的出行情况。

我国许多大城市居民出行调查采用这种方法进行出行调查。这种调查内容比较可靠，表格回收率高。在工作中辅以大量的宣传，实行市调查办、街道居委会、调查员三级管理质量保证，可以获得事半功倍之效。

家访调查还应包括在城市活动的流动人口出行调查。

(2)发表调查(车辆出行)

将调查表格给机动车驾驶员,由车辆管理系统落实到每个人,由他们填写后回收。填写前应做好动员与解释工作。对调查未出车的应注明原因,若系节假日则改填次日出行情况。

(3)路边询问调查

在主要道路或城市出入口设调查站,让车辆停下,询问该车的出行起讫点以及其他出行资料。对访问地点的选择,如果调查只涉及一条孤立路线上的资料,取一个中间点位置进行驾驶员访问就可以了,如果要取得一个城市全部出入交通数据,应在这城市所有放射道路上选择访问点。在调查人员有限的情况下,这种方法很有用,每天调查可限于一个站点,调查周期可延至一周以上。路边询问一般要让驾驶员停车,一要警察协助;二要注意问答简练、准确,不致引起对方反感,应避免交通堵塞和注意交通安全。

(4)明信片法

当交通繁忙不能长时间停下车来做路边询问时,就采用在访问站对驾驶员发明信片的办法,要求驾驶员填写后投递寄回。访问站尽量设在交通减速地段,如通行收费处、交通信号处或有停车标志处。明信片法的回收率一般只有25%~35%。

(5)工作出行调查

对调查区内的职工抽样进行居住点(O点)和工作地点(D点)的调查,由于这项资料可以从工作单位的现成档案中抄得,能大大减轻调查工作量。虽然只是工作出行,但都是城市客流的主体,很适于公共交通规划。自行车专题调查也可以采用此方法进行。

(6)车辆牌照调查

由各调查站分时段记下通过测点的全部车辆牌照末几位数字,然后汇总各调查站记录进行汇总校对。凡第一次记牌照的地点即为该车的起点,凡最后一次记录牌照的地点便是该车的讫点。这种方法得到的信息往往太粗略,且投入的人力很大。因此,仅在研究一个枢纽地区的流量流向分布时采用。

(7)公交站点调查

为了了解公交客流分布,派人去车上或站上对乘客进行询问调查,了解乘客起、讫点与中转情况。主要内容有:①乘车路线,下车站点;②下车后是否转车;③终点。这种调查抽样率高(可达20%)。

(8)购公交卡或充值时填卡调查

持公交卡者是一些城市公交客运的基本客流。利用乘客购卡或充值之际,发表给乘客填写家庭地址、单位地址,上车车站、转车车站、上下车步行时间、候车时间、行程时间等项目。

(9)境界线出入调查

在调查区的境界线上设调查站,对所有穿越该路线的车辆作统计,在干线边做询问调查,此法可做家访调查的补充。小城市的OD通常不做家访,而直接采用本方法。

(10)货物流通调查(货流OD)

在货源点和吸引点调查货源种类、数量,调查日的货流流向与流量,采用的运输工具等。

2.3.3 调查区的划分

1. 在确定调查区域以及选择区域境界线时主要考虑的因素

(1)考虑规划区域社会经济系统规划以及经济活动地域分布情况,调查范围应足够大。

(2)考虑调查区域的出入境交通情况,尽量配合天然地形界限,避免不规则的形状。

(3)考虑适合路边调查站点的设立。

(4)考虑利用现有的行政区划分的统计数据。

2. 交通小区的划分原则

调查区域确定后,要将调查区域分为若干调查小区(Zone),这是交通研究的最小分析区。确定交通小区的目的是确定出行起讫点的空间位置,并且是分析交通特性的基础单元。

交通小区划分一般可以遵循如下原则:

(1)同质性。区内的土地使用、经济、社会等特性应尽量一致。

(2)以轨道交通线路、河流等天然屏障作为分区的界限,不但资料准确,且易于核对。

(3)尽量配合行政区的划分,以利用政府的统计资料,如人口、经济统计资料等。

(4)分区的过程中要考虑道路网。

(5)保持分区的完整,避免同一用途的土地被分开。

(6)分区越小,计算数据越多,成果就越细,但工作量也越大。反之,工作量小,但有可能掩盖该范围内的交通特点。通常交通量分散的郊区分区划分可以大些,而交通量集中的市区分区划分可以小些。

2.3.4 起讫点调查实施步骤

1. 调查机构的确立。鉴于OD调查涉及很多方面,调查工作量巨大,因此需要建立一个专门机构统一负责，从调查方案的设计、人员培训、组织实施以及数据录入处理等方面进行协调。

2. 资料准备。对居民点的分布、土地利用现状、车站码头仓库的位置等相关资料的收集。

3. 交通小区的划分。对某一具体城市进行OD调查前，首先要确定调查区的范围或境界线，合理确定交通小区。

4. 确定抽样率。如果调查范围和对象工作量不是很大，可全样调查，但多数情况下，需要按一定比例抽取调查样本。

5. 人员培训。调查结果的质量很大程度上取决于调查人员，尤其是在面访中，调查人员的责任心和技巧将直接影响调查的成败。要成功地进行OD调查，理论培训和实地演习是必不可少的。理论培训应由较熟悉并掌握OD调查理论的人员讲解，并向调查员印发相关材料。培训的形式可采用集中培训和分片培训两种形式。

6. 制订实施计划。实施计划要从实际出发，安排留有余地。

7. 进行典型试验。典型试验的工作内容与正式调查的内容应完全一致，并且应该使正式上岗的人员全部参加。典型试验的时间不必过长，可控制在2 h以内。演习完成后，要进行总结，对发现的问题要及时予以解决。

8. 实地调查。在OD调查正式开始前1 h，调查人员必须全部到岗，进行现场布置。各个调查点要有专人负责，实行岗位责任制。同时，在整个实施过程中，要进行各种形式的督促、检查。

9. 数据的整理与录入。为了便于计算机识别，应对相应数据项进行编码。经过整理、校验的数据进行计算机录入，录入后的数据再进行计算机校验和修改。

10. 数据分析及撰写。数据分析和撰写分析报告是进行OD调查的最终目的，进行数据分析时应根据调查目的，尽可能地对调查数据进行归类、分析、预测，挖掘其全部内涵。分析报告既要说明问题，又要简明扼要。

2.3.5　起讫点调查结果整理和分析

1. 起讫点调查数据分析主要结果

起讫点调查搜集到的数据量非常大，数据的处理和分析要借助相关的软件和大容量计算机完成，分析的主要结果有以下几项：

(1)规划区域各种车辆OD表。

(2)规划区域车辆汇总OD表。

(3)规划区域客货OD表。

(4)各种车型的比例。

(5)货车平均吨位。

(6)客车平均座位。

(7)客货车的实载率。

(8)货车的载货品种的构成。

(9)道路断面交通量。

2. OD 表

OD 表可以分为矩形表和三角形表两种，能够明确地反映出调查区域内客、货流的流量、流向、经过路线以及起点和终点，还能够反映出车流是否为区间流动、区内流动还是过境流动。

表 2.1 为矩形 OD 表，它能够反映区间车流流向和流量，适用于车流的流动方向经常变化和流量显著不同的情况。

表 2.1 矩形 OD 表

O	D					
	1	2	3	…	n	$O_i=\sum_{j=1}^{n}q_{ij}$
1	q_{11}	q_{12}	q_{13}	…	q_{1n}	O_1
2	q_{21}	q_{22}	q_{23}	…	q_{2n}	O_2
3	q_{31}	q_{32}	q_{33}	…	q_{3n}	O_3
⋮	⋮	⋮	⋮		⋮	⋮
n	q_{n1}	q_{n2}	q_{n3}	…	q_{nn}	O_n
$D_j=\sum_{i=1}^{n}q_{ij}$	D_1	D_2	D_3	…	D_n	$T=\sum_i O_i=\sum_j D_j$

表 2.2 为三角形 OD 表，它是将矩形表中往返车流合计成一个回程的表达方法，适用于区间往返流量相对稳定的情况。

表 2.2 三角形 OD 表

O	D					
	1	2	3	…	n	$O_i=\sum_{j=1}^{n}q_{ij}$
1	q_{11}	q_{12}	q_{13}	…	q_{1n}	O_1
2		q_{22}	q_{23}	…	q_{2n}	O_2
3			q_{33}	…	q_{3n}	O_3
⋮				⋮	⋮	⋮
n					q_{nn}	O_n
						$T=\sum_{i}^{n}O_i$

3. 期望线图和等值线图

在实际路网中，由于调查区域之间通常有几条线路相通，用OD表很难掌握各个区之间的交通流，所以按照人们选择最短和最畅通路线的意愿，在交通规划地图上用线条宽度和交通量成一定比例的粗直线将各个区的形心连接起来，绘成OD调查表所要求的期望线图，如图2.1所示。

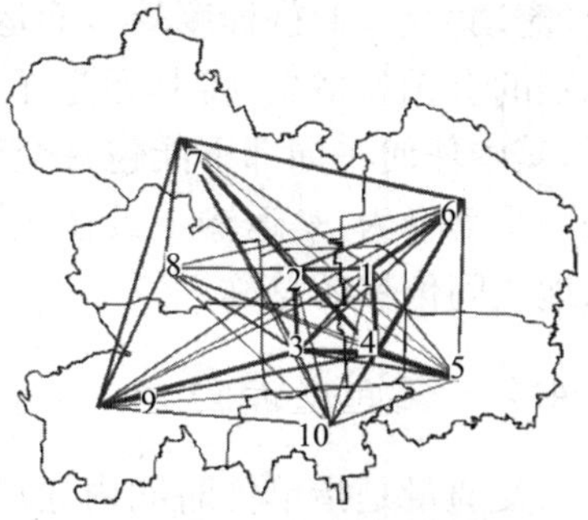

图2.1　期望线图

如果将期望线图上所表示小区之间的直线改绘成与道路走向相同而粗细不同的折线，折线粗细表示汇集该路段上交通量大小，即形成交通量等值线图。

4. 交通发生量/吸引量统计图

将小区的出行起点或终点的出行量绘制柱状图、折线图或者扇形统计图，可以清楚地表示各小区的发生与吸引量。例如，图2.2为依据某出行调查结果绘制的出行发生量与吸引量柱状图。

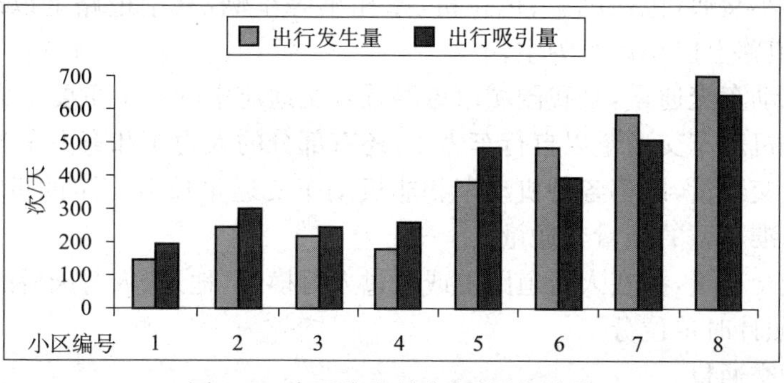

图2.2　交通发生量/吸引量统计图

2.4　交通(运输)量调查

2.4.1　交通与运输的关系

交通和运输具有不同的含义。交通强调的是运输工具在运输网络上的流动情况，而与运输工具上所装载的人员、物资的有无和多少没有直接关系；运输强调的则是运输工具上载有人员和物资的多少、位移多远，而并不过多关心使用的是何种运输工具与运输方式。比如公路交通量指的是单位时间内通过道路某一断面的车辆数，它与运输对象无关；运输量则指的是一定时期内运送人员与物资的数量。

也就是说，交通与运输指的是同一过程的两个不同的方面，其中同一过程指的是运输工具在运输网络上的流动，两个方面指的是交通聚焦于运输工具的流动情况（流动大小、拥挤程度等），而运输聚焦于流动中的运输工具上的运载情况（载人和物的有无和多少，将其运送了多远的距离）。交通与运输既相互区别又密切联系，其中任何一词都不能包含交通运输的全部内容，因此将其统称为交通运输，并进一步解释为：是运输工具在运输网络上的流动及运输工具上载运人员和物资在两地之间位移的总称。

2.4.2 交通量调查

交通量是指单位时间内通过道路某一断面或某一车道的车辆数或行人数，是描述交通流特性最重要的三个参数之一。交通量调查的目的在于通过长期连续调查、短期间隔或临时调查，搜集交通量资料，了解交通量在时间、空间上的变化和分布规律，为交通规划、道路建设、交通控制与管理等提供必要的数据。

1. 交通量分类

(1)按照交通性质分

①机动车交通，包括汽车、拖拉机、摩托车等车辆，其中道路上以载货汽车为主，在城市道路上以小汽车为主。

②非机动车交通量，是我国城市道路混合交通流中的一个重要组成部分，在我国道路上非机动车交通量以自行车为主，还有部分的人力车和畜力车等。

③混合交通量，即将各种机动车和非机动车交通量按照一定的折算系数换算成某一种标准车型的当量交通量。

④行人交通量，指在人行道路上或通过人行横道、地道、人行天桥的行人数。

(2)按照计时单位分

①小时交通量。

②日交通量。

③昼夜交通量。

④信号周期交通量。

⑤白天 12 h、16 h 交通量。

⑥周、月、年交通量。

(3)按照交通量特性分

①平均交通量。指某一时段间隔内交通量的平均值，作为某一期间交通量的代表，分为平均日交通量、年平均日交通量、周平均日交通量、月平均日交通量等，计算式分别见式(2.1)～式(2.4)。

a. 平均日交通量 ADT(Average Daily Traffic)

$$\mathrm{ADT}=\frac{1}{n}\sum_{i=1}^{n}Q_i \tag{2.1}$$

b. 年平均日交通量 AADT(Annual Average Daily Traffic)

$$\mathrm{AADT}=\frac{1}{365}\sum_{i=1}^{365}Q_i \tag{2.2}$$

c. 周平均日交通量 WADT(Week Average Daily Traffic)

$$\mathrm{WADT}=\frac{1}{7}\sum_{i=1}^{7}Q_i \tag{2.3}$$

d. 月平均日交通量 MADT(Month Average Daily Traffic)

$$\mathrm{MADT}=\frac{1}{30/31}\sum_{i=1}^{30/31}Q_i \tag{2.4}$$

②高峰小时交通量。指在以 1 h 为单位进行连续若干小时调查所得结果中，交通量最大的小时交通量，如高峰小时交通量、年最高小时交通量、第 30 位小时交通量等。

2. 交通量调查的计数方法

交通量调查的计数方法主要有人工计数法、浮动车法、机械计数法等。采用何种方法主要取决于调查目的、所能获得的设备、经费和技术情况等。

城市道路交通量车型分类及换算系数表见表 2.3。

表 2.3　城市道路交通量车型分类及换算系数表

编　号	车辆类型	换算系数
1	小汽车	1.0
2	小型载货汽车	1.5
3	3～5 t 载重汽车	2.0
4	5 t 以上载重汽车	2.5
5	中、小型载重汽车	2.5
6	大型公共汽车、无轨电车	3.0
7	摩托车、轻便摩托车	0.8

(1)人工计数法

人工计数法是我国应用比较广泛的一种原始性调查法，组织调查人员在调查路段或交叉口引道处进行交通量观测和记录，使用的工具包括计时器、手动(机械或电子)计数器和其他记录用的记录板、纸和笔。人工计数法可以调查得到分车型交通量数据、某一车道或某方向上的交通量、交叉口流量和流向数据、非机动车和行人交通量等。

人工计数法的优点是适用范围广泛，可以适用于任何情况下的交通量调查，如转向交通量调查、分车型交通量调查、行人交通调查等，机动灵活，易于掌握，精度较高，资料整理方便。从理论上看，人工计数法无论在车型的分辨上或是在计数方面都比仪器观测准确和机动灵活，而且调查地点环境不受限制。缺点是需要投入大量的人力、劳动强度大，天气不好时在室外工作比较辛苦。调查精度取决于调查人员的责任心、态度等。人工计数一般只适用于短期、临时性交通调查。表 2.4 为交通量人工调查记录表格示例。

表 2.4 交通量人工调查记录样表

调查地点__________ (路、街)方向__________ 调查日期__________

车道数__________ 调查员姓名__________ 天气__________

车型 时段	小客车	大客车	小货车	中型货车	大型货车	大型 公交车	合计
6:00—6:15							
6:15—6:30							
6:30—6:45							
⋮							
合计							

(2)浮动车法(Floating Car Method)

这种方法是英国道路研究试验所的 Wardrop 和 Charlesworth 于 1954 年提出的。它可以同时获得某一路段的交通量、行驶时间和行驶车速等数据，是一种较好的综合调查技术。

调查时需要一辆测试车，应尽量避免使用警车等有特殊标志的车辆。调查时，一名调查人员(除驾驶员外)记录对向开来的车辆数量，另一名调查员记录与测试车同向行驶的车辆中，被测试车超越的车辆和超越测试车的车辆数，另外一人报告和记录时间以及停驶时间，行驶距离应可以从里程表读取，调查过程中，测试车一般需要沿调查路线往返行 12～16 次。

表 2.5 为浮动车法调查记录表格示例。

根据调查数据，按照式(2.5)～式(2.8)计算测定风向上的交通量和行程时间。

$$Q_{\mathrm{A}}=\frac{X_{\mathrm{B}}+N_{\mathrm{A-B}}-M_{\mathrm{A-B}}}{T_{\mathrm{A-B}}+T_{\mathrm{B-A}}}\times 60 \tag{2.5}$$

$$Q_{\mathrm{B}}=\frac{X_{\mathrm{A}}+N_{\mathrm{B-A}}-M_{\mathrm{B-A}}}{T_{\mathrm{A-B}}+T_{\mathrm{B-A}}}\times 60 \tag{2.6}$$

$$\overline{T}_{\mathrm{A-B}}=T_{\mathrm{A-B}}-\frac{(N_{\mathrm{A-B}}-M_{\mathrm{A-B}})}{Q_{\mathrm{A}}} \tag{2.7}$$

$$\overline{T}_{\mathrm{B-A}}=T_{\mathrm{B-A}}-\frac{(N_{\mathrm{B-A}}-M_{\mathrm{B-A}})}{Q_{\mathrm{B}}} \tag{2.8}$$

式中 Q_{A}、Q_{B}——分别为 A 向 B 或由 B 向 A 行驶的交通量，辆/h；

$\overline{T}_{A-B}$、$\overline{T}_{B-A}$——分别为A向B或由B向A行驶于路段AB的行驶时间，h。

表2.5 浮动车法调查记录样表

路线名称及编号________观测日期______年______月______日______时

调查区间编号________观测路段起讫点桩号____________

测定距离________观测人员________气候情况____________

行车方向	观测次数	逆向交会车辆数 X_A	同向超越测试车的车辆数 N_{A-B}	同向被测试车超越的车辆数 M_{A-B}	行程时间 T_{A-B}		
					分	秒	换算为分
A→B	1						
	2						
	⋮						
	n						
	平均值						
行车方向	观测次数	逆向交会车辆数 X_B	同向超越测试车的车辆数 N_{B-A}	同向被测试车超越的车辆数 M_{B-A}	行程时间 T_{B-A}		
					分	秒	换算为分
B→A	1						
	2						
	⋮						
	n						
	平均值						

该方法与当前在车上安装GPS定位仪检测车辆位置和速度的浮动车调查不同，它为在无观测器路段上获取交通量和平均速度提供了一种方法，作为一种辅助交通调查方法具有其实际存在的意义。

(3)机械计数法

在交通量计数方面，各种自动机械计数装置在许多国家得到了广泛的应用，可以根据调查要求选择自动机械计数装置，进行连续调查。例如一天24 h、一月累计交通量、一年累计交通量等连续调查数据。

自动机械计数装置一般由计数器和车辆检测器（传感器）两部分组成。

自动机械计数装置可以分为便携式计数装置和永久性计数装置两种。前者适用于临时、短期交通量调查；后者适用于固定或长期交通量调查，如摄像机这种较高级的机械装置可用于记录1 h或1 h内的交通量资料。当进行超过12 h的长期交通量调查时，机械计数非常适用。在需要的情况下，辅以人工调查抽样，则可以得到有关交通量车型或方向的资料。

大多数的自动计数装置可用于：①确定交通量的时间分布。②确定交通量逐日或逐月变化以及增长趋势。③估计年交通量(如用于道路结构设计计算)。

利用机械计数装置进行交通量调查可以节省大量的人力和物力,调查范围广,调查精度高,特别适合长期连续性交通量调查,但是这类装置一次性投资大。

自动机械计数装置的检测器有雷达检测器、光电检测器、超声波检测器等。

①雷达检测器

雷达检测器一般分为连续雷达检测器和导向雷达检测器两种。前者的原理是利用悬挂在车道上方一定距离的检测器,向下方车辆发射已知频率的无线电波并接受反射波,通过反射波和接受波频率差异来检测车辆的通过。后者的原理是把无线电波以一定的频率输送到埋置在车道下的传送线里,由于汽车通过,而使检测器测出其变化并计数。这两种检测器都很精确可靠,并且不受行车作用产生磨损消耗。但是初始费用较高,并需要专门人员维修保养,因此限制了这种检测器的广泛使用。

②光电检测器

光电检测器一般分为光束切断型和光束反射型两种。前者的原理是发出一道光束穿过行车道,射到光敏管上,汽车行驶通过时切断光束,光敏管测出后激发计数器计数。后者的原理是一道光束从路面反射到光敏管上,汽车行驶通过时使光束从汽车上反射,这种特殊的光反射到光敏管上被测出后,激发计数器计数。

光电式检测器对于每小时交通量超过 1 000 辆的双车道或多车道道路不太适用,它无法区别出同时通过光束的两辆车,使得计数产生误差。

③超声波检测器

超声波检测器是靠发射某种频率的声波信号,利用物体界面上超声放射、散射检测物体的存在与否。超声波在空气中传播时如果遇到其他媒介,则因两种媒质的声阻抗不同而产生反射。因此,向空气中的被测物体发射超声波,检测反射波并进行分析,从而得到障碍物的信息。超声波检测器主要有脉冲波、谐振波和连续波三种。

超声波传感器信息处理简单、快速并且价格低,但探测波束角过大,方向性差,分车型误差极大,在实际应用中,往往采取其他传感器来补偿,或采用多传感器融合技术来提高测量精度等,且超声波受环境温度、湿度等条件的影响以及超声固有的宽波束角,超生传感器在测距时与实际的值误差较大。

④感应线圈检测器

这种装置是磁性检测器的一种变形,它是依靠埋在路面下的一个或一组感应线圈产生的电感应变化,来检测通过的车辆,适用于交通量较大的道路上,是目前世界上用量最大的一种检测设备,我国也引进并制造了多种类型的感应线圈检测器,车辆通过埋设在路面下的环形线圈,引起线圈磁场的变化,检测器据此计算出车辆的流量、速度、时间占有率和长度等交通参数，并上传给中央控制系统，以满足交通控制系统的需要。此种方法技术成熟，易于掌握，并有成本较低的优点，但感应线圈易受冰冻、路基下沉、盐碱等自然环境的影响，且感应线圈由于自身的测量原理所限制，当车流拥堵、车间距小于 3 m 的时候，其检测精度大幅度降低，甚至无法检测。

⑤视频式检测器

视频式检测器属非接触式的检测方法，也称为图片处理或人工视觉，是一种结合视频图像和电脑化模式识别的技术，主要有可见光视频检测和红外线视频检测两种，通过软件在显示器视频图像的车道上设置虚拟车道检测器，每个虚拟车辆检测器代表一个区域，当车辆通过任何一个虚拟检测器时，就会产生一个检测信号，再经过软件数字化处理和计算得到所需的交通数据，如车型、车流量、车速、车头距离、占有率、车辆排队长度等。视频式检测器对于异常交通流信息，如拥堵、事故等也能进行实时监测，这是其他检测技术做不到的。

视频检测技术的优点很多，由于是在显示器视频图像的车道设置虚拟检测器，因而在维护时无须封闭车道，无须开挖路面，也不会因道路重铺或拓宽车道而影响车流量的检测。检测点的变化只在监视器的图像上设定虚拟检测器的位置就可完成，不因道路的维修而中断交通检测。视频检测技术的缺点也很明显，大型车辆会遮挡随行的小型车辆，阴影、积水反射或昼夜变换也会造成检测误差，红外线视频检测昼夜可采用同一算法解决昼夜转换的问题，但可能需要很好的红外焦平面检测器，也就是要通过提高功率，降低可靠性来实现高灵敏度。

2.4.3　运输量调查

运输量（Traffic Volume）指的是运输部门在一定时期内运送乘客和货物的数量，以运量和周转量表示。运量是运输部门实际运送的乘客人数和货物吨数，相应分为客运量和货运量，计量单位分别是“人”和“吨”。

1. 客运量及其统计方法

客运量指的是一定时期内，运输部门实际运送的乘客人数。它是反映运输业为国民经济和人民生活服务的数量指标，也是制定和检查运输生产计划、研究运输发展规模和速度的重要指标。目前，各种运输方式客运量的统计方法不完全相同，如铁路客运量的计算方法，就全国铁路而言，按乘客发送人数或到达人数计算；就某个铁路局集团公司而言，按本局发送的乘客人数与从邻局接运的乘客人数之和计算，或按本局到达的乘客人数与向邻局交出的乘客人数之和计算。公路客运量的计算方法：不论乘车远近和票价的多少，以客票为依据，不足购票年龄的免票儿童不计算客运量；交通部直属水运部门的沿海客运量则按乘客到达量统计。

影响客运量的因素主要有：国民经济的发展和人民的物质文化生活水平；国家的各项方针政策；农村商品经济的发展情况；国内外旅游事业的发展水平；运输网状况和运输条件。

2. 货运量及其统计方法

货运量指的是一定时期内，运输部门实际运送的货物吨数。它是考核运输部门完成国家计划的程度，也是从一个侧面反映运输业为国民经济服务的数量关系。中国目前对各种运输方式的货运量的统计方法不尽一致：铁路货运量是货物的发送吨数；公路货运量按货物到达量计算；交通部直属水运部门中，长江线按发送量，沿海各线则按到达量统计。

货运量按货物品类分别统计。划分货物品类的一般原则是：①根据工农业生产的需要和各类货物在国民经济中的地位、作用；②根据各种货物的性质及其运量的大小；③根据各种货物对运输工具和运输条件的要求与影响。目前中国铁路、水路和公路运输的货物品类大致分为煤炭、焦炭、石油、钢铁、金属矿石、非金属矿石、矿物性建筑材料、水泥、木材、化肥及农药、粮食、棉花、盐和其他等 14 个主要品类。其中，煤炭和石油等能源运输的运量在铁路运输和水路运输中占有较大比重。

影响货运量的因素主要是：①工农业生产建设的规模和速度；②企业产品和所需原材料、燃料的运出运入量；③经济结构、产品结构和企业结构的变化等。

3. 周转量

周转量指的是在一定时期内，由各种运输工具运送的货物或乘客数量与其相应运输距离的乘积之总和。周转量是全面反映运量和运输距离的运输生产产量指标，分乘客周转量、货物周转量和换算周转量。

计算公式为：

$$货物(乘客)周转量=\sum 货物(乘客)运输量\times 运输距离$$

(1)乘客周转量

乘客周转量指的是一定时期内，运输部门实际运送的乘客人数和其运输距离的乘积，以人公里计。

影响乘客周转量的主要因素是乘客运量的大小和乘客平均运距的长短。影响乘客平均运距的因素，主要是：国土面积的大小和运输的发展状况；生产水平和人民的物质文化生活水平；生产力布局中劳动力资源的安排与使用；地区间的经济联系和技术交流，以及旅游事业的发展水平等。

(2)货物周转量

货物周转量指的是一定时期内，运输部门实际运送的货物吨数和其运输距离的乘积，以 t·km 计。货物周转量可以分为总周转量、各种运输方式的货物周转量、分货物品类的周转量。

我国对货物周转量和货运量的货物品类的划分是一致的。

影响货物周转量的因素，主要是货运量的大小和货物平均运距的长短。而它们又受国民经济的发展水平和速度，生产力布局的变化，经济结构、产品结构和地区经济结构的发展变化，运输网的发展等的影响。在货运量一定的条件下，货物平均运距决定着货物周转量的大小。货物平均运距反映了各类货物产销之间、各地区和各企业之间的经济联系状况。缩短货物平均运距，可以加速运输工具的周转，缩短货物的送达时间，节约运输费用，并且对加速国民经济流动资金的周转，降低商品的流通费用都有重要作用。

(3)换算周转量

换算周转量是将乘客周转量和货物周转量折合成同一计量单位的周转量，以换算吨千米计，它是全面反映和考核运输部门完成客、货运输任务的一个综合性生产指标，用于计算运输成本和劳动生产率。

2.5　居民出行调查

居民出行调查的实质是把出行从技术与社会综合的角度进行研究，这种方法改变了传统的单靠断面交通量的调查与增长率估计来研究交通需求与交通运输能力的关系。因此，居民出行调查是交通研究进程中的一个重大进步，在城市交通问题的研究中占有重要的地位。

2.5.1　内容和方法

1. 居民出行调查的内容

城市居民出行调查是对城市居民出行从起点 O(Origin)和终点 D(Destination)的出行过程的调查，城市居民出行调查应搜集的资料应包括城市居民的基本资料和居民的每次出行的资料，居民出行调查主要内容包括：

(1)个人特征信息

个人特征信息主要包括出行者的性别、年龄、职业、收入、文化程度、工作地址等，同时可包括一些其他的基本信息，如上班或者上学通用的交通工具，每年旅游出行次数等一些研究需要的信息。

(2)家庭特征信息

家庭特征信息主要包括家庭住址、居住和在籍人口情况、车辆拥有情况、房屋面积、家庭平均收入等，还可以包括家庭就业情况、上学情况等。

(3)一次出行特征信息

一次出行特征信息主要包括出行的目的、出行的端点(起始点和到达点)、出行时间(出发时间和到达时间)、所使用的交通方式等。对于开车出行的还可以调查其停车方式,如果是公交出行的话,可调查其换乘情况等。

(4)其他调查信息

除上述调查内容外,也可以根据具体研究目的的需要,将需要了解的出行或出行者信息设计到居民出行调查表格中,如家庭的购车意愿、周末出行情况等。调查表格虽然可以设计比较详实的调查信息,但也不宜过于复杂,以免给被调查者带来不便,影响调查结果。

2. 居民出行调查的方法

居民出行调查有多种不同的方法,有些方法适宜于全面的调查,有些方法则适用于对居民出行某一方面的补充。如果只进行重点调查而不进行全面的调查,则对重点调查的不足部分应作适当的补充调查。根据国内一些城市进行居民出行调查的实践,全面的居民出行调查以家访调查法的效果较好。

(1)家庭访问调查法

对居住在调查区的住户,进行抽样家访,由调查人员当面了解该住户中包括学龄儿童在内的全体成员全天的出行情况。

(2)明信片调查法

将印有调查项目的明信片邮寄或分发给居民,调查项目尽量少,一般设5～7个题目,以免费寄回的方法可以增加回收率。此法简便,但调查内容不全面,有一定的局限性,可用于对居民出行的某一方面进行重点调查或作为补充调查的方法。

(3)工作出行调查法

对调查区内的职工抽样进行居住地点(即O点)和工作地点(即D点)的调查,由于这些资料可以从工作单位的档案中抄得,因此工作量很小。虽然只能调查工作出行,但因这种出行对城市客运交通有很大影响,一般是形成交通高峰的主体,因此,此法可用于对居民工作出行OD所进行的重点调查。

(4)电话询问法

与家访调查法类似,在电话普及的国家已能代替家访调查。被调查者可在电话本中随机选择,电话询问前2～3天先发函告知调查项目。此方法与家访调查法相比成本低,取样可较多,但其结果可能会有倾向性。

(5)职工询问法

将调查表分发给就业中心,如大工厂或办公楼的全部职工,要求当天填好并交回。要登记分发给各个单位的表格总数和每个单位的职工总人数,以便能对每个单位的出行数据加以扩算,此法只能调查职工的出行OD,可用于对职工的出行

OD所进行的重点调查，职工出行一般在城市居民出行中占有相当的比重。

2.5.2 调查资料的整理与分析

居民出行调查资料一般是大量的，资料整理与分析的工作量十分巨大。在计算机普及的今天，许多工作都可借助于计算机进行，其过程包括对数据表格的检验（是否符合使用标准）、编码、输码、统计分析等步骤。

1. 居民出行调查资料的整理

在进行数据录入计算机之前，需要人工对回收的调查表进行初步的整理工作。首先要对调查表格进行检查，对有明显错误的数据要进行舍弃或补查；然后是编码，即将调查表格中的文字均变为数字，如将交通区、出行方式等，分别变为交通小区代码、出行方式代码，以便于计算机识别处理，节省录入和处理的时间，为了编码、输码及统计分析的方便，在设计表格时就应考虑到怎样编码、输码，并使表格与之相协调一致，编码人员一定要对调查区域较熟悉，并对调查的各项目充分理解，以保证编码的正确性；接下来是代码输入计算机。在输码之前，应首先确定采用何种统计方法，并设计好数据结构，设计的原则是既省空间，又方便统计，最后对样本进行放大。由于居民出行调查采用的是抽样调查，这些数据并不是来自总体的全部，为了使它们有资格代表总体，还必须将各类小计后的数据按分区进行放大。

基本的方法为乘以放大系数。放大系数计算公式见式(2.9)。

$$F=\frac{Z}{S-d-n} \tag{2.9}$$

式中 Z——分区内总体容量；

S——样本容量；

d——回收样本中无效的样本数；

n——未回收的样本数。

2. 居民出行调查资料的统计分析

居民出行调查资料统计分析的目标是为交通现状分析及评价、交通预测模型的建立及标定、交通网络规划等提供基本参数和指标，其基本内容包括三个方面，一是出行特征统计分析；二是出行与其相关因素之间的关系统计分析；三是其他有关指标的统计分析。

(1)出行产生

该统计分析即对出行总次数、人均出行次数统计分析，以及出行产生与其相关因素之间的关系统计分析，包括统计职业、年龄、不同出行方式等各种相关因素的不同状况下，各种出行目的的城市居民在市内的出行产生量，人均出行次数、各职业平均出行次数、各年龄组的平均出行次数的计算方法分别见式(2.10)～式(2.12)。

①人均出行次数

$$\delta=\frac{N}{P} \tag{2.10}$$

式中 P——调查区总人口,人;

N——总出行次数,次。

②各职业平均出行次数

$$\delta(k)=\frac{N(k)}{P(k)} \tag{2.11}$$

式中 $P(k)$——调查区第 k 种职业的总人口,人;

$N(k)$——第 k 种职业人群的总出行次数,次。

③各年龄组的平均出行次数

$$\delta(l)=\frac{N(l)}{P(l)} \tag{2.12}$$

式中 $P(l)$——调查区第 l 个年龄组的总人口,人;

$N(l)$——第 l 组的人口总出行次数,次;

其他相关因素的平均出行次数算法原理类似。

(2)出行分布

该统计分析即对出行流量、流向统计分析,据此得出调查区域各种出行的主流方向、特征,包括统计境界线内各交通小区之间总出行、分出行目的以及出行方式的居民出行的OD量等,可以用总出行OD表、出行方式OD表及出行目的OD表来表示。

(3)出行方式

据出行的方式结构统计分析,得出调查区域各种出行对交通工具的选择状况、点。出行方式统计分析也应包括与其相关因素之间的关系进行研究分析,如各职业、出行目的、出行时耗的出行方式结构,各出行方式的年龄组、职业结构等,包括:

①出行方式结构

出行方式结构指的是第 i 种出行方式出行量所占总出行量的比例,即使用第 i 种交通方式的出行量与出行总量的百分比,计算见式(2.13)。

$$\lambda_i=\frac{T_i}{N} \tag{2.13}$$

式中 T_i——第 i 种出行方式出行量;

N——总出行次数。

②各出行目的的出行方式结构

该统计分析即以出行目的为 k,出行方式为 i 的出行量,与出行目的为 k 的总出行量的比值，计算见式(2.14)。

$$\lambda_{ik}=\frac{m_{ik}}{N_k} \tag{2.14}$$

式中　m_{ik}——第 i 种出行方式、第 k 种出行目的的出行量；

N_k——第 k 种出行目的的总出行量。

(4)出行目的

分析各出行目的的出行量比例，由分出行方式、时耗、年龄、职业的出行目的构成，其算法和出行方式算法相同。

①出行目的构成

出行目的构成为第 i 种出行目的所占比例，即为第 i 种出行目的的出行量与总出行量的比值，计算见式(2.15)。

$$\theta_i=\frac{m_i}{N} \tag{2.15}$$

式中　m_i——第 i 种出行目的的出行量；

N——总出行次数。

②各出行方式的出行目的结构

为第 i 种出行方式出行，第 i 种出行目的的出行量占 k 种出行总量的比例，计算见式(2.16)。

$$\theta_{ik}=\frac{m_{ik}}{N_k} \tag{2.16}$$

式中　m_{ik}——第 k 种出行方式、第 i 种出行目的的出行量；

N_k——第 k 种出行方式的总出行量。

其他因素的出行目的构成计算原理同上。

(5)出行时间、距离

该统计分析即对各种出行所需耗费的时间、距离进行统计分析。包括统计城市居民在市内总出行和分出行方式出行的平均出行时间，及统计居民在境界线内各交通区之间各种出行方式的平均出行时间及出行距离等。

①平均出行时耗，见式(2.17)。

$$\bar{t}=\frac{\sum_{i=1}^{N}(t_i^{(D)}-t_i^{(O)})}{N} \tag{2.17}$$

式中　$t_i^{(D)}$——第 i 次出行到达目的地的时间；

$t_i^{(O)}$——第 i 次出行出发的时间；

N——总出行次数。

②平均出行距离，见式(2.18)。

$$\overline{d}=\frac{\sum_{j=1}^{n}\sum_{i=1}^{n}q_{ij}d_{ij}}{N} \tag{2.18}$$

式中 q_{ij}——从小区 i 到小区 j 的出行量；

d_{ij}——从小区 i 到小区 j 的距离；

N——总出行次数。

③耗时分布

耗时分布指出行时间在第 k 个时间段内的出行所占的比例，计算见式(2.19)。

$$\alpha_k^{(t)}=\frac{N_k^{(t)}}{N}=\frac{\sum_{i=1}^{N}f_k(t_i^{(D)}-t_i^{(O)})}{N} \tag{2.19}$$

式中 N——总出行量；

$$f_k(t_i^{(D)}-t_i^{(O)})=\begin{cases}1,(t_i^{(D)}-t_i^{(O)})\text{落在第 }k\text{ 时间段内；}\\0,(t_i^{(D)}-t_i^{(O)})\text{不在第 }k\text{ 时间段内。}\end{cases}$$

④距离分布

距离分布指出行距离在第 k 个距离段内的出行比例，计算见式(2.20)。

$$\alpha_k^{(s)}=\frac{N_k^{(s)}}{N}=\frac{\sum_{j=1}^{n}\sum_{i=1}^{n}q_{ij}f_k(d_{ij})}{N} \tag{2.20}$$

式中 $f_k(d_{ij})=\begin{cases}d_{ij},(d_{ij})\text{落在第 }k\text{ 距离段；}\\0,(d_{ij})\text{不在第 }k\text{ 距离段。}\end{cases}$

N——总出行次数。

其他各因素的平均时耗和平均出行距离的计算方法同理。

2.6 交通调查抽样方法

2.6.1 交通调查的抽样方法

在进行交通调查时常用的概率抽样法有以下几种：

1. 简单随机抽样法

这是一种最简单的一步抽样法，它是从总体中选择出抽样单位，从总体中抽取的每个可能样本均有同等被抽中的概率。抽样时，处于抽样总体中的抽样单位被

编排成 $1\sim n$ 编码，然后利用随机数码表或专用的计算机程序确定处于 $1\sim n$ 间的随机数码，那些在总体中与随机数码吻合的单位便成为随机抽样的样本。

这种抽样方法简单，误差分析较容易，但是需要样本容量较多，适用于各个体之间差异较小的情况。

2. 系统抽样法

系统抽样法又称顺序抽样法，是从随机点开始在总体中按照一定的间隔（即"每隔第几"的方式）抽取样本。此法的优点是抽样样本分布比较好，有好的理论，总体估计值容易计算。

3. 分层抽样法

分层抽样法根据某些特定的特征，将总体分为同质、不相互重叠的若干层，再从各层中独立抽取样本，是一种不等概率抽样。分层抽样利用辅助信息分层，各层内应该同质，各层间差异尽可能大。这样的分层抽样能够提高样本的代表性、总体估计值的精度和抽样方案的效率，抽样的操作、管理比较方便。但是抽样框较复杂，费用较高，误差分析也较为复杂。此法适用于母体复杂、个体之间差异较大、数量较多的情况。

4. 整群抽样法

整群抽样是先将总体单元分群，可以按照自然分群或按照需要分群，在交通调查中可以按照地理特征进行分群，随机选择群体作为抽样样本，调查样本群中的所有单元。整群抽样样本比较集中，可以降低调查费用。例如，在进行居民出行调查中，可以采用这种方法，以住宅区的不同将住户分群，然后随机选择群体为抽取的样本。此法优点是组织简单，缺点是样本代表性差。

5. 多阶段抽样法

多阶段抽样是采取两个或多个连续阶段抽取样本的一种不等概率抽样。对阶段抽样的单元是分级的，每个阶段的抽样单元在结构上也不同，多阶段抽样的样本分布集中，能够节省时间和经费，调查的组织复杂，总体估计值的计算复杂。

例如，在进行全国旅行动态调查之类的大规模调查时，可以采用这种多阶段抽样法，首先抽出调查对象的市、镇、村，然后从中抽出调查的区，最后再抽出住户。

2.6.2　交通抽样调查与调查精度

抽样调查结果和真实值之间存在的差异称为误差。抽样调查理论的中心任务之一，便是研究抽样调查中的误差。在抽样调查误差理论中将全部误差分解为随机误差和系统误差两部分。随机误差是由于样本与总体之间的随机差异导致的，它存在于所有取样过程中，是无法避免的，这种类型的误差不会影响估计参数的均值，通常所计算的抽样误差就是这部分随机误差。对随机误差的研究，由于有强有力的概率论与数理统计理论和方法的支持，其理论已非常成熟，只要能设计出样本估计量，就能给出相应估计量的随机误差式。但是对抽样调查中的系统误差，由于导致系统性误差的原因很多，而且多属非随机性因素，主要受主观因素的影响，致使系统性误差的出现是无规律的。

构成系统误差的因素有多种，大致可归纳为四种类型。

(1)设计误差(Error in Design)，是指因在抽样调查方案设计过程中的错误而导致产生的系统性误差。在抽样方案的设计中，涉及抽样框的编制、目标量和估计量的设计、样本容量的确定和抽样方式的选择等，抽样方案的设计还直接关系到在样本的抽取过程中是否严格地遵循随机性原则，若破坏了随机性原则，必然会产生系统性误差。

(2)估计量的偏误(Bias of Estimator)，是指所选择的估计量(实则是估计方法)破坏了估计的优良标准之一——无偏性，致使产生统计性误差。

(3)调查误差(Error in Survey)，是指在取得样本数据资料过程中产生的误差。这部分误差通常与调查者、回答者、资料搜集方式和问卷等因素有关，它们会形成在调查过程中出现无回答和回答出现偏误等情况，进而形成系统性误差。

(4)编辑误差(Processing in Error)，是指在取得样本资料之后，在整理、汇总、归类、计算、录入等过程形成的误差。

因此，为了提高调查精度，一方面可以采取完善抽样调查方案、合理选择抽样方法、提高抽样调查数据的准确性、减少编辑误差和调查误差等手段，即减少系统误差；另一方面要合理确定样本量的大小，即减少随机误差。

通过对误差分析可知，如果要提高调查的精度，一个重要方面就是确定合理的样本量。样本量大小的确定是一个平衡问题，如果在数据收集和分析过程采用大的样本容量，达到给定研究目标和精度要求的费用就很高。太少的样本则使结果受变异性的影响。

根据数理统计的原理，抽样率公式见式(2.21)。

$$\gamma=\frac{\lambda^2\sigma^2}{\Delta^2N^2+\lambda^2\sigma^2} \tag{2.21}$$

式中 γ——抽样率；

λ——对于标准分布，一定置信度对应的双侧分位数，当置信度为68.3%时，$\lambda=1$，置信度为75%时，$\lambda=1.15$，置信度为90%时，$\lambda=1.65$，置信度为95%时，$\lambda=1.96$；

N——母体容量；

σ^2——母体的方差，当样本数足够时，可以用样本方差代替；

Δ——控制误差指标的容许绝对误差，其计算公式见式(2.22)。

$$\Delta = E\overline{X} \tag{2.22}$$

式中　$\overline{X}$——相对误差；

E——样本均值。

2.7　交通运输系统规划数据库构建方法

为了提高交通运输系统规划的效率与精度，交通运输调查获得的大量数据需要经计算机处理，并分门别类建立数据库。按照规划软件中具体模型的要求，从一个或几个原始数据库中读取有关数据，并生成计算机程序可以接受的文本文件。交通运输调查数据处理一般需要经过如下几个步骤：

1. 数据编码

(1)数据库命名

数据库名以数据库(Data Base)的字头D起首，其余字符和数字应能反映所存储的数据类别(如社会经济类、交通基础设施类、交通需求OD分布类等)，数据层次[如国家、省、地区或市(县)各级]以及具体指标(如国内生产总值、货物周转量或汽车保有量等)。

(2)字符型数据项编码尽量采用国家标准或行业标准规定的编码系统。例如：干线公路网的节点(一般以市县为基本单元)的编码应该采用国家标准——国家行政编码系统中省、地区和市(县)的统一代码，公路级别(国道、省道、县道和乡道)和公路编号应该采用交通行业标准。

2. 数据录入

交通运输调查数据按照预先规定的数据库结构格式录入。好的规划软件能够提供屏幕方式录入的便利，应保证数据按调查表的顺序直接录入。

采用两次录入。用逻辑判断等多种方式查错，可以保证数据质量。

3. 数据处理和文本文件生成

交通运输系统规划过程中使用了许多模型进行计算，不同的模型需要不同的输入数据。

通常要求从一个或几个原始数据库中读取有关数据，必要时进行归并、计算、生成满足模型输入要求的数据文件，然后转换成能够被高级语言编写的程序所接受的文本文件(一般采用标准文本格式)。

交通运输调查数据存储方式除了电子介质(计算机)之外，还可以采用硬拷贝(表格或地图)。无论信息以哪种方式存储，它的使用方便性是最重要的。

各种交通信息的适用寿命是不相同的，有些信息，如公路几何参数信息比较稳定，在比较长的时期内很少变化，具有较长的适用寿命。如果能及时地对出现的少量变化加以修正，则这部分资料可以使用许多年。而另外一些信息变化比较快，要求更频繁地修正，以保持它们的现实性和可用性，有关交通量的信息就属于后者，特别是新开发建设区域、由于交通需求增长非常迅速，需要更经常地调查。如设在干线公路上的关键的交通量观测站，每年要选择一周进行连续观测，每月选择一个工作日作 24 h 连续观测。

第 3 章　交通运输系统需求预测

交通需求预测是交通规划的核心内容之一。交通发展政策的制定、交通网络的设计和方案评价都与交通需求预测有着密切联系。目前,“四阶段预测法”是最为经典的交通需求预测方法。本章主要介绍四阶段预测法的流程,每个阶段的主要模型算法,最后对交通需求预测软件进行介绍。

3.1　四阶段交通需求预测方法概述

经典的“四阶段预测法”是指在居民出行 OD 调查的基础上,开展现状居民出行模拟和未来居民出行预测。其内容依次包括交通的生成、发生与吸引(第一阶段)、交通分布(第二阶段)、交通方式划分(第三阶段)和交通流分配(第四阶段)。上述内容从交通生成到交通流分配的过程,因为具有四个阶段,所以通常被称为四阶段预测法,该过程的示意图如图 3.1 所示。

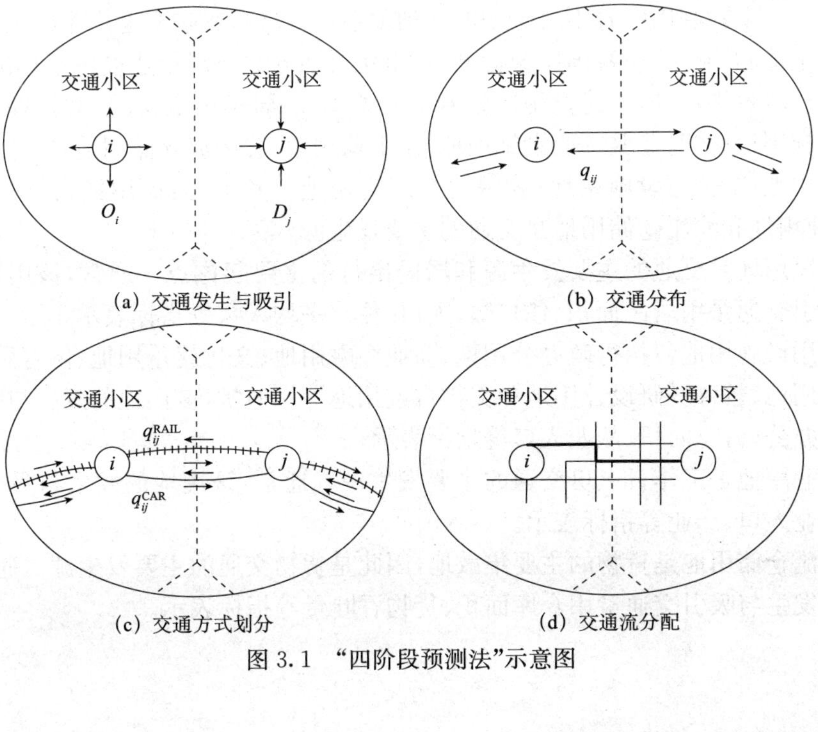

图 3.1　“四阶段预测法”示意图

3.2 交通生成预测

交通生成预测是交通需求四阶段预测中的第一个阶段，是交通需求分析工作中最基本的部分之一。本阶段的主要目标是计算出对象地区的交通需求总量，即交通生成量(Trip Generation)，接着在总量的约束下，计算出各个交通小区的发生(Trip Production)与吸引(Trip Attraction)交通量。

图 3.2 表示了交通小区 i 的发生和交通小区 j 的吸引交通量。O_i 表示小区 i 的发生交通量(从小区 i 出发到其他各小区的交通量之和)；D_j 表示小区 j 的吸引交通量(从其他各小区来到小区 j 的交通量之和)。相反，小区 i 的吸引交通量和小区 j 的发生交通量依次类推。

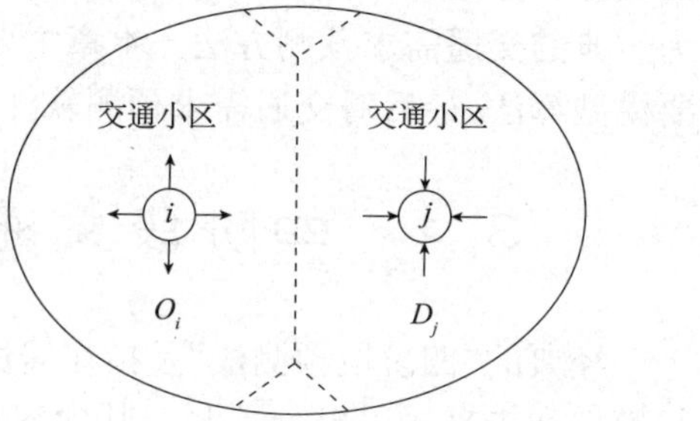

图 3.2 交通小区的发生与吸引交通量示意图

3.2.1 交通生成预测的影响因素

1. 土地利用

交通与土地利用有着不可分割的互动关系，可以说，影响交通产生的主要因素之一是土地利用。按照我国国家标准《城市化用地分类与规划建设用地标准》(GB 50137—2011)规定，城市建设用地分为以下类型：①居民用地；②公共管理与公共服务设施用地；③商业服务业设施用地；④工业用地；⑤物流仓储用地；⑥道路与交通设施用地；⑦公用设施用地；⑧绿地与广场用地。其中，居民用地、公用设施用地、工业用地和物流仓储用地是交通的主要发生源。

居民用地是交通的主要发生源和居民出行的主要起讫点。通常，该用地的发生与吸引交通量用居民面积、住户数、人口、住户平均人数等指标表示。

公用设施用地包括行政办公用地、商业金融用地、文化娱乐用地、体育用地、医疗卫生用地、教育科研设计用地和文物古迹用地等。通常，该用地的发生与吸引交通量用办公、营业面积、从业人口等指标表示。

工业用地是工作日上班交通的主要发生源。通常，该用地的发生与吸引交通量用从业人口、产业等指标表示。

物流仓储用地是货物的主要集散地，因此是货物交通的主要发生源。通常，该用地的发生与吸引交通量用仓库面积、货物吞吐量等指标表示。

2. 家庭规模和人员构成

家庭是构成人们出行的基础,上班、自由出行(社交、购物等)多以家庭为出发点。家庭规模和人员构成是影响交通出行的主要因素。研究发现,随着家庭规模的增大,人均出行次数逐渐减少。家庭中有老人或幼儿的看病出行较多,而年轻夫妇的上班、购物和娱乐出行较多。

3. 年龄和性别

由于年龄和性别的差异,导致人们出行次数和内容也有所差异。一般而言,由于体力、工作性质等方面的原因,男性以 20～45 岁之间的平均出行次数较多,女性以 20～40 岁平均出行次数较多。不过,随着国民健康水平的提高和人口老龄化的进展,居民的平均出行次数有向着高龄化发展的趋势。因此,在分析交通产生时,年龄和性别是不可忽视的因素。

4. 汽车保有率

一般来说,汽车保有率增加,人们的出行次数也会增加,其原因一方面是出行需求高的人群购买车辆的需求也高,出行次数变多;另一方面购买车辆后更容易诱发人们出行。通常,用汽车保有量或户均保有量来表示和评价汽车保有率。随着人们生活水平的不断提高,对汽车的购买力逐渐上升,私人汽车保有量将逐渐成为影响城市道路交通的主要因素之一。

5. 自由时间

自由时间定义为在一天 24 h 中,除去睡眠、饮食等生活必需的时间和工作、学习等约束时间的剩余值。随着自由时间的增加,人们用于出行的时间增加,购物、娱乐等自由出行也会增加。

6. 职业和工种

职业和工种的差异是造成出行量不同的主要原因之一。一般来说,推销员、汽车驾驶员、采购员、业务员的平均出行量较多;而工人、教师、学生、公务员等平均出行量较少。

7. 其　　他

外出率、企业规模和性质、家庭收入、天气、节假日等因素也会影响人们的出行。

3.2.2　交通生成总量预测

出行可以分为基于家庭的(Home Based,HB)出行和非基于家庭的(Non-Home Based,NHB)出行。前者又可以分为上班和非上班出行。如按照出行目的细分,又分为上班、上学、自由(社交、购物)业务、回家等出行。出行生成既可以以机动车为单位,也可以以人为单位。在大城市中,交通工具较为复杂,一般以人的出行次数为单位。

出行生成包括出行产生和出行吸引两部分。出行产生一般以社会经济特性为主，出行吸引以土地利用的形态为主，所以有些方法将两者分别进行预测，以求精确。交通生成量通常作为总控制量，用来预测和校核各个交通小区的发生和吸引交通量，所以，交通生成量的预测又称为交通生成总量预测。发生交通量、吸引交通量和生成交通量三者之间的关系如图 3.3 所示。

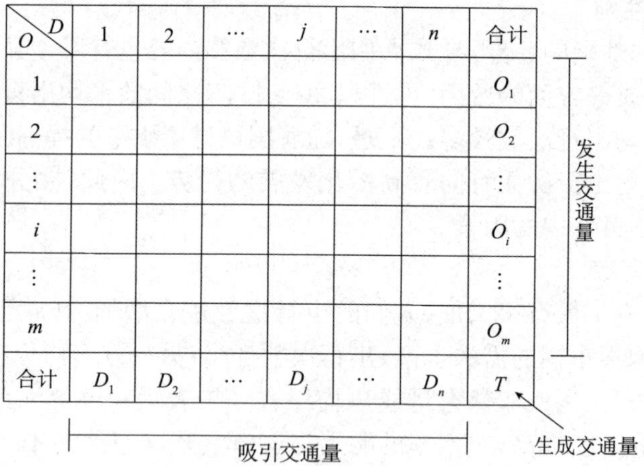

图 3.3 发生交通量与吸引交通量、生成交通量三者间关系示意图

交通生成总量预测的方法主要有原单位法、聚类分析法、增长率法和函数法。下面，主要对原单位法和聚类分析法进行介绍。

1. 原单位法

原单位是指单位指标，它有两种常用的计算方法：一种是用居住人口或就业人口每人平均的交通生成量来进行推算的个人原单位法；另一种是以不同用途的土地面积或单位办公面积平均发生的交通量来预测的面积原单位法。不同的方法对应的原单位指标也不同。

在居民出行预测中经常采用单位出行次数为原单位，预测未来居民的出行量，所以该方法也称为单位出行次数预测法。单位出行次数为人均或家庭平均每天的出行次数，可以由居民出行调查结果统计得出。

预测不同出行目的的交通生成量采用如下方法：

$$T = \sum T^k \tag{3.1}$$

$$T^k = \sum_l a_l^k N_E \tag{3.2}$$

式中，T 表示研究对象地区总的交通生成量；T^k 表示出行目的为 k 时的交通生成量；k 表示出行目的；l 表示人口属性(常住人口、就业人口、工作人口、流动人口)；

a_l^k 表示某出行目的和人口属性的平均出行生成量；N_E 表示某属性的人口。

2. 聚类分析法

聚类分析是出行生成预测的另一种常用模型，英国学者称其为类型(别)分析，美国学者称其为交叉分类法。该方法突出以家庭作为基本单元，用将来的出行发生率求得将来的出行量。

聚类分析法必须要服从四个假定：①一定时期内出行率是稳定的；②家庭规模的变化很小；③收入与车辆拥有量总是增长的；④每种类型的家庭数量，可以用相应于该家庭收入、车辆拥有量和家庭结构等资料所导出的数学分布方法来估计。

构造聚类分析模型的步骤为：

(1)有关家庭的横向分类：澳大利亚根据其中西部的交通调查，规定按家庭大小、家庭收入各分为 6 类，家庭拥有小汽车数分为 3 类。

(2)把每个家庭定位到横向类别，就是对家庭访问调查资料进行分类，把每个家庭归入其所属类别。

(3)对其所分的每一类，计算其平均出行率。用调查的每类出行发生量除以每类的家庭总数，就可以分别得出每类家庭的平均出行率。

(4)计算各分区的出行发生，通过式(3.3)得到出行总量。

$$\hat{P}_i = \sum_{c=1}^{n} \bar{Q}_c N_{ci} \tag{3.3}$$

式中，$\hat{P}_i$ 表示 i 区出行产生数的计算值，即出行总量；$\bar{Q}_c$ 表示 c 类家庭的平均出行率；N_{ci} 表示 i 区内的 c 类家庭数。

聚类分析法具有四个优点：①直观、易于理解；②所需资料可以从现有的 OD 调查中获得，也可以通过小规模调查得到；③出行发生率容易检验与更新；④计算得到的出行生成、吸引率可以用于各种研究范围。

然而，聚类分析法也存在一些缺点：①每一横向分类的小格中，忽略了住户彼此之间的差异性；②由于每个小格样本数的不同，得到的出行率用于预测时，会失去其精确性的一致性；③凭借个人主观因素来确定同一变量类别等级，有失客观；④用该方法进行预测时，每一小格规划年的资料预测较为烦琐。

3.2.3　发生与吸引交通量预测

与生成交通量的预测方法相同，发生与吸引交通量的预测方法包括原单位法、增长率法、聚类分析法和函数法等。

1. 原单位法

利用原单位法预测发生与吸引交通量时，首先需要分别计算发生原单位和吸引原单位，然后根据发生原单位和吸引原单位与人口、面积等属性的乘积预测得到发生与吸引交通量的值。一般来说,在交通需求预测时,要求各个小区的发生交通量之和与吸引交通量之和相等,且都等于生成交通量。如果它们之间不满足上述关系,则可以通过以下两种方法进行调整。

(1)总量控制法

在实际计算中,各个小区的推算量的误差是不可避免的,从而造成总和的误差量。为此,可以根据区域的交通生成总量对推算得到的各个小区的发生量进行校正。总量控制法的计算过程如下:

如果交通生成总量 T 与总发生交通量 $O=\sum_{i=1}^{n}O_i$ 有明显的误差,则将 O_i 修成为

$$O'_i=\frac{T}{O}\cdot O_i(i=1,2,\cdots,n) \tag{3.4}$$

同样地,为了使 T 与总吸引交通量 $D=\sum_{j=1}^{n}D_j$ 相等,也需要将 D_j 修正为

$$D'_j=\frac{T}{D}\cdot D_j(j=1,2,\cdots,n) \tag{3.5}$$

(2)调整系数法

在出行生成阶段,当所有小区出行发生总量与出行吸引总量不相等时,一般认为所有小区出行发生总量($O=\sum_{i=1}^{n}O_i$)可靠些。于是,可以将吸引总量乘以调整系数 f,来保证出行吸引总量等于出行发生总量。

$$f=\frac{\sum_{i=1}^{n}O_i}{\sum_{j=1}^{n}D_j} \tag{3.6}$$

2. 增长率法

增长率法是把现状发生量 O_i 和吸引量 D_j 分别乘以各自的增长率 F_i 和 F_j,于是就得到将来的交通发生量 O_i^N 和吸引量 D_j^N,公式如下:

$$O_i^N=F_i\cdot O_i \tag{3.7}$$

$$D_j^N=F_j\cdot D_j \tag{3.8}$$

F_i 和 F_j 可以由其他指标的增长率来得到,比如:

$$F_i=\alpha_i\cdot\beta_i \tag{3.9}$$

$$\alpha_i=\frac{\text{目标年度小区 } i \text{ 的预测人口}}{\text{基准年度小区 } i \text{ 的人口}} \tag{3.10}$$

$$\beta_i=\frac{\text{目标年度小区 } i \text{ 的人均车辆拥有率}}{\text{基准年度小区 } i \text{ 的人均车辆拥有率}} \tag{3.11}$$

3. 聚类分析法

在交通生成预测中的聚类分析法，不仅可以预测交通生成，也可以用于发生与吸引交通量预测。

4. 函 数 法

函数法是对发生或吸引交通量于人口、经济、土地利用等因素变量进行相关分析，并建立函数式预测将来不同出行目的的原单位的方法，由于大多数采用多元回归分析法，因此，该方法也称为多元回归分析法，其模型如下所示。

$$O_i^P=b_0^p+b_1^p x_{1i}^p+b_2^p x_{2i}^p+\cdots \tag{3.12}$$

$$D_j^P=c_0^p+c_1^p x_{1j}^p+c_2^p x_{2j}^p+\cdots \tag{3.13}$$

式中，b 和 c 表示回归系数；p 表示出行目的；x 表示自变量，常采用的变量包括交通小区内平均收入、平均汽车保有率、家庭数、人口、土地利用面积等。

使用函数法，一般先通过实际调查数据和最小二乘法求出回归系数 b 和 c，然后将各小区预测目标年的自变量数值带入公式，就求出了各小区目标年的发生与吸引交通量。

3.3　交通分布预测

3.3.1　概　　述

交通分布预测是四阶段预测法中的第二步，是把交通的发生与吸引量预测获得的各小区的出行量转换成小区之间的空间 OD 量，即 OD 矩阵。

图 3.4 为交通小区 i 和交通小区 j 之间交通分布的示意图。q_{ij} 表示由交通小区 i 到交通小区 j 的分布交通量；q_{ji} 表示由交通小区 j 到交通小区 i 的分布交通量。

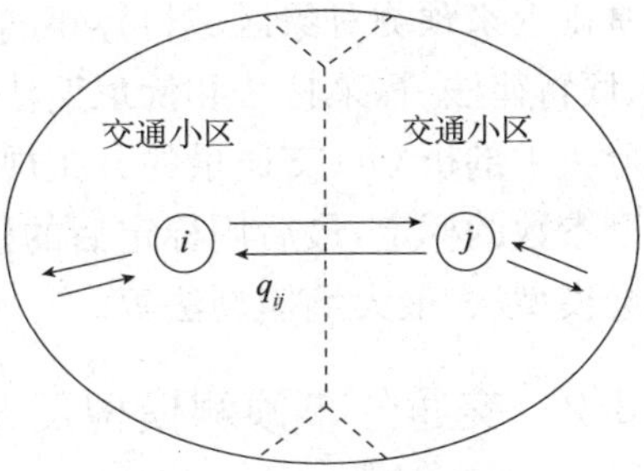

图 3.4　交通分布示意图

OD 表是交通分布中最基本的概念之一，交通分布一般用一个二维矩阵表示，比如，表 3.1 表示的是一个小区数为 n 的某区域的 OD 表。

表 3.1 中，q_{ij} 为以小区 i 为起点，小区 j 为终点的交通量；O_i 为小区 i 的发生交通量；D_j 为小区 j 的吸引交通量；T 为研究对象区域的生成交通量。

表 3.1 OD 表

O	D						
	1	2	…	j	…	n	发生量
1	q_{11}	q_{12}	…	q_{1j}	…	q_{1n}	O_1
2	q_{21}	q_{22}	…	q_{2j}	…	q_{2n}	O_2
⋮	⋮	⋮	⋮	⋮	⋮	⋮	⋮
i	q_{i1}	q_{i2}	…	q_{ij}	…	q_{in}	O_i
⋮	⋮	⋮	⋮	⋮	⋮	⋮	⋮
n	q_{n1}	q_{n2}	…	q_{nj}	…	q_{nn}	O_n
吸引量	D_1	D_2	…	D_j	…	D_n	T

根据表 3.1,存在如式(3.14)的守恒法则:

$$\begin{cases} \sum_j q_{ij} = O_i \\ \sum_i q_{ij} = D_j \\ \sum_i \sum_j q_{ij} = \sum_i O_i = \sum_j D_j = T \end{cases} \tag{3.14}$$

交通分布预测主要解决在目标年各交通小区的发生与吸引交通量在一定的条件下,求出各交通小区之间将来的 OD 交通分布量的问题。要求得的 OD 交通量也是一个二维的 OD 表,也必须满足上述的约束条件。

常见的交通分布预测的方法有增长系数法和综合法两种类型。增长系数法需要假定将来 OD 交通量的分布形式和现在的 OD 表的分布形式相同,并在此假定的基础上来预测对象区域目标年的 OD 交通量,包括常增长系数法、平均增长系数法、底特律法、福莱特法和佛尼斯法等;综合法的主要流程是先从交通分布量的实际分析中剖析 OD 交通量的分布规律,并用数学模型来表现,接着用实测数据进行模型参数的标定,最后用标定后的模型来预测交通分布量,包括重力模型法、介入机会模型法、最大熵模型法等。

3.3.2 交通分布预测模型及方法

1. 增长系数法

在交通分布预测中,增长系数法的算法步骤如下:

步骤 1:令计算次数 $m=0$。

步骤 2:给定现状 OD 表中 q_{ij}^m、O_i^m、D_j^m、T^m 及将来 OD 表中的 U_i、V_j 和 X。

步骤 3:根据式(3.15)、式(3.16),计算出各小区的发生与吸引交通量的增长率 F_{Oi}^{m}、F_{Dj}^{m}。

$$F_{Oi}^{m}=U_i/O_i^m \tag{3.15}$$

$$F_{Dj}^{m}=V_j/D_j^m \tag{3.16}$$

步骤 4:根据式(3.17),计算第 $m+1$ 次分布交通量的近似值 q_{ij}^{m+1}。

$$q_{ij}^{m+1}=q_{ij}^{m}\cdot f(F_{Oi}^{m},F_{Dj}^{m}) \tag{3.17}$$

步骤 5:根据式(3.18)～式(3.21),进行收敛判别。

$$O_i^{m+1}=\sum_j q_{ij}^{m+1} \tag{3.18}$$

$$D_j^{m+1}=\sum_i q_{ij}^{m+1} \tag{3.19}$$

$$1-\varepsilon<F_{Oi}^{m+1}=U_i/O_i^{m+1}<1+\varepsilon \tag{3.20}$$

$$1-\varepsilon<F_{Dj}^{m+1}=V_j/D_j^{m+1}<1+\varepsilon \tag{3.21}$$

如果式(3.20) 和式(3.21)满足要求,则停止迭代,否则,令 $m=m+1$,返回步骤 2 继续迭代。

式中,U_i、V_j 和 X 分别表示将来 OD 表中的发生交通量、吸引交通量和交通生成量;F_{Oi}^{m} 表示 i 小区的第 m 次计算的发生增长系数;F_{Dj}^{m} 表示 j 小区的第 m 次计算的吸引增长系数;ε 表示任意给定的误差常数。

根据 $f(F_{Oi}^{m},F_{Dj}^{m})$ 的类型不同,增长系数法可以分为常增长系数法、平均增长系数法、底特律法、福莱特法和佛尼斯法。

(1)常增长系数法

常增长系数法是假定 q_{ij} 的增长仅与 i 小区的发生量增长率有关,或仅与 j 小区的吸引量增长率有关,亦或仅与生成量的增长率有关,是一个常量。即

$$f(F_{Oi},F_{Dj})=常量$$

该方法忽略了其他变量对增长函数的影响,其预测精度不高,也不需要迭代计算,是一种最简单的方法。

(2)平均增长系数法

平均增长系数法中 i 和 j 小区之间的交通分布量 q_{ij} 的增长系数为 i 小区出行发生量增长系数和 j 小区出行吸引量增长系数的平均值,即

$$f_{平}(F_{Oi}^{m},F_{Dj}^{m})=\frac{1}{2}(F_{Oi}^{m}+F_{Dj}^{m}) \tag{3.22}$$

(3)底特律法

底特律法中 i 和 j 小区之间的交通分布量 q_{ij} 的增长系数与 i 小区出行发生量和 j 小区出行吸引量增长系数之积成正比,与出行生成量的增长系数成反比,即

$$f_D(F_{Oi}^m, F_{Dj}^m) = F_{Oi}^m \cdot F_{Dj}^m \cdot \frac{T^m}{X} \tag{3.23}$$

(4)福莱特法

福莱特法假设 i 和 j 小区之间的交通分布量 q_{ij} 的增长系数不仅与 i 小区出行发生量增长系数和 j 小区出行吸引量增长系数有关，还与其他交通小区的增长系数有关，即

$$f_F(F_{Oi}^m, F_{Dj}^m) = F_{Oi}^m \cdot F_{Dj}^m \cdot \left(\frac{L_i + L_j}{2}\right) \tag{3.24}$$

$$L_i = \frac{O_i^m}{\sum_j (q_{ij}^m \cdot F_{Dj}^m)} \tag{3.25}$$

$$L_j = \frac{D_j^m}{\sum_i (q_{ij}^m \cdot F_{Oi}^m)} \tag{3.26}$$

式中，L_i 和 L_j 分别表示 i 小区的发生位置系数和 j 小区的吸引位置系数。

(5)佛尼斯法

佛尼斯法假设 i 和 j 小区之间的交通分布量 q_{ij} 的增长系数与 i 小区出行发生量增长系数和 j 小区出行吸引量增长系数都有关系，即

$$f_{FN}^1(F_{Oi}^m, F_{Dj}^m) = F_{Oi}^m \tag{3.27}$$

$$f_{FN}^2(F_{Oi}^m, F_{Dj}^m) = F_{Dj}^m \tag{3.28}$$

综上所述，增长系数法的优点在于：①结构简单，不需要交通小区之间的距离和时间；②小时交通量或日交通量的预测均适用；③对全部交通目的 OD 预测都适用；④对于有较小变化的 OD 表预测很有效。其缺点主要表现在：①必须有所有小区的 OD 交通量；②对象地区发生大规模变化时，该方法适用性较差；③如果现状 OD 交通量是 0，将来的 OD 交通量也为 0；④现状 OD 交通量值很小时，可信性较低的交通量被扩大；⑤将来交通量仅用一个增长系数表示缺乏合理性。

2. 重力模型法

增长系数法的一个缺陷是没有考虑各个分区之间的交通阻抗，它对近期和规划年整个交通网络上的交通阻抗都不会有什么变化的出行分布预测问题是可用的。但一般对象区域的交通阻抗都会因交通设施改进或流量的增加而不断变化，这就要求在进行分布预测时，必须加入交通阻抗的因素。

重力模型法是一种最常用的方法，它主要是根据牛顿的万有引力定律，即两物体间的引力与两物体的质量乘积成正比，而与它们之间距离的平方成反比类推而成。Casey 在 1955 年提出了重力模型，由于公式形式很像万有引力定律，因此而

得名。

重力模型法出行分布预测考虑了两个交通小区的吸引强度和相互之间的阻力，认为两个交通小区的出行吸引与两个交通小区的出行发生量与吸引量成正比，而与交通小区之间的交通阻抗(典型的出行阻抗量度方法是区间距离、旅途时间、出行费用等)成反比。重力模型可以分为三种模型：无约束重力模型、单约束重力模型和双约束重力模型。

(1)无约束重力模型

最早的重力模型是无约束的重力模型，公式如下：

$$q_{ij}=\alpha\frac{P_iP_j}{d_{ij}^2} \tag{3.29}$$

式中，P_i 和 P_j 分别表示 i 小区和 j 小区的人口；d_{ij} 表示 i 小区和 j 小区之间的距离；α 表示系数。

模型本身不满足交通守恒约束条件中的任何一个，即

$$\sum_j q_{ij}=\alpha P_i\sum_j P_jd_{ij}^{-2}=O_i \tag{3.30}$$

$$\sum_i q_{ij}=\alpha P_j\sum_i P_id_{ij}^{-2}=D_j \tag{3.31}$$

后来研究者在此基础上对它进行了很多改进，包括用出行总数代替总人口数，将 d_{ij} 的指数扩展为参数 γ(参数值一般为 0.6～3.5 之间)，甚至可以用出行费用 $f(c_{ij})$来表示，即

$$q_{ij}=kO_i^{\alpha}D_j^{\beta}f(c_{ij}) \tag{3.32}$$

$f(c_{ij})$是交通阻抗函数，常见的有以下几种形式：

幂函数：

$$f(c_{ij})=c_{ij}^{-\gamma} \tag{3.33}$$

指数函数：

$$f(c_{ij})=\mathrm{e}^{-c_{ij}} \tag{3.34}$$

组合函数：

$$f(c_{ij})=k\cdot c_{ij}^{-\gamma}\cdot \mathrm{e}^{-c_{ij}} \tag{3.35}$$

式中，c_{ij} 表示 i 小区和 j 小区的行驶时间或行驶距离；k、α、β 和 γ 表示参数。一般利用现状 OD 调查资料现状距离和时间表，用最小二乘法确定。

(2)单约束重力模型

单约束重力模型包括乌尔希斯重力模型和美国公路局(Bureall of Public Road，BPR)重力模型(BPR 模型)。乌尔希斯重力模型的表达式如下：

$$q_{ij}=\frac{O_iD_jf(c_{ij})}{\sum_j D_jf(c_{ij})} \tag{3.36}$$

式中，$f(c_{ij})$表示交通阻抗函数，常用形式为 $f(c_{ij})=c_{ij}^{-\gamma}$，$\gamma$ 为待定系数。

美国公路局重力模型的表达式为

$$q_{ij}=\frac{O_iD_jf(c_{ij})K_{ij}}{\sum_j D_jf(c_{ij})K_{ij}} \tag{3.37}$$

式中，K_{ij}表示调整系数，计算公式为

$$K_{ij}=\frac{(1-Y_{ij})\lambda_{ij}}{1-Y_{ij}\lambda_{ij}} \tag{3.38}$$

式中，λ_{ij}表示 i 小区到 j 小区的实际分布交通量与计算分布交通量之比；Y_{ij}表示 i 小区到 j 小区的实际分布交通量与 i 小区的出行发生量之比。

乌尔希斯重力模型和美国公路局重力模型都满足交通守恒约束中的出行产生约束条件，即：$O_i=\sum_j q_{ij}$，因此均称为单约束重力模型。用上述两种模型进行交通分布预测时，首先要将预测的交通产生量和吸引量以及将来的交通阻抗参数带入模型进行计算。通常计算出的交通吸引量与给定的交通吸引量并不相同，就需要进行进一步的迭代计算。

(3)双约束重力模型

该模型满足交通守恒约束中的两个条件，即：$O_i=\sum_j q_{ij}$ 和 $D_j=\sum_i q_{ij}$，该模型的表达式为

$$q_{ij}=\alpha_iO_ib_jD_jf(c_{ij}) \tag{3.39}$$

$$\alpha_i=\left[\sum_j b_jD_jf(c_{ij})\right]^{-1} \tag{3.40}$$

$$b_j=\left[\sum_j \alpha_iO_if(c_{ij})\right]^{-1} \tag{3.41}$$

综上所述，重力模型的优点包括：①模型构造简单，直观上容易理解；②可以将路网的变化和土地利用对人们的出行产生的影响考虑进去；③特定交通小区之间的 OD 交通量为零时，也能进行预测；④能较为敏感地反映交通小区之间行驶时间变化的情况；⑤即使没有完全的 OD 表，也能预测将来 OD 交通量。

不过，重力模型也存在一些缺点，主要体现在：①模型缺少对人的出行行为的分析，跟实际情况存在一定的偏差；②通常，人们的出行距离分布在全区域并非是定值，关于出行距离的系数不一定是常数，但该模型将其视为定值；③交通小区之间的行驶时间因交通方式和时间段的不同而异，而该模型使用了同一个时间；④随着小区间的距离趋向于 0，交通量趋向于无限大，与实际不符；当交通小区之间的距离较小时，有夸大预测的可能性；⑤为求解小区内交通量，需要给定小区内的出行所需时间，该数据很难得到；⑥利用最小二乘法标定的重力模型计算出的分布交

通量必须要借助于其他方法进行收敛计算。

3.4　交通方式划分

前面介绍的交通生成预测和交通分布的研究对象大都是人或物，而交通预测的目的是为交通设施的规划设计提供定量的规模依据，交通设施的直接承载对象是各种交通工具，而不是人或物。于是，把出行者对交通工具的选择叫作交通方式划分。交通方式划分预测就是在完成了出行分布预测得到 OD 矩阵之后，确定不同交通方式在交通小区之间 OD 量中承担的比例。

图 3.5 表示了具有铁路和道路两种交通方式时，铁路和汽车的交通方式划分示意图。图中，q_{ij}^{RAIL}表示交通小区 i 和交通小区 j 之间铁路的划分交通量，q_{ij}^{CAR}表示交通小区 i 和交通小区 j 之间汽车的划分交通量，满足 $q_{ij}=q_{ij}^{\mathrm{RAIL}}+q_{ij}^{\mathrm{CAR}}$。

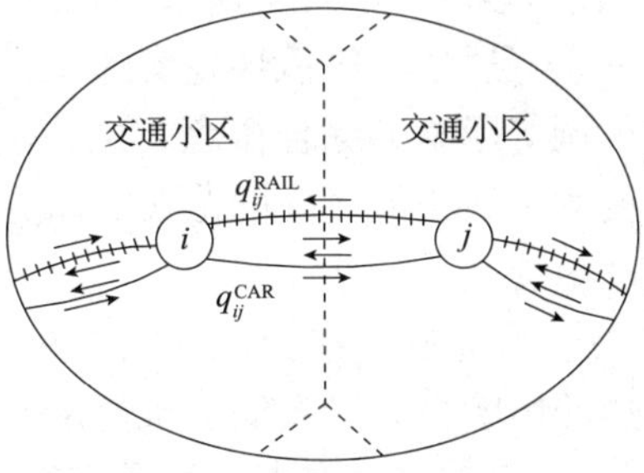

图 3.5　交通方式划分示意图

3.4.1　交通方式选择的影响因素

交通方式是指完成出行所采用的交通手段，出行交通方式选择日趋多样化，大交通中包括铁路、公路、水运、航空和管道，城市交通规划的交通方式包括步行、自行车、私家车、公交车、轨道交通、出租车等。

不同国家或地区因实际情况千差万别，出行者的出行方式选择的比例结构也就不同，影响出行方式划分的因素因国家而异。就我国的实际情况而言，城市交通中，影响人们出行方式选择的主要因素可归纳为四个方面的特性。

1. 出行者特性

①出行者年龄、性别、职业、收入等。人是交通方式选择的主体，交通方式的选择肯定会受到出行者特性的影响。比如业务员、推销员对汽车的使用率高；收入高的人汽车利用率较高。

②家庭属性。包括家庭支出额的多少、家庭车辆拥有情况、家庭构成、居住结构形式等。比如家庭支出额越高，家庭汽车的保有率会越高，对公共交通的利用率减少；有扶养老人或幼儿的家庭，汽车利用率会增多。

③分区的可达性。包括道路密度、公交网密度两个方面。

2. 出行特性

①出行目的。出行目的不同对交通方式选择的影响变化较大的原因是因为出

行目的的差异，对交通方式的服务质量要求不同，比如上班出行时间最为重要，旅行出行舒适性最重要等。

②出行距离和时间。出行距离较近时，偏向于步行和非机动车。出行时间是影响交通方式选择的最主要的原因之一，当出发地和目的地之间有几种交通方式时，每种交通方式的运行时间影响乘客的选择，包括坐车、等车、转车以及上下车前后、换乘步行的时间。

③费用。当运行时间相同时，交通费用也是影响交通方式选择的主要因素之一。通常，要减少运行时间，必须要付出更高的交通费用。对公共交通而言，交通费用指车票；对个人交通来说，交通费用指汽油费、车耗等。

④舒适性。舒适性是交通工具中的乘坐率、乘车中的疲劳、车内拥挤程度、有无空调等因素的综合概念。比如坐与站的区别，以及坐椅的舒适程度、站立的宽松程度等都属于舒适度的范畴。研究表明，随着收入水平的提高，人们对舒适性的要求逐渐提高。

⑤ 可靠性。在交通方式选择时，到达的准时性对于要求准时出行的交通方式选择的影响很大。人们上班对准时性要求高，选择不受交通阻塞影响的交通方式比较高，显然准时准点的轨道交通优于一般公共汽车。

⑥ 安全性。安全性是交通方式选择的主要原因之一。不过，在交通方式划分时，一般不考虑安全性指标。

3. 地区特性

地区特性包括居住人口密度、人口规模、交通设施水平、地形、气候、停车场和停车费用等。比如人口密度高的地区，公共交通利用率相对越高；道路密度、公交网密度等交通设施水平会影响出行者的出行选择。

4. 时间特性

人们的活动一般以一天为一个周期，因此在某个时刻，人们具有相同或相似交通目的出行集中的倾向。常见的出行集中时间段有早高峰上班时段、平峰时间段和晚高峰时间段。因此，在进行交通规划时，需要根据规划的性质选择合适的时间段。

3.4.2 交通方式划分模型及方法

最早的交通规划理论没有研究交通方式划分，只研究交通发生、交通分布、交通分配。20 世纪 60 年代中叶，由日本学者首先提出方式划分问题。早期主要从集计的角度研究该问题；20 世纪 70 年代以来，以 McFadden 为代表的一批学者将经济学中的效用理论引用过来，并以概率论为理论基础，从非集计的角度对方式划分问题展开了研究。相比而言，方式划分的集计模型比较简单，而非集计模型要复杂得多，直到目前为止，非集计模型仍是一个研究热点。

所谓的集计方法，就是以一批出行者作为分析对象，将有关他们的调查数据先作统计处理，得出平均意义上的量，然后对这些量作进一步的分析和研究，像前面的交通发生、交通分布都属于集计模型。而非集计模型则是以单个出行者作为分析对象，充分地利用每个调查样本的数据，求出描述个体行为的概率值。

1. 集计的方式划分方法

常见的有四种集计的方式划分方法，即：全域模型、出行端点模型、TI 模型和径路模型。

(1)全域模型

全域模型考虑规划对象区域整体的交通方式划分情况，通常用于宏观交通规划。由于涉及全地区的划分率预测，故其影响因素与全地区有关的城市规模、人口、土地使用状况、小汽车拥有率、公共交通及道路建设水平等指标有关。

(2)出行端点模型

出行端点模型利用对象区域内交通小区的固有性质说明其划分率，在研究总量后即探讨分担率的方法，因此便于从交通的角度研究各交通小区的土地使用。此时划分率可从发生端或吸引端，而多数属于发生端的出行端点模型。此外，此模型的划分率不唯一确定，而是按出行端点(家庭和非家庭)、交通目的(出勤、上学、业务等)、交通方向(流向市中心的交通及其他)、土地开发强度(市中心地区及其他)等进行分类，再用聚类分析法进行预测。

(3)TI 模型

TI(Trip Interchange)意味着 OD 交通量的相互转换。该模型推算给定 OD 表的交通方式划分率，即在出行分布后进行方式划分，因此，便于考虑出行特征和可用出行方式的特征，但难以考虑出行者的特征，因为它们已被集计到出行矩阵中。

(4)径路模型

径路模型为在考虑各种交通方式的径路的同时进行交通流分配的模型。因此，该模型的结构与交通流分配模型无本质差别。由于该模型利用同一水准处理相互竞争位置的各种交通方式的径路交通量，故适用于研究各种交通方式的合理划分交通量。尤其是由交通量的增加带来的交通拥挤与径路划分率之间的关系为平衡问题时，因此可通过改变时间、费用和通行能力等求出所希望的各种交通方式的划分量。

2. 非集计模型

20 世纪 60 年代日本学者提出交通方式划分的非集计模型方法概念和模型，

他们借用经济学的效用理论，在这个问题上开创了交通方式划分的非集计模型的研究。该模型不仅可以应用于交通方式划分，还可以用来解决诸如交通发生、交通分布、交通分配等所有的有关选择的问题。

非集计方法的分析对象是个体，它将个体的原始数据不作任何统计处理直接用来构造模型，它的特点是：调查所得的个人数据能得到充分的运用；要求的样本容量较小。开发出来的非集计模型种类很多，最常用的就是 Probit 模型和 Logit 模型。

(1)Probit 模型

非集计模型是基于随机效用理论的离散选择模型。它认为个人的选择行为基于各种交通方式的随机效用。假设备选方案的随机效益函数 $U(k)$ 表示为

$$U(k)=V(k)+e(k) \tag{3.42}$$

式中，$V(k)$ 表示方案 k 的固定效益；$e(k)$ 表示随机项。

固定效益可用行驶时间、费用等的方案特性，以及年龄、职业等的个人属性表示。假设 $e(k)$ 服从某种概率分布。当随机效益系数 $U(k)$ 比其他任何方案大时，方案 k 被选择，因此，方案 k 的选择概率 $p(k)$ 表示为

$$p(k)=p[U(k)>U(j),\forall j(\neq k)\in K] \tag{3.43}$$

式中，K 表示方案集。

整理后，得到

$$\begin{aligned} p(k)&=p[e(j)<V(k)-V(j)+e(k),\forall j(\neq k)\in K] \\ &=\int_{e(k)}F[V(k)-V(j)+e(k),\forall j(\neq k)\in K]f_k(x)\mathrm{d}x \end{aligned} \tag{3.44}$$

式中，$F(x)$ 表示概率分布函数；$f_k(x)$ 表示概率变量 $x=e(k)$ 的概率密度函数。

假设随机项 $e(k)$ 服从平均值为 0，具有有限的方差协方差矩阵的多变量正态分布 MVN (Multivariance Normal Distribution)，得到 Probit 模型。

$$\begin{bmatrix} U(1) \\ U(2) \\ \vdots \\ U(k) \end{bmatrix} \sim \mathrm{MVN}\left[\begin{bmatrix} V(1) \\ V(2) \\ \vdots \\ V(k) \end{bmatrix},\begin{bmatrix} \sigma_1^2 & \sigma_{12} & \cdots & \sigma_{1K} \\ \sigma_{21} & \sigma_2^2 & \cdots & \sigma_{2K} \\ \vdots & \vdots & \ddots & \vdots \\ \sigma_{K1} & \sigma_{K2} & \cdots & \sigma_k^2 \end{bmatrix}\right] \tag{3.45}$$

式中，σ_1^2、σ_2^2 表示方差；σ_{1K}、σ_{K1} 表示协方差。

使用 Probit 模型时，给定固定效益 $V(k)$ 和随机项的方差协方差矩阵，便能计算选择概率，不过当备选方案超过 3 个时，Probit 模型的计算非常繁杂，因此，多用于两种方式之间的选择。

(2)Logit 模型

Logit 模型假设效益函数的随机项 $e(k)$ 是相互独立的，且服从同一干贝尔

(Gambel)分布,用概率变量 x 表示 $e(k)$,θ 作为参数,随机项的分布函数可表示为

$$F_e(x)=\exp\{-\theta\exp(-x)\} \quad (\theta>0,-\infty<x<\infty) \tag{3.46}$$

容易推导出

$$p(k)=\frac{e^{V(k)}}{\sum_j e^{V(j)}} \tag{3.47}$$

Logit 模型的概率计算及参数推算比 Probit 模型简单,适用性更广泛。

3.5 交通流分配

3.5.1 交通流分配中的基本概念

1. 交通流分配

交通流分配就是将预测得出的交通小区 i 和交通小区 j 之间的分布(或 OD)交通量 q_{ij},根据已知的道路网描述,按照一定的规则符合实际地分配到路网中的各条道路上去,进而求出路网中各路段 a 的交通流量 x_a,如图 3.6 所示。一般来说,两点之间(O 和 D 之间)有很多条道路,如何将 OD 交通量正确合理地分配到 O 与 D 之间的各条道路上就是交通流分配要解决的问题。

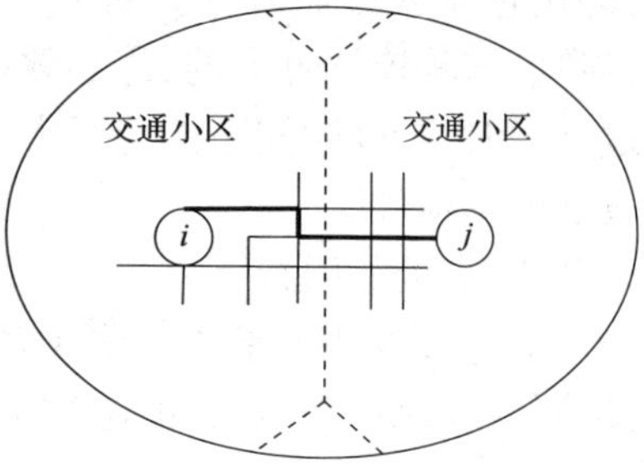

图 3.6 交通流分配示意图

2. 交通阻抗

交通阻抗是指交通网络上路段或路径之间的运行距离、时间、费用、舒适度,或这些因素的综合。具体到不同交通网络其含义随人们的关注点不同而有所偏重,如对于城市道路网,一般指出行时间,公路网较多地指距离。交通阻抗由两部分组成:路段上的阻抗和节点处的阻抗。

(1)路段上的阻抗

在诸多交通阻抗因素中,时间因素是最主要的。对于单种交通网络,出行者在进行路径选择时,一般都是以时间最短为目标。有些交通网络,路段上的走行时间与距离成正比,与路段上的流量无关,如城市轨道交通网,此时,用时间或距离作为阻抗是等价的,为量测方便起见,选用路段的距离较好。而有些交通网络,路段上的走行时间与距离不一定成正比,与路段上的交通流量有关,如公路网、城市道路网,此时选用时间作为阻抗。这类走行时间与距离、流量的关系比较复杂,现在我们以公路网为例,重点研究这类时间阻抗。

车辆在公路路段上所需走行时间是随着该路段上交通流量的增加而增加,其

走行时间与交通流量的关系可表达为

$$t_a=f(q_a) \tag{3.48}$$

式中，t_a 表示路段 a 的所需时间；q_a 表示路段 a 上通过的交通流量。

对于公路走行时间函数的研究，既有通过实测数据进行回归分析的，也有进行理论研究的。其中被广泛应用的是由美国公路局开发的函数，被称为 BPR 函数，形式为

$$t_a=t_0\left[1+\alpha\left(\frac{q_a}{c_a}\right)^{\beta}\right] \tag{3.49}$$

式中，t_0 表示路段自由行驶时间；c_a 表示路段 a 的交通容量，即单位时间里可通过的最大车辆数；t_a 表示路段 a 上的平均车辆自由走行时间；α、β 表示待标定的参数，BPR 建议取值：$\alpha=0.15$，$\beta=4$，也可由实际数据用回归分析求得。

由式(3.49)可知，行驶时间是路段流量的单调递增函数。

从交通流分配的观点出发，理想的路段阻抗函数应该具备如下性质：①真实性，即用它计算出来的行驶时间具有足够的真实性；②函数应该是单调递增的；③函数应该是连续可导的；④函数应该允许一定的“超载”，即当流量等于或超过其通过能力时，行驶时间不能为无穷大；⑤从实际应用的角度出发，阻抗函数应该具有较强的移植性。

(2)节点处的阻抗

车辆在节点处也是要花费或多或少时间代价的，如机动车在城市道路信号灯交叉口等待绿灯。节点处的阻抗可分为两类：

不分流向类——在某个节点各流向的阻抗基本相同，或者没有明显的规律性的分流向差别。对这类问题比较好处理，其总阻抗可以用式(3.50)表示。

$$t_{ij}=d_{ij}+y_j \tag{3.50}$$

式中，t_{ij} 表示车辆在相邻交叉口 i、j 所花的总时间；d_{ij} 表示车辆在路段(i,j)上的行驶时间；y_j 表示车辆在节点的延误。

分流向类——不同流向的阻抗不同，且服从某种规律。车辆在城市道路的交叉口一般有三个流向：直行、左转、右转，所延误的时间差别明显，且服从如下规律：右转<直行<左转。城市道路网交叉口密集，相邻交叉口之间的路段往往只有几百米，车辆在交叉口的延误时间接近甚至超过在路段上的行驶时间，所以必须分流向计算。车辆在市际公路网的节点处也存在同样的延误规律，但是公路网的路段长，车辆在节点处的延误相对于路段上的行驶时间非常小，可以近似看为 0，这样就可以将之归于上述的“不分流向类”。

后来有些学者注意到这个问题，将车辆在相邻两个交叉口之间的时间费用定义为

$$t_{ij}=d_{ij}+y_{ij} \tag{3.51}$$

式中，y_{ij} 表示来自节点 i 的车辆在交叉口 j 的延误。

3. 径路与最短径路

(1)路段

交通网络上相邻两个节点之间的交通线路称为路段。

(2)径路

交通网络上任意一 OD 点对之间，从发生点到吸引点一连串连通的路段的有序排列称为这一 OD 点对之间的径路。一对 OD 点之间可以有很多条径路。

(3)最短径路

一对 OD 点之间的径路中总阻抗最小的径路称为最短径路。

4. 交通均衡问题

交通均衡问题首先要学习 Wardrop 均衡原理。

如果两点之间有很多条路线可供出行者选择，那每个出行者自然都选择最短路径。但随着这两点之间交通量的增大，其最短路径上的交通流量也会随之增加，增加至一定程度之后，这条最短路径的走行时间就会因为拥挤或堵塞而变长，以至长过次短路径的走行时间，于是就有一部分道路利用者会选择次短的道路。随着两点之间的交通量继续增加，两点之间的所有道路都有可能被利用。

如果所有的道路利用者都准确知道各条道路所需的行走时间，并选择走行时间最短的道路，最终两点之间被利用的各条道路的走行时间会相等。没有被利用的道路的走行时间会更长，这种状态被称之为道路网的均衡状态。1952 年 Wardrop 给这种均衡状态下了准确定义。

Wardrop 的道路网交通均衡的准确定义是：在道路网的利用者都知道网络的状态并试图选择最短路径时，网络会达到这样一种均衡状态，每个 OD 对的各条被利用的路径的走行时间都相等而且是最小的走行时间，而没有被利用的路径的走行时间都大于或等于这个最小的走行时间。这条定义通常称为 Wardrop 的第一原理。Wardrop 第一原理在实际交通流分配中也称为用户平衡或用户最优(User Equilibrium，UE)。

Wardrop 第二原理定义是：在系统平衡条件下，拥挤的路网上交通流应该按照平均或总的出行成本最小为依据来分配。Wardrop 第二原理在实际交通流分配中也称为系统最优原理(System Optimization，SO)。

Wardrop 第一原理主要是建立每个道路利用者使其自身出行成本或时间最小化的行为模型，按照该原理分配出来的结果应该是路网上用户实际路径选择的结果。Wardrop 第二原理是一个设计原理，旨在使交通流在最小出行成本方向上分配，从而达到出行成本最小的系统均衡，一般是面向交通管理工程师的,也为交通管理人员提供一种决策方法。一般来说,这两个原理下的均衡结果不会是一样的,但是实际上人们更期望交通流能够按照 Wardrop 第一原理来分配。

目前,在交通流分配理论中,以 Wardrop 第一原理为基本指导思想的分配方法较多,通常分为均衡分配和非均衡分配两大类。对于完全满足 Wardrop 原理定义的均衡状态,称为均衡分配模型;对于采用启发式方法或其他近似方法的分配模型,称为非均衡模型。

3.5.2 交通流分配模型及方法

1. 非均衡分配模型

目前已提出许多非均衡模型及解法,根据分配方式可分为容量限制与容量不限制两类,按分配形态可分为单路径与多路径两类,综合起来,可分为表 3.2 所示的四类。

表 3.2 非均衡交通分配模型

分 类	容量不限制分配方法	容量限制分配方法
单路径	最短路(全有全无)分配	容量限制单路径分配
多路径	多路径分配	容量限制多路径分配

(1)全有全无分配方法

全有全无分配法(All or Nothing Assignment Method)不考虑路网的拥挤效果,设路段的阻抗为常数,即假定走行时间不受路段上流量的影响,每一个 OD 点对的交通 OD 交通量被全部分配在连接 OD 点对的最短路径上,其他路径上分配不到交通量。该方法又叫"最短路径分配法"和"0—1 分配法",这是一种最简单的分配方法,是其他分配方法的基础。

全有全无分配法算法思想为:将 OD 交通量 T 加载到路网的最短径路树上,从而得到路网中各路段流量的过程。

主要分为以下是三个步骤:

首先,进行初始化,使路网中所有路段的流量为 0,并求出各路段自由流状态时的阻抗;

其次,计算路网中每个出发地 O 到每个目的地 D 的最短径路;

最后,将 O、D 间的 OD 交通量全部分配到相应的最短径路上。

该方法的优点是计算简单,分配只需要一次完成,其缺点是出行量分布不均匀,出行量都集中在最短路径上,这与实际交通情况不符合。

全有全无分配方法认为出行时间与流量没有关系,即交通流量对阻抗没有影响。对于某些交通网络，这种假设是基本合乎实际情况的，如城市轨道交通网。但对于公路网和城市道路网，由于路段上容量(通行能力)是有限的，路段上行驶的车辆越多，拥挤程度加大，车辆速度降低，从而行驶时间就会增加，这样一来，流量越大，阻抗也越大。

接下来进一步研究交通流量对阻抗存在影响时的交通分配问题，称为“阻抗可变分配”问题，有两种分配方法：增量分配法和迭代加权法。

(2)增量分配法

增量分配法(Incremental Assignment Method)是一种近似的均衡分配方法。采用该方法，首先需要将 OD 表分解成 N 份，然后分 N 次使用全有全无分配法，每次分配一个 OD 分表，并且每分配一次，路阻就根据路阻函数修正一次，直到把 N 个 OD 分表全部分配到路网上。

该算法的具体步骤为：

步骤 0：初始化。以适当的形式分割 OD 交通量，即 $t^{rsn}=\alpha t^{rs}$。令 $n=1, x_{ij}^{0}=0$。

步骤 1：计算并更新路段费用 $c_{ij}^{n}=c_{ij}(x_{ij}^{n-1})$。

步骤 2：按全有全无分配法将第 n 个分割 OD 交通量 t^{rsn} 分配到最短径路上。

步骤 3：判定 n 与 N 是否相等，若相等，停止计算；否则，令 $n=n+1$ 返回到步骤 2。

这里，N 为分割次数，n 为循环次数。

从以上算法可以看出，全有全无分配法是增量分配法的基础，当 $N=1$ 时，便是全有全无分配法。而当 N 趋向于无穷大，该方法趋向于均衡分配法的结果。

该方法的优点是：较为简单，精确度可以根据分割数 N 的大小来调整。缺点是：与均衡分配法相比，仍然是一种近似方法；当路阻函数不是很敏感时，过多的交通量会分配到通行能力很小的路段上。

(3)迭代加权法

迭代加权法(Method of Successive Average)是介于增量分配法和均衡分配法之间的一种循环分配方法。

该方法就是不断调整各路段分配的流量而逐渐接近均衡分配结果。在每步循环中，根据各路段分配到的流量进行一次全有全无分配，得到的各路段上的分配量，叫附加量；然后该循环中得到的附加交通量与该循环中各路段已分配的交通量进行加权平均，得到的数值作为下一循环中的分配交通量；当前后两次循环分配的交通量近似相等时，停止迭代，最后一次循环中得到的交通量即为最终结果。

该算法的具体步骤为：

步骤 0：初始化。根据各路段自由行驶时间进行全有全无分配，得到初始解

x_a^0。令迭代次数 $n=0$，路阻函数 $c_a^0=c_a(0)$，$\forall a\in A$。

步骤 1：令 $n=n+1$，按照当前各路段的交通量 x_a^{n-1} 计算各路段的路阻，$c_a^n=c_a(x_a^{n-1})$，$\forall a\in A$。

步骤 2：按照步骤 1 求得的行驶时间和 OD 交通量进行全有全无分配，得到各路段的附加交通量 F_a^n。

步骤 3：用 MSA 方法计算各路段当前交通量 $x_a^n=(1-a)x_a^{n-1}+aF_a^n$，$0\leqslant a\leqslant 1$。

步骤 4：如果 x_a^n，x_a^{n-1} 相差不大，则停止计算，x_a^n 即为最终分配结果。否则返回步骤 1。

实践中步骤 4 停止计算的判断既可用误差大小，也可用循环次数的多少来进行运算的控制，用得比较多的是循环次数。在步骤 3 中的权重系数 a 由计算者给定，既可为常数，通常取 0.5，也可为变数，通常取 $a=1/n$。

2. 均衡分配法

(1)用户均衡分配模型

非均衡分配方法的算法比较简单，容易理解。但这些方法缺乏理论依据，并且与实际交通网络的分配存在一定的差距，均衡分配法相对更为准确。前面曾介绍过交通网络的 Wardrop 均衡原理，均衡分配模型即是刻画这种均衡原理的数学模型。1956 年由 Beckmann 提出了一种满足 Wardrop 均衡原理的数学规划模型。正是这个数学规划模型奠定了研究交通分配问题的基础，后来的许多分配模型，诸如弹性需求交通分配模型、随机分配模型等都是在 Beckmann 模型的基础上扩展得到的。

这里主要介绍 Beckmann 交通均衡分配的数学模型。

①模型中所用变量和参数

x_α——路段 α 上的交通流量；

t_α——路段 α 交通阻抗，也称为行驶时间；

$t_\alpha(x_\alpha)$——路段 α 以流量为自变量的阻抗函数，也称为行驶时间函数；

f_k^{rs}——出发地为 r 目的地为 s 的 OD 间的第 k 条径路上的流量；

c_k^{rs}——出发地为 r 目的地为 s 的 OD 间的第 k 条径路的阻抗；

u_{rs}——出发地为 r 目的地为 s 的 OD 间的最短径路的阻抗；

$\delta_{a,k}^{rs}$——路段—径路相关变量，即 0—1 变量，如果路段 α 属于从出发地为 r 目的地为 s 的 OD 间的第 k 条径路，则 $\delta_{a,k}^{rs}=1$，否则 $\delta_{a,k}^{rs}=0$；

N——网络中节点的集合；

L——网络中路段的集合；

R——网络出发地的集合；

S——网络中目的地的集合；

W_{rs}——出发地 r 和目的地 s 之间的所有径路的集合；

q_{rs}——出发地 r 和目的地 s 之间的 OD 交通量。

用数学语言来描述 Wardrop 用户均衡准则为：当交通网络达到均衡时，若 $f_k^{rs}>0$，则必有 $\sum\limits_{\alpha} t_\alpha(x_a)\delta_{a,k}^{rs}=u_{rs}$，说明如果从 r 到 s 有两条及以上的径路被选中，则他们的行驶时间相等；若 $f_k^{rs}=0$，则必有 $\sum\limits_{\alpha} t_\alpha(x_a)\delta_{a,k}^{rs}\geqslant u_{rs}$，说明如果某条从 r 到 s 的径路流量等于0，那么该径路的行驶时间一定超过了被选中的径路的行驶时间。

②模型基本的约束条件的分析

首先，均衡分配过程中应该满足交通流守恒的条件，即 OD 间各条径路上的交通量之和等于 OD 交通总量，即

$$\sum_{k\in W_{rs}} f_k^{rs}=q_{rs} \quad \forall r,s \tag{3.52}$$

其次，径路交通量 f_k^{rs} 和路段交通量 x_a 之间应该满足如下的条件，即路段上的流量应该由各个(r,s)对的途径该路段的径路的流量累加而成，即

$$x_a=\sum_r\sum_s\sum_k f_k^{rs}\delta_{a,k}^{rs} \quad \forall a\in L,\forall r\in R,\forall s\in S,\forall k\in W_{rs} \tag{3.53}$$

同时，径路的总阻抗和路段的阻抗之间应该满足如下的条件，即路径的阻抗应该是该径路途径的各个路段的阻抗的累加，即

$$c_k^{rs}=\sum_a t_a(x_a)\delta_{a,k}^{rs} \quad \forall a\in L,\forall r\in R,\forall s\in S,\forall k\in W_{rs} \tag{3.54}$$

最后，径路流量应该满足非负的约束，即：$f_k^{rs}\geqslant 0 \quad \forall k,r,s$。

③Beckmann 交通均衡分配模型

Beckmann 把上述条件作为基本约束条件，用取目标函数极小值的方法来求解均衡分配问题，提出了如下模型：

$$\min: Z(X)=\sum_\alpha\int_0^{x_\alpha} t_\alpha(\omega)\mathrm{d}w$$

$$\text{s.t.}\begin{cases}\sum\limits_k f_k^{rs}=q_{rs}\\ f_k^{rs}\geqslant 0\end{cases} \tag{3.55}$$

式中，$x_a=\sum\limits_r\sum\limits_s\sum\limits_k f_k^{rs}\delta_{a,k}^{rs}$。

④用户均衡分配模型求解

1975 年 LeBlanc 等学者将 Frank Wolfe 算法用于求解 Beckmann 模型，最终

形成了目前广泛应用的一种解法，称为 F-W 解法。

Beckmann 模型是一个非线性规划模型。而 F-W 解法的前提是模型的约束都是线性的，该方法是用线性规划逐步逼近非线性规划的一种迭代方法。在每步的迭代中，先找到目标函数的一个最速下降方向，然后再找到一个最优步长，在最速下降方向上截取最优步长得到下一步迭代的起点，重复迭代直到找到最优解为止。该算法的具体步骤为：

步骤 1：初始化。按照 $t_a^0=t_a(0)$，$\forall a$，进行 0—1 交通流分配，得到各路段的流量 $\{x_a^1\}$，$\forall a$；令 $n=1$。

步骤 2：更新各路段的阻抗，$t_a^n=t_a(x_a^n)$，$\forall a$。

步骤 3：寻找下一步迭代方向，按照更新后的 $\{t_a^n\}$，$\forall a$，再进行一次 0—1 交通流分配，得到一组附加流量 $\{y_a^n\}$。

步骤 4：确定迭代步长，用二分法求满足下式的 λ。

$$\sum_a (y_a^n - x_a^n)t_a[x_a^n+\lambda(y_a^n-x_a^n)]=0$$

步骤 5：确定新的迭代起点，$x_a^{n+1}=x_a^n+\lambda(y_a^n-x_a^n)$。

步骤 6：收敛性检验。如果满足下式：

$$\frac{\sqrt{\sum_a (x_a^{n+1}-x_a^n)^2}}{\sum_a x_a^n}<\varepsilon$$

式中，ε 是给定的误差限值，则 $\{x_a^{n+1}\}$ 就是求得的均衡解，计算结束；否则，令 $n=n+1$，返回步骤 2。

(2)系统最优均衡分配模型

上述介绍的 Bechmann 模型和算法都是建立在 Wardrop 第一原理即用户均衡原理的基础上。下面介绍基于 Wardrop 第二原理的系统最优均衡分配模型。

系统最优分配模型可以用式(3.56)来表示，即目标函数是网络中所有用户总的阻抗最小，约束条件和用户均衡分配模型一样。

$$\min: \widetilde{Z}(X)=\sum_\alpha x_a t_\alpha(x_a)$$

$$\text{s.t.}\begin{cases}\sum_k f_k^{rs}=q_{rs}\\ f_k^{rs}\geqslant 0\end{cases}\tag{3.56}$$

式中，$x_a=\sum_r\sum_s\sum_k f_k^{rs}\delta_{a,k}^{rs}$。

(3)系统最优分配与用户最优分配的关系

下面进一步分析系统最优模型与用户最优模型之间的关系。对阻抗函数进行变换,令

$$\tilde{t}_a(x_a)=t_a(x_a)+x_a\frac{\mathrm{d}t_a(x_a)}{\mathrm{d}x_a} \tag{3.57}$$

则得到

$$\begin{aligned}\int_0^{x_a}\tilde{t}_a(\omega)\mathrm{d}\omega&=\int_0^{x_a}\left[t_a(\omega)+\omega\frac{\mathrm{d}t_a(\omega)}{\mathrm{d}\omega}\right]\mathrm{d}\omega=\int_0^{x_a}[t_a(\omega)\mathrm{d}\omega+\omega\mathrm{d}\omega]\\&=\int_0^{x_a}\mathrm{d}[t_a(\omega)\omega]=x_at_a(x_a)\end{aligned} \tag{3.58}$$

因此,如果用$\tilde{t}_a(x_a)$作为阻抗函数,则此时用户最优分配模型可以转换为系统最优分配模型,所以进行该阻抗函数下的用户最优分配,得到的解就是系统最优分配的解。也就是说,阻抗函数进行变换后,可以凭借用户最优模型的算法求解系统最优模型。

3.6　常用交通需求预测软件

20世纪70年代初期,美国城市公共运输局(Urban Mass Transportation Administration)设计开发了城市运输规划系统(Urban Transportation Planning System, UTPS)。该系统初期主要用来进行公交系统规划。随着计算机技术的不断发展以及微型计算机的普及,20世纪80年代涌现出多个交通需求预测商业软件。其中最早出现的是由COMSIS公司开发的MINUTP交通需求预测系统。伴随着微软Windows操作系统的普及,交通需求预测软件系统在20世纪90年代中、后期有了快速的发展。从这一时期开始,交通需求预测软件系统不仅能够对传统的四阶段模型进行数值计算,结合了地理信息系统的交通需求预测软件系统能够从人口特征、经济特征、土地利用形态、网络结构等多方面更加全面和直观地对交通需求进行预测和分析。其中最常用的为Cube、Emme、TransCAD和VISUM四种软件。

1. Cube

Cube是Citilab公司开发的涵盖交通规划、交通系统分析等内容的综合型交通规划软件平台。该平台能够对包含城市道路系统、区域公路系统、长距离乘客运输、货物运输、多方式交通出行、OD估计及空气质量等进行分析并辅助规划设计。统一的Cube Base用户交互端使用户能够快速熟悉软件的操作流程和方式,有助于提高用户在学习新增功能时的效率。此外,该系统还能够对用户数据进行有效

组织，避免了用户数据在不同组件之间的相互转换和重复复制。

此外，Cube 软件平台的另一优势是 Citilab 与 ESRI 公司联合开发的 Cube 地理信息组件，该组件在功能上完全能够与目前主流的地理信息系统软件 ArcGIS 进行连通和交互。Cube 软件平台还能够对多个已有的交通软件模型进行支持，包括 UTPS 系统、Tranplan 和 MINUTP。用户可以根据自身需要，在 Cube Base 的基础上定制所需的软件模块，比如能进行交通需求和土地利用预测的 TP＋、Tranplan、TRIPS 和 MINUTP 等。

2. Emme

Emme 交通需求预测软件系统最初由加拿大的蒙特利尔大学交通研究中心开发，后来为 INRO 咨询公司继承，并成为该公司的支柱产品之一。该软件为用户提供了一套内容丰富、可进行多种选择的交通需求分析及网络分析与评价模型。作为较早进入市场的交通规划软件系统，该软件也是四个软件中最早被引进我国的。

目前的 Emme 交通需求预测软件系统在操作界面、路网编辑工具、图形分析工具、GIS 整合等功能上得到了进一步的拓展。比如在交通需求分析建模方面，该软件系统提供了矩阵计算器和矩阵配平工具，形成了一个综合的分析架构。该系统能够进行任何基于小区的出行需求预测模型，包括经典的四阶段模型、基于需求的多方式分配模型和基于出行链的需求分析模型等。

3. TransCAD

美国 Caliper 公司开发的 TransCAD 是第一个供交通专业人员使用的地理信息系统，它能存储、显示、管理和分析交通数据。与其他交通需求预测软件系统不同，TransCAD 在设计初期首先考虑的就是交通与地理信息系统的结合，这也就使得 TransCAD 具有以下三个特点：

(1)面向交通运输领域设计的地理信息平台。

(2)将可视化分析应用贯穿在交通规划的各个阶段。

(3)随软件附带大量交通分析所需基础数据。

TransCAD 的所有功能都能够通过图形用户界面或脚本语言两种方式实现，这种模型能够从原始数据和建模过程两个方面让用户全面和准确地了解自己的研究对象，也能够允许用户不需要学习其他编程语言，就能够进行交通建模分析。

4. VISUM

VISUM 是一款适用于交通规划、交通需求建模及其网络数据管理的综合性、具有高灵活度的交通需求预测软件系统。该软件由德国 PTV 公司开发，目前广泛应用于全球的交通规划模型及城市交通管理领域。在多模式分析的基础上设计的 VISUM 把各个交通方式(比如小汽车、货车、公共汽车、轨道交通、自行车等)都融入了一个统一的网络模型中。

VISUM 软件系统由需求模型、路网模型和影响模型三部分组成。需求模型包括需求计算的相关资料，比如出行产生和吸引的土地利用资料、不同需求成分集和出行生产率。需求模型采用基于起讫点的方法或采用活动链的方法，通过各类型需求的交通方式来计算出行需求。路网模型是一个包含私人交通和公共交通系统相关信息的多方式交通网络，由交通小区、节点、公共交通停靠站、路段及与时刻表一致的公交线路组成。影响模型能够分析和评估综合交通系统产生的一系列影响结果。

与其他交通需求预测软件系统相比，VISUM 在针对交叉口和信号控制系统分析方面具有较大优势。其一，VISUM 能够根据单个交叉口渠化信息及信号灯配时方案，根据 HCM 2010 等软件，计算交叉口延误及服务水平；其二，VISUM 还可以根据分配结果，对现有交叉口的信号灯配时方案进行周期时间的优化及绿灯时间的优化计算。

第4章 城市道路交通系统规划

为使交通运输能适应国民经济发展和人民生活需要，必须对交通发展制定出全面的规划。道路交通规划是区域或城市综合运输规划的一个组成部分，其目的在于协调各种运输方式间的关系，在可能的资金、资源条件下，对道路交通系统的布局、建设、运营等方面从整体上做出最佳安排，以适应社会、政治、经济发展的需要。本章重点介绍城市道路交通系统规划，阐述城市道路的功能特点、分类以及城市道路交通线网规划及其发展战略规划等内容。

4.1 城市道路交通系统规划概述

4.1.1 城市道路交通系统规划的定义

国家标准《城市道路交通规划设计规范》(GB 50220—1995)中指出：

(1)城市道路交通规划应以市区内的交通规划为主，处理好市际交通与市内交通的衔接、市域范围内的城镇与中心城市的交通联系。

(2)城市道路交通规划必须以城市总体规划为基础，满足土地使用对交通运输的需求，发挥城市道路交通对土地开发强度的促进和制约作用。

(3)城市道路交通规划应包括城市道路交通发展战略规划和城市道路交通综合网络规划两个组成部分。

具体地讲，城市道路交通系统规划是经过交通现状调查，预测未来在人口增长、社会经济发展和土地利用条件下对交通的需求，制定出相应的交通网络形式，并对拟定的方案进行评价，对选用的方案编制实施建议、进度安排和经费预算的工作过程。道路交通规划也就是在确定规划期限、目标的基础上，根据交通调查、分析、预测以及社会经济效益估价等，制定的交通结构与道路网的规划。

4.1.2 城市道路交通功能与规划设计要点

城市路网是由若干条道路(路段和交叉口)组成的网络体系，承载着多种功能。对这些功能的了解有助于正确把握城市路网设计目标和规划原则。

1. 交通运输功能

交通行为包括两大部分，即行和停。行包括迅速通过(通的功能)、进入与离开城市地块(达的功能)、慢速行进中寻找目的地(寻的功能)。这三类行的功能对速度要求不同,处理不当就会造成运输效率下降。停止的功能基本包括两类,即止和泊。如出租车、公交车停站供乘客上下的交通行为就属于止,车辆进入停车场地停放,就属于泊。在不同道路上对于车辆止和泊的要求也有所不同。

道路交通运输功能的服务对象,即服务的交通主体包括车和人两类。车包括机动车、非机动车。机动车又可以分为公共交通车辆和个体交通车辆,非机动车包括自行车、三轮车、人力车等。人则分为男、女、老、幼或者健全、残疾。这些人、这些车辆对城市交通的要求不同,有些还存在相互矛盾。因此,使之各得其所,尽量减少彼此冲突是搞好路网规划、道路设计的基本要求。

道路是为人和物的有效空间转移服务的,对于一定占地、一定投资基础上建设而成的路网,如果在一定安全条件下完成更多的货运周转量,在安全、舒适、愉悦的条件下完成更多的客运周转量,那么其运输效率越高。在这个体系中应当满足人们必要的、符合基本条件的出行需求,这是市民生活在城市里的基本条件之一,是对社会公平的一种体现;在这个体系中,车辆是完成任务的工具,但人与物的有效运输才是根本目的。

城市道路承担的交通需求是多变的,如每日的交通需求变化(早高峰、晚高峰)、年度的需求变化(节日、旅游旺季)、应急性临时变化(如重大比赛)等;道路的功能也可能发生变化,比如交通性道路转变为生活性道路或商业街。这就要求规划设计人员必须考虑交通问题的动态性。

综上所述,道路的交通运输功能是多样的、具体的、复杂的、动态的、具有内部联系的,认识到这一点是搞好路网规划、道路设计的前提。

2. 道路提供地下工程管线埋设的空间的功能

城市道路下面一般需要埋设各类工程管线,以满足城市的排水、供水、供电、通信、供暖、燃气等的供应要求。这些基本需求是城市用地开发的必要条件。大多数城市道路具有提供地下管线埋设空间的功能,因此道路的宽度、断面要满足管线敷设的要求,道路的性质要与这些管线维修、维护频率相协调,减少管线维护、维修期间给城市交通带来的影响,尽量减少或避免道路、管线改造之间的冲突问题。

3. 道路作为城市骨架、建筑与活动场所依托的功能

人的活动依赖交通运输,活动的目的地是各类建筑或活动场所。离开道路,这些场所可能会完全失去可达性,离开这些活动场所,路网也就失去了服务对象。这种相互依赖的关系使城市道路成为城市发展的骨架,成为建筑与城市活动场所的依托。有些道路还成为商贸活动场所,如某些集市、商业街,交通功能演变为次属功能。在路网规划中,人们通常认为道路的主要功能是交通功能。但在早期,城市的街道主要作为城市的公共活动空间,人们在那里聊天、买卖,是车辆的发明与运用改变了这种局面。但人们并非不希望这种以人为本的空间的出现。不少城市步行化空间的出现即是一种表达。在提供交通空间的同时,合理考虑活动空间是路网规划需要兼顾的问题。

道路与用地的依托关系使城市路网具有引导城市发展的作用,合理超前的路网规划、合理的路网建设势必会对城市宏观层面的布局结构、微观层面的用地布置起到积极的引导作用。合理引导而不是仅仅依赖城市用地,是实现城市交通和城市用地开发相互协调的有效手段,是路网规划深层次的考虑内容。

4. 反映城市风貌、历史文化、精神文明的场所

城市道路是展现城市风貌、历史文化、精神文明的场所。无论是在快速行进的车辆中,还是在慢速的步行中,街道成为人们欣赏、感受、品味城市的必要和重要场所。街道是城市展示的重要场所。一个合理的路网规划、道路设计需要满足人们的观瞻要求。满足这种要求需要规划人员掌握必要的美学原理和设计方法。

5. 防灾、避难的场所

城市可能遭受的灾害很多,如地震、水灾、火灾、风灾、瓦斯泄漏和其他突发事故造成的灾害。城市的防灾能力除考虑加强建筑本身防灾能力外,还需要考虑救灾和减少次生灾害问题。城市道路是防灾与救援的必要通道,对防灾、救灾起到了巨大的作用,也可以成为避难的场所,如果将城市主干管线埋在城市快速路和主干路下面,若在灾害过后需要抢修,则会阻断交通,会对救援工作造成不利影响。如果高架桥在灾害中坠落,一时难以清除,也会不利于及时救援。对于地震设防城市,需要结合具体情况考虑道路的宽度与两侧建筑高度的关系,防止建筑坍塌后将其全部阻塞。某些道路,特别是属于城市道路用地的广场,在灾害中还可以用作避难场所。

6. 新鲜空气流通、城市通风、日照的需求

城市道路上空的空间可以提供城市空气流通通道,可以实现导风防风的作用;还可以为日照提供充裕的间距要求。城市道路的这些功能有利于城市提供良好的环境和空气质量,在设计中需要给予足够的重视。

4.2 城市道路交通线网布局形态

4.2.1 道路网络的基本布局形态

城市交通网络的基本形态大致可分为方格网式、带状、放射状、环形放射状和自由式等。

(1)方格网式

方格网式交通网是一种常见的交通网络形态,如图 4.1 所示。其优点是各部分的可达性均等,秩序性和方向感较好,易于辨别,网络可靠性较高,有利于城市用地的划分和建筑的布置。其缺点是网络空间形态简单、对角线方向交通的直线系数较小。我国的北京、西安等城市的城区道路网属于这种形态。

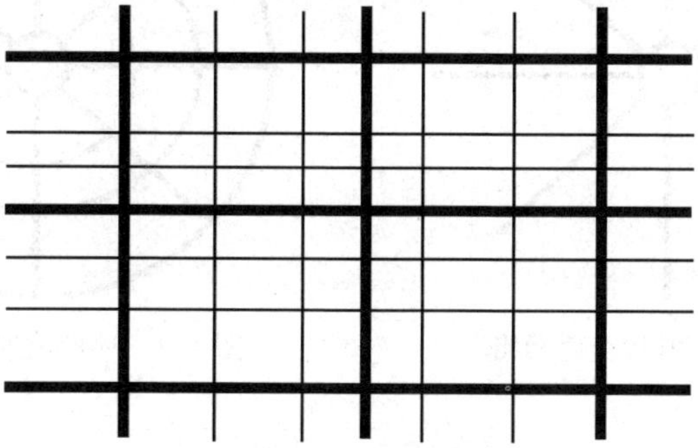

图 4.1 方格网式交通网络

(2)带　　状

带状交通网是由一条或几条主要的交通线路沿带状轴向延伸,并且与一些相垂直的次级交通线路组成类似方格状的交通网,如图 4.2 所示。这种交通网络形态可使城市的土地利用布局沿着交通轴线方向延伸并接近自然,对地形、水系等条件适应性较好。我国的兰州市交通网络由于受黄河和南北山脉的影响,其结构属于典型的带状结构。

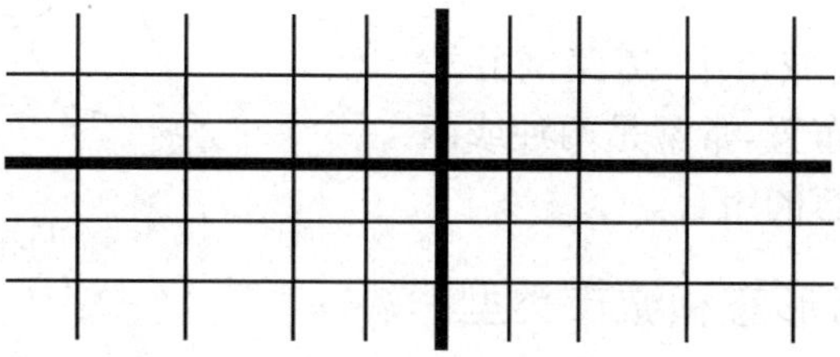

图 4.2 带状交通网络

(3)放 射 状

放射状交通网络通常被用于连接主城和卫星城之间,如图 4.3 所示。

(4)环形放射状

城市骨架交通网络由环形和放射交通线路组合而成,如图 4.4 所示。以放射状交通线路承担内外出行,并连接主城与卫星城;环形交通网承担区与区之间或过境出行,连接卫星城之间,减少卫星城之间的出行穿越主城中心。北京市的交通网络为此种形态，道路网络由二环～六环的五条城市快速环线和若干条放射道路组成；城市轨道交通网络目前由两条环线和若干条纵横交错的轨道交通线路组成。

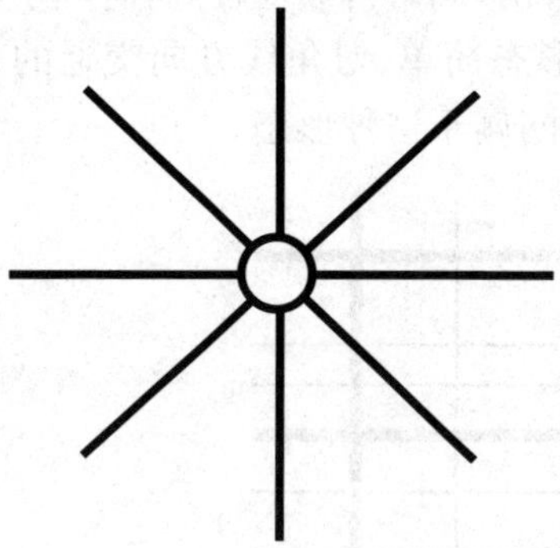

图 4.3　放射状交通网络

图 4.4　环形放射状交通网络

(5)自 由 式

自由式结构如图 4.5 所示。该形态的路网结构多为因地形、水系或其他条件限制而使道路自由布置，因此其优点是较好地满足地形、水系及其他限制条件。缺点是无秩序、区别性差，同时道路交叉口易形成畸形交叉。该种形态的路网适合地形条件较复杂及其他限制条件较苛刻的城市。在风景旅游城市或风景旅游区可以采用自由式路网，以便于与自然景观较好地协调。上海、天津的道路网属于该种形态。

实际上，在特大城市中，道路网并非严格按照上述形态布置，常常是两种或两种以上简单路网形态的组合。

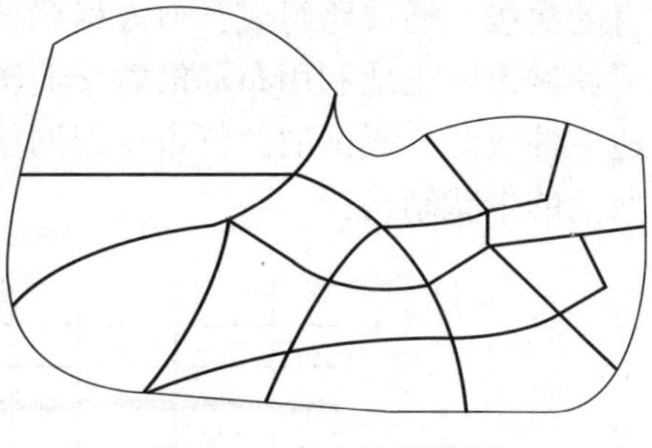

图 4.5　自由式道路网

4.2.2　道路网络形态和城市类型

(1)城市规模与路网形态

城市的规模通常用城市人口规模表示，该人口是指一定期限内城市发展的人口总数。我国的城市按照人口规模大致可以分为特大城市(非农业人口 100 万以上)、大城市(非农业人口 50 万～100 万)、中等城市(非农业人口 0 万～50 万)、小城市(非农业人口 20 万以下)。

特大、大城市的道路网一般比较复杂，多为集中典型路网形态综合的混合式路网。原因有：其一，特大和大城市历史发展过程较长，用地规模大，地形、自然条件比较复杂，很难以单一的路网形态适应；其二，我国古代的城市是以礼制建城，“匠人营国，方九里，旁三门。国中九经九纬，经涂九轨，左祖右社，面朝后市，市朝一夫。”（《周礼·考工记》）在该思想的支配下，我国的古城（如西安、开封、北京等）形成了方正的路网布局。中等城市的路网布局相对比较简单，多以一种典型形态为主，在平原地区和限制条件比较少的地区，多以方格网式为主。小城市一般以几条主干街道为主。

（2）城市性质与路网形态

城市按照其主要的土地利用、经济位置等可分为：工业城市、中心城市、交通枢纽城市及特殊功能城市（如旅游城市等）。交通枢纽城市又可以分为铁路枢纽城市、海港城市、河埠城市和水上交通枢纽城市等。例如，郑州市具有我国最大的编组站郑州北站，加上郑州东站（货运）和郑州火车站（客运），形成了具有铁路特色的城市，因此在该种意义上可以说郑州为铁路枢纽城市。但是，该种分类方式与城市道路网的关系不明确。

（3）城市在区域交通网中的位置与路网形态

按照城市在区域交通网络中的位置和对外交通的组织形态，又可以把城市分为交通枢纽、尽头式和穿越式城市。该种分类与城市交通网布局中外围环线的建设密切关联。对于交通枢纽式城市，外围环线的规划、建设比较重要，以避免不必要的过境交通通过市中心，造成城市中心区的交通拥挤、阻塞。相反，对于尽头式城市，环线的规划建设则应该慎重；穿越式城市通常为小城市，交通网络规划应考虑城市的发展，引导过境交通偏离中心区。

（4）城市发展形态结构与路网形态

根据城市发展的形态结构，路网的基本布局形态一般分为中央组团式、分散组团式、带状、棋盘式和自由式。

①中央组团式结构。中央组团式城市的特点是有一个强大的城市中心，因此与此对应的交通网络应该是放射形或环形放射状，以处理城市的内外交通和过境交通。它适用于平原城市，如北京、成都等城市。J. M. Tomson（20世纪70年代中期）研究城市交通与城市布局的关系时，给出了5种交通战略结构模式。将如图4.6所示方格加环形放射交通网络布局称为限制交通战略模式，并指出其适用于具有强大的市中心，周边设置卫星城，采用分级规划建设，且具有较好的公共交通系统的城市。我国的北京的规划建设接近于该种模式。

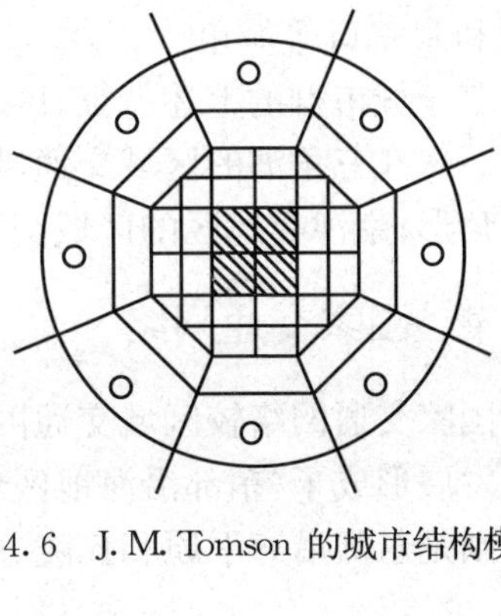

图4.6 J. M. Tomson 的城市结构模式

②分散组团式结构。分散组团式城市的特点是城市由几个中心组成，与此对应的交通网络应该是环形放射状或带状形态。前者对应于一般的分散组团式城市；后者对应于带状分散组团式城市。它适用于地形比较复杂的城市，如重庆、包头等城市。

③带状结构。带状城市的特点是城市由几个分布于同一带上的组团组成，因此与此对应的交通网为带状形态。它适用于受地形限制的城市，如兰州、桂林、深圳等城市。

④棋盘式结构，棋盘式城市的特点是城市均匀分布，与此对应的交通网络为方格式交通网。它适用于地形限制较少的平原地区，如北京、西安、开封等城市。

⑤自由式结构。自由式城市的特点是城市受特定的地形、水系等约束而自由发展，与此对应的交通网络为自由式交通网。它适用于海岸城市或水系比较发达的地区，如天津、大连、青岛等城市。

由于我国现状城市化水平和基础设施水平相对较低，城市用地较少，所以绝大部分城市为中央组团式城市。

4.2.3 区域交通网络形态

我国城镇化水平不断提高，区域经济发展迅速，并且已经形成了几个典型的城市群(如珠江三角洲、长江三角洲和京津冀地区)，其他都市圈如长(沙)株(洲)(湘)潭地区和西(安)咸(阳)区域一体化等新型城市群正在形成，跨行政区域的社会交流和经济往来越来越活跃，对交通基础设施的依赖性也就越发强烈。区域发展的特点是具有较强的极化、城市群和地理特征。例如，珠江三角洲以广州和深圳为两极，涵盖了广州、深圳、佛山、珠海、东莞、江门、中山、香港和澳门等城市，位于珠江两岸；长江三角洲则以上海和南京为两极，涵盖了上海、南京、苏州、无锡、常州、南通、扬州、镇江等城市，位于长江下游区域；京津冀地区则以北京和天津为两极，涵盖了北京、天津、石家庄、唐山、保定、廊坊、沧州、承德和张家口等城市。

鉴于城市群的上述特征，区域交通网络的形态也具有与之相适应的网络结构形态。珠江三角洲的区域交通网络结构为三角形；长江三角洲的区域交通网络也为三角形；京津冀地区的区域交通网络为以北京为中心的较强放射形。

4.2.4 国家交通网络

国家交通网络较区域交通网络更注重于国家的经济发展和地理条件。我国的经济发展形成了“东部沿海地区经济发达、中部次之、西部欠发达”的格局，而地理环境则是东部沿海平原和丘陵、中部山区和丘陵、西部高山重丘。因此，交通网络形成了东部高密度、中部中密度和西部低密度的框架。根据《国家综合立体交通网规划纲要(2021)》,将构建70万km的交通网线,建设6轴、7廊、8通道主骨架,建设100个综合交通枢纽城市,完善面向全球的运输网络,包含20万km(高铁7万km)铁路、46万km(高速16万km)公路、2.5万km国家高等级航道、27个沿海主要港口、400个国家民用运输机场、80个邮政快递枢纽、36个内河主要港口。

4.3　城市道路交通线网布局规划的内容和方法

4.3.1　道路网布局规划概述

1. 规划原则

(1)城市道路网的规划一定要与城市总体规划的用地发展紧密结合,并带有超前性。

(2)应分析影响城市道路交通发展的外部环境。

(3)城市道路网络系统应能适应城市将来的扩展,交通结构的变化和要求,认真考虑实施规划的可能性。

2. 规划流程

城市道路交通网络的规划,必须建立在各出行方式OD量的基础之上,并以满足出行需求为主要目标。

一般来说,城市道路交通网络规划方案按以下步骤产生:

(1)在现状交通网络交通质量评价的基础上,参考城市总体规划及分区规划中的路网系统方案,根据城市形态发展趋势确定一个初始的道路网络方案;

(2)将预测的各出行方式OD量分配至路网方案上,预测每一交叉口、每一路段的分配交通量及路段平均车速、交叉口平均延误;

(3)分析、评价每一路段、每一交叉口的交通负荷、服务水平及网络总体评价指标;

(4)根据交通质量评价及网络总体性能评价结果,调整路网规划方案,返回步骤2,直到规划方案可行、合理。

3. 规划内容

道路网规划主要分为以下六个方面的内容:制定城市道路网络的发展目标、发展策略、确定近远期道路网体系结构、布局和规模;确定城市骨架道路系统(由快速路、主干道、次干道组成);论证并确定道路等级、建设控制标准、道路横断面推荐方案;确定互通立交的位置红线控制范围;提出初步规划方案,跨线桥的位置与用地控制范围;确定交通设施布设的位置、标准与控制要求。

作为道路网专项规划，除了要满足主要内容研究深度的要求外，还需包括：在确定道路网总体结构、道路网络主骨架的情况下，对不同等级的道路进行使用功能划分；对干道网中每一条道路根据其等级及使用功能进行横断面设计(板块形式、是否设置非机动车道、非机动车道的宽度、人行道宽度、隔离物的形式与宽度)；确定道路红线控制范围；提出快速路、干道之间交叉口的形式(立交还是平面相交、采用何种形式的立交)并对主要干道之间的平面交叉口进行规划设计；对支路系统提出改善方案，确定支路的使用功能、支路的红线宽度，交通管理的要求(是否设置单行道、是否为非机动车专用路、支路与主要干道交叉口的交通组织与管理)。

4.3.2 道路网布局规划理论与方法

道路交通网络和枢纽等交通设施既作为国家、地区和城市经济社会发展的基础，也形成其基本交通骨架，因此道路网络布局和线路规划及其重要。

1. 节点重要度方法

节点重要度方法和区位理论是交通网络布局的主要方法，此外，网络分析法、流量分析法也可用于确定城市道路网等级结构。

①节点重要度计算

节点的重要度受区域政治、经济、文化、商业等多方面影响。为尽可能真实、全面反映节点重要度，通常选择人口(反映区域活动机能)、工农业总产值(反映区域产业机能)和社会物资产耗总量(反映社会的运输需求)或商品零售总额(反映区域的商业功能)等几项指标作为选择网络节点的定量分析标准。

节点重要度 I_i 的计算公式为

$$I_i=\sum_{l=1}^{m}a_l\frac{e_{il}}{e_l} \tag{4.1}$$

式中 I_i——节点 i 的重要度；

e_{il}——节点 i 的第 l 个要素的值；

e_l——对象区域第 l 个要素的均值；

a_l——要素 l 的权重。

由式(4.1)可知，节点重要度是一个相对于区域平均值的无量纲相对值。要素 l 可以是区域人口、现状交叉口的饱和度、重要单位数量和景点数量等。

②区位理论

区位理论来源于德语“standort”，是关于人类活动的空间分布及其空间中的相互关系的学说，是研究人类经济行为的空间区位选择及空间内经济活动优化组合的理论。著名经济学家阿弗里德·马歇尔和 A·韦伯分别于 1920 年出版《经济学原理》和 1929 年出版《工业区位论》，初步形成了 20 世纪 20 年代至 30 年代新古典区位理论的第一波学术繁荣期。马歇尔的《经济学原理》对区位理论特别是区位理论中的产业集聚现象有三点重要的贡献：第一，劳动力市场的共同分享（Labor Force Pooling）；第二，中间产品的投入与分享；第三，技术外溢（Technology Spill-over）。由于这三个重要概念具有理论创新的突破性进展，因此成为从新古典区位理论到以新经济地理学为核心的现代区位理论以及研究产业聚集现象的共同理论基础。韦伯的《工业区位论》则更进一步对集聚经济现象的形成机理、动力机制、集聚类型、竞争优势等内容加以梳理与补充。

将区位理论应用于交通领域就是交通区位理论。交通区位是指交通线的"资源"所在。

交通线资源包含经济、社会、文化、历史、旅游、矿藏、交通拥堵等要素，并且有的已经被开发，有的还未被开发。但是，无论何时开发、也不管采用何种运输方式，只要建设交通线，就应该建在存在交通线"资源"的地方，即建在交通区位线上。丝绸之路从古代的驼马小道一直到后来的公路、铁路，尽管运输方式不断改变，但线路所处的地理位置始终如一、千年未变。其原因就是丝绸之路上存在的交通线的"资源"，是一条重要的交通区位线。

交通区位线的区划网络图存在由重要性而决定的等级级别。结合网络布局规划的特点有针对性地区划各种区位线，如高速公路区位线、快速路区位线、城市主干路区位线、主要拥堵路线及拥堵节点区位线、立交匝道出入口区位线、广场区位线等。

在交通网络中，交通区位线的重要度值 I_{ij} 利用式(4.2)确定。

$$I_{ij}=\sum_{m=1}^{M}a_{ij}\ \frac{e_{ijm}}{e_m} \tag{4.2}$$

式中　e_{ijm}——区位线起点 i 和终点 j 之间第 m 个要素的值；

e_m——对象区域内要素 m 的均值；

M——要素的个数。

在交通网络中，区位线重要度应分路段分别计算。这时，ij 为网络中的路段，i 为路段的起点，j 为其终点。

③线路重要度

利用节点重要度确定网络中重要节点的位置，利用区位重要度确定线路的轴向，利用线路重要度确定线路的等级。线路重要度值利用式(4.3)确定。

$$I_k=\sum_{i\in k}\sum_{j\in k}I_{ij}+\sum_{i\in k}I_i \tag{4.3}$$

式中　I_k——线路 k 的重要度值；

i 和 j——分别为线路 k 通过的节点。

由式(4.3)可知，通过计算节点和路段重要度的叠加计算线路重要度，以评价交通线路的重要程度，为布局线路和确定线路等级奠定理论基础。

2. 双层规划模型法

城市道路网规划指标体系可划分为空间指标体系（包括人均道路用地面积、车均车行道面积、道路网密度、道路网等级结构、道路功能明确率、道路网连接度和非直线系数）和交通质量指标体系（可达性、出行时耗和道路交通服务水平）两大类，其中交通质量指标体系由空间指标体系决定，而空间指标体系发生变化后又对交通质量指标体系产生影响，所以方案的优化可采用双层规划模型求解。

双层规划模型的上层为

$$\min Z(v') = \sum_{a\in A} v_a^*(v') t_a[v_a^*(v'), v'_a] + \lambda \sum_{a\in A} g_a(v'_a),$$
$$s.t.\ v'_a \geqslant 0, a = 0,1,2,\cdots,m \tag{4.4}$$

双层规划模型的下层为

$$\min Z(v) = \sum_{r,s} q_n S[C_n(v)] + \sum_a v_a t_a(va, v'_a) - \sum_a \int_0^{v_a} t_a(\omega, v'_a)\mathrm{d}\omega \tag{4.5}$$

其中，$S[C_n(v)] = E[\frac{\min\{c_n, k\}}{\frac{k}{c_n(v)}}]$。

式中 v_a——路段 a 上的交通流量，它们组成的向量为 $v=(\cdots, v_a, \cdots)$；

v'_a——路段 a 上的通行能力的增加值，它们组成的向量为 $v'=(v'_1, v'_2, \cdots, v'_m)$；

v^*——下层规划的极值，$v^*=(\cdots, v_a^*(v'), \cdots)$；

m——备选路段的条数；

t_a——路段 a 的走行时间，$t_a = t_a(v_a, v'_a)$；

$c_{n,k}$——点对 (r,s) 间的第 k 条路径的交通流量，它们组成的向量为 $C_n = (\cdots, c_{n,k}, \cdots)$；

S——道路交通服务水平；

q_{rs}——点对 (r,s) 间的交通量。

该模型中，上层决策通过设置 v' 的值影响下层决策，并与下层决策互相作用，此模型是个连续性网络设计问题。对于这类问题，决策变量是扩充容量 $v_a, a\in \bar{A}$，$\bar{A}$ 是准备扩充的候选路段的集合。上层目标函数 $Z(v')$ 中第 1 项 $\sum_{a\in A} v_a^*(v') t_a[v_a^*(v'), v'_a]$ 是网络上的交通成本，第 2 项 $\lambda \sum_{a\in A} g_a(v'_a)$ 是交通网络建设成本，因此上层目标函数是交通网络建设成本和交通成本之和的最小值；约束条件表示路段 a 上的通行能力增加值，是非负数；下层是随机平衡配流模型（Stochastic User Equilibrium,SUE),所构造的模型并没有任何直观的行为或经济上的解释,仅是一个无约束的极小值问题,不过它的解满足 SUE 条件,且在解点上满足网络的所有守恒约束。

4.4 城市道路交通停车场规划与设计

城市经济的迅猛发展极大地促进了机动车辆的增长,随着车辆的增长带来的城市交通问题日益凸显,其中反映在静态交通方面的问题包括城市停车场匮乏、停车车位不足、车辆乱停乱放等,因此合理规划停车场,做好停车场交通影响研究势在必行。通过合理规划停车场建设规模、制定合理的停车收费标准,才能够使土地利用与交通环境相协调,最终解决城市交通问题。

4.4.1 停车规划的基本原则

停车规划应当坚持"可持续发展"和"以人为本"的理念,遵循"统一规划、科学设置、合理收费、加强管理"的基本原则,制定符合城市发展需要的停车发展目标、规划方案和保障政策。通常情况,停车规划的一般要求如下:

(1)应当纳入城市总体规划和城市综合交通体系规划范畴,应当分别制定近期、中期和远期规划,增强停车场规划的弹性,注重规划的可实施性,确保停车系统的可持续发展。

(2)应当服从城市总体规划的空间布局要求,在停车调查和数据分析的基础上,依据停车需求量和城市交通网络确定停车场规模和布局的合理性。

(3)应当以配建停车为主,路外公共停车为辅,路内停车为补充,满足基本停车位需求。

(4)应当促进停车规划建设技术水平的提高,提高停车科学化管理水平,提升停车服务水平。

(5)应当根据城市不同区域停车现状、机动车拥有水平和停车需求,以交通发展战略为指导,采取停车需求管理措施,分区域采用不同的停车规划标准,实现停车供需相对平衡。

(6)健全管理体制,完善法律法规,促进停车规划的健康发展。

(7)应当为残障人士合理配置专用车位和无障碍设施等。

4.4.2 停车规划的主要内容与方法

1. 停车规划的主要内容

停车规划的主要内容包括停车调查与分析、停车发展战略目标、停车需求预测分析、停车场规模与布局规划、近期建设规划及规划实施政策意见等。停车规划编制的主要步骤如图 4.7 所示。

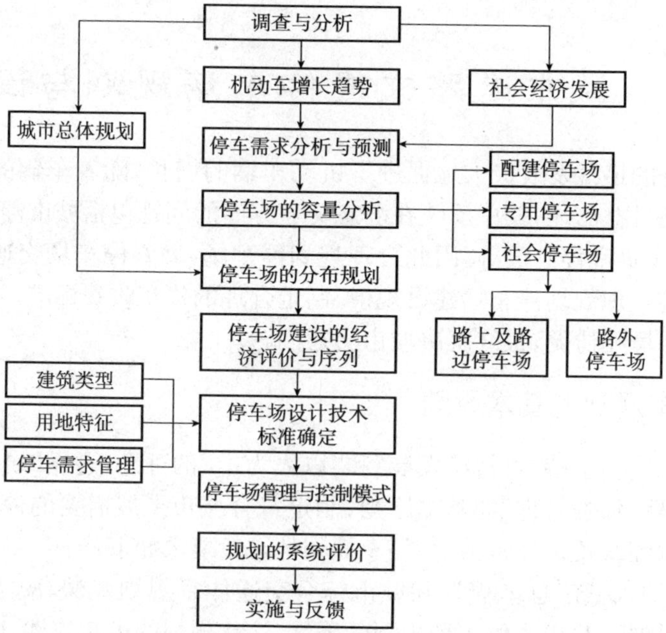

图 4.7　停车规划编制的主要步骤

2. 停车需求预测

停车需求预测是指利用某种数学模型和相关影响因素预测未来城市停车趋势的分析方法，是确定停车发展战略、停车场规模和布局、停车政策等内容的主要依据。

(1)主要影响因素

停车需求预测主要受到城市社会经济发展水平、人口、就业、机动车拥有水平、土地使用功能布局、道路交通网络、交通政策等因素影响。

国内外城市的发展历程表明，城市社会经济发展水平、城市人口、就业规模和机动车拥有水平等因素决定城市居民出行总量、机动车总量和机动化出行程度；土地使用功能布局决定停车需求在时间和空间上的分布；道路交通网络、交通政策等因素也会对停车需求产生一定的影响。

(2)主要模型方法

停车生成率模型、相关分析法、出行吸引量模型、基于 G. Logit 的停车需求预测模型是停车需求预测中常用的几种方法。

①停车生成率模型。停车生成率模型是停车需求预测中比较简单、实用的模型。该模型将各种具有不同土地使用性质的用地看作停车发生、吸引源，通过确定

规划区域内不同土地使用性质的单位指标所吸引的停车需求量指标，将区域内的总停车需求量看作各单个地块的停车需求量的总和。其模型可按下列公式计算。

$$y_i=\sum_{j=1}^{N}a_{ij}\cdot r_{ij}\,(i=1,2,\cdots,n) \tag{4.6}$$

式中，y_i 是 i 区高峰时间停车需求量；a_{ij} 是 i 区 j 类性质单位用地面积(或单位雇员数)停车需求数量；r_{ij} 是 i 区 j 类性质用地面积(或雇员数)；N 是分区数量。

该模型所需要的 r_{ij} 依靠广泛的调查资料确定。在经济相对稳定，机动车保有量变化不大的区域，该模型不但能够快速、直观地计算出区域宏观停车需求总量，而且可以计算某一个或几个停车场的微观停车需求量。在经济发展、机动车保有量增长速度较快的区域，停车需求总量应在模型计算的基础上乘以适当的增长系数，增长系数应根据该区域的机动车拥有水平、城市用地规划、交通特征、道路网络交通状况等因素综合分析确定。

②相关分析法。相关分析法是指通过建立停车需求与各影响因素之间的函数关系来进行停车需求预测。

$$y_i=a_{i0}+\sum_{n}a_{in}\cdot x_{in} \tag{4.7}$$

式中，y_i 是 i 区高峰时间停车需求量；a_{in}，x_{in}是回归系数；x_{in}是交通小区 i 的第 n 个属性参数。

相关分析法在理论上可以考虑所有影响停车需求的变量，但过多的解释变量必然会增加模型标定的难度。更为重要的是，影响停车需求的各变量往往不是完全独立的，并且各变量间的相关关系(协方差矩阵)会在未来发生变化。在这种情况下，以现状数据标定的模型来进行远期预测也会引起不容忽视的误差。

③出行吸引量模型。出行吸引量模型主要考虑停车需求与地区的土地开发强度之间的正比关系，通过获取该地区的出行吸引量(D量)，将其分配成小汽车的出行比例，再换算成实际到达的车辆数，最后换算成高峰时间小汽车停车需求数，其关键是预测出交通方式分配比例以及小汽车的载客率。

$$y_i=(1-\alpha)\cdot A_i\cdot\beta/R \tag{4.8}$$

式中，y_i 是 i 区高峰时间停车需求量；α 为即停即离出行百分比(%)；A_i 为交通小区 i 的车辆出行吸引量(次/日)，包括非出租客车、货车出行，进出城客车、货车出行；β 为高峰停车修正系数(机动车高峰小时停车量与平均小时停车量的比例)；R 为停车泊位周转率。

④基于 G. Logit 的停车需求预测模型。该模型将停车需求的直接原因归于居民的出行，即由交通量引起，因而将停车需求量构造成交通量的函数，即

$$Y=\sum_{i-1}^{n}\delta_i\cdot[\lambda_i\cdot P_i\cdot f(T)+\varepsilon_i] \tag{4.9}$$

式中,Y 是全部机动车的停车需求总量;$f(T)$是交通量函数;P_i 是选择第 i 种机动车出行的概率;δ_i 是第 i 种机动车停车位换算成标准小汽车停车位的换算系数;λ_i 是第 i 种机动车出行中产生的停车需求占出行的比例;ε_i 是不能影响第 i 种车辆出行而能影响其停车需求的因素变动项。

此外,停车需求预测模型还有用地与交通影响分析模型、土地使用模型、多元回归分析预测模型等。在实际预测中,应根据各地的实际情况选择难易适中、准确程度高的模型。

总的来讲,上述四种方法之间存在如下关系:

①停车生成率模型是相关分析法的特定形式,而相关分析法中停车需求的解释变量可以更多。

②车辆出行吸引量计算公式为 $y_i=\dfrac{(a_{i0}+\sum\limits_{n}a_{in}\cdot x_{in})\cdot R}{[\beta\cdot(1-\alpha)]}$,则相关分析法的预测结果将与出行吸引量模型预测结果相同。

③出行吸引量模型和基于 G. Logit 的停车需求预测模型都是将车辆出行吸引量作为停车需求的解释变量,只是函数的形式不同而已。

④基于 G. Logit 的停车需求预测模型采用更为简单的方法进行车辆出行吸引量的计算,即通过相关区域路网的交通量进行估算,因而只在特定区域的短期停车需求预测中才会有较高的精度,而出行吸引量模型中各个系数的物理意义比较明确,也更为常用。

3. 停车场规模

(1)停车泊位规模估算

城市机动车保有量和机动车使用率是决定停车泊位需求规模的两个关键因素。居住地停车泊位规模主要是由家庭机动车拥有水平决定的,其他区域(商业、医院等)的停车泊位规模与交通特征有很大关系,即与交通出行方式中机动车的使用比例直接相关。因此,应当根据城市未来车辆的拥有水平确定居住地停车泊位供应水平;根据道路交通网络容量确定其他区域停车泊位供应水平,以及确定合理的路内停车泊位比例。

(2)建筑物停车泊位配建标准

建设项目停车泊位配建指标只针对新建和改扩建项目,占停车泊位总规模的绝大部分。应当根据停车泊位总需求量,按照各种不同性质的土地使用分区域确定停车泊位配建标准。

(3)公共停车场的布局

应根据城市人口、地区特点、建筑物停车场配建状况和车辆拥有水平,合理布置公共停车场规模和布局。在一些城市中,由于以前的建设项目停车泊位配建不足，导致目前建成区普遍存在“停车难”问题，因此需要增加公共停车场来弥补历史欠账，并在停车专项规划中确定停车场的位置、规模和停车方式，尤其是应当重视与控制性详细规划结合，落实用地条件。

(4)停车换乘(Park＋Ride)规划

优先发展公共交通是我国大中城市交通发展的重点，许多城市都制定了轨道交通规划和大容量快速公交体系规划。结合公共交通的发展，停车换乘系统必须进行配套建设，规划应当充分考虑和预留与公共交通、对外交通枢纽之间衔接的公共停车场，应当在综合交通规划中落实枢纽的位置和规模、在停车专项规划和控制性详细规划中落实用地控制范围，在枢纽详细规划中结合其他设施综合布置公共停车场。

4. 停车规划评价

停车规划评价是指运用评价方法，借助评价指标，对规划方案的经济、交通等方面可能产生的效果进行分析，包括评价指标和评价方法两部分内容。根据评价主体不同，可以选取不同的评价指标和评价方法。比如，政府、停车场经营者、停车场使用者等所关心的问题存在一定的差异性，评价过程中选择的指标会有所差异；经济效益评价通常采用成本效益法，而交通效果评价则主要采用道路交通负荷度、交通障碍率等方法。

4.5　相关标准与规范

1.《城市道路工程设计规范》(CJJ37—2016)

该规范经住房和城乡建设部以第 1248 号公告批准、发布，自 2012 年 5 月 1 日起实施。原行业标准《城市道路设计规范》(CJJ37—1990)同时废止。本书适用于城市道路设计人员。主要技术内容包括：1 总则；2 术语与符号；3 基本规定；4 通行能力和服务水平；5 横断面；6 平面和纵断面；7 道路与道路交叉；8 道路与轨道交通线路交叉；9 行人和非机动车交通；10 公共交通设施；11 公共停车场和城市广场；12 路基和路面；13 桥梁和隧道；14 交通安全和管理设施；15 管线、排水和照明；16 绿化和景观。

本规范作为通用规范，在章节编排和内容深度组成上较《城市道路设计规范》(CJJ37—1990)有较大的变化，章节的编排上主要由城市道路工程涵盖的内容组成，内容深度上主要是对城市道路设计中的一些共性要求和主要技术指标进行规定。

2.《城市道路交通管理评价指标体系(2019 年版)》

《城市道路交通管理评价指标体系(2019 年版)》该体系中，按考核要求把 65

个指标分成核查指标和调查指标两大类，核查指标是指以自评数据为基础，对某些数据进行抽查核实的指标；调查指标是指以实地调查、测算所得数据为准的指标。该体系从交通管理体制、政策与规划、公共交通、道路基础设施、交通管理设施、交通管理措施、交通安全宣传教育及队伍建设、交通管理现代化程度、交通秩序状况、交通通行状况、交通安全状况这十个层面对各项指标进行定义、基本评价内容的阐述。其中交通管理体制、政策与规划指数包括交通综合协调机构、城市综合交通体系规划、城市交通专项规划、交通安全管理规划、交通影响评价、城市交通年度报告；公共交通指数包括公共交通优先政策、城市公共交通投资比重、综合交通枢纽换乘时间、公共交通专用车道设置率、公共交通港湾式停靠站设置率、公共交通车辆占道停车率、公共交通分担率、公共交通车辆安全运行间隔里程、公共交通站点300 m半径覆盖率；道路基础设施指数包括城市道路交通基础设施投资、道路网密度、道路网级配比例、人均道路面积、人均步行道路面积、道路面积率、步行道设置、非机动车道设置、无障碍通行系统设置、综合交通枢纽设施配套、百辆汽车社会公共停车位数、大型公共建筑配建停车位、支路利用率；交通管理设施指数包括城市道路交通管理设施投资、建设与维护机制、标线施划率、标志规范设置率、行人过街设施规范设置率、主干路隔离设施设置率、路口渠化率、信号灯规范设置率、指路标志、让行标志标线设置率、学校周边交通安全设施设置率；交通管理措施指数包括建成区道路管控率、接处警时间、机动车定期检验率、机动车登记率、配建停车场占(挪)用比例、交通诱导；交通安全宣传教育及队伍建设指数包括交通法规与交通安全常识普及率、中小学生交通安全常识普及率、交通管理队伍正规划建设；交通管理现代化程度指数包括交通指挥中心、路口监控设备设置率、交通技术监控设施利用率、道路交通管理信息系统；交通秩序状况指数包括主干道机动车守法率、主干道非机动车守法率、主干道行人守法率、主干道违法停车率、让行标志标线守法率；交通通行状况指数包括交叉路口阻塞率、高峰时段建成区主干道平均车速；交通安全状况指数包括万车事故率、万车死亡率、交通事故多发点、段整治率、交通事故逃逸案破案率、交通事故快速处理机制、交通事故死伤比、特大交通事故起数。

3.《城市道路交通组织设计规范》(GB/T 36670—2018)

国家标准《城市道路交通组织设计规范》(GB/T 36670—2018)于2018年10月10日发布，并将于2019年5月1日起正式实施。该标准主要规定了城市道路交通组织设计的原则、内容、流程、主要方法和实施要求，是城市道路交通组织技术规范方面的首个较为全面、系统的国家标准。该标准的发布实施将为城市道路交通管理工作提供有力的支撑，推动城市道路交通组织设计工作向更加科学、更加规范的方向发展。

4.《城市道路交叉口规划规范》(GB 50647—2011)

为科学、合理地规划城市道路交叉口，充分利用交叉口时空资源，实现交叉口人流和车流的交通安全与通达，制定本规范。国家标准《城市道路交叉口规划规范》(GB 50647—2011)适用于城市规划各阶段相应的道路交叉口规划，以及城市道路平面交叉口或立体交叉的新建、改建与交通治理专项规划。城市道路交叉口规划应坚持科学发展和因地制宜的原则，符合保障安全、保证效率，保护环境、节约土地资源的要求。城市道路交叉口规划除应符合本规范外，还应符合国家现行有关标准的规定。

5.《城市道路交通规划设计规范》(GB 50220—1995)

《城市道路交通规划设计规范》是1995年9月1日出版，中华人民共和国建设部主编的行业规范。《城市道路交通规划设计规范》在自上而下的战略研究基础上构建了路网宏观组织结构，并指出合理配置路网资源、循序渐进地扩容升级、促进道路系统与城市用地的协调发展是缓解城市交通问题的必由之路。

2019年3月1日，中华人民共和国住房和城乡建设部批准《城市综合交通体系规划标准》为国家标准，编号为GB/T 51328—2018，即日起实施。国家标准《城市道路交通规划设计规范》(GB 50220—1995)、行业标准《城市道路绿化规划与设计规范》(CJJ75—1997)的第3.1节和第3.2节同时废止。

6.《城市综合交通体系规划标准》(GB/T 51328—2018)

本标准根据住房和城乡建设部《关于印发2014年工程建设标准规范制订、修订计划的通知》(建标〔2013〕169号)的要求，标准编制组经广泛调查研究，认真总结实践经验，参考有关国际标准和国外先进标准、在广泛征求意见的基础上进行编制，于2019年3月1日实施。

第 5 章 城市轨道交通系统规划

城市轨道交通规划是一项涉及城市规划、交通工程、建筑工程以及社会、经济等多种学科理论的系统工程。在城市规划中，城市轨道交通网络的规划非常重要，直接影响城市的基本布局和各片区的功能定位，对城市发展有极强的引导作用，能够促进城市结构调整、城市布局整合，对整个城市的土地开发、交通结构以及城市和交通运输系统的可持续发展都有巨大影响。

5.1 城市轨道交通系统规划概述

城市轨道交通具有运量大、速度高、轨道独立专用的特点，可以作为大城市公共交通系统的骨干运输方式。要真正成为城市客运骨干系统，城市轨道交通就要承担较大比例的城市客运周转量。单一的城市轨道交通线因其客流吸引范围和线路走向的局限，一般很难达到这种骨干要求。因此，城市轨道交通必须形成网络。

5.1.1 城市轨道交通系统规划的重要性

城市轨道交通系统规划涉及多个专业和学科，是一项复杂的系统工程，也是一项系统性、专业性、前沿性很强的工作。资料表明，过去西方一些城市对线网的规划与设计研究并不系统，主要利用市场经济杠杆来决定城市轨道交通线网建设方案。例如，不少早期形成城市轨道交通网络的城市中，往往在中心区局部有多条城市轨道交通线集中在一条交通走廊内，重合很长的距离。这种情况造成工程难度增加，投资增加和线网结构不合理，甚至造成城市中心区土地畸形发展。

我国作为发展中国家，各大城市正处于快速发展时期，不同于西方发达国家城市处于发展成熟期，做好城市轨道交通系统规划与设计工作更加具有独特的意义，保障空间预留、避免今后高昂的工程建设成本是基本前提。

5.1.2 轨道交通系统规划的目的和内容

1. 轨道交通规划的目的

轨道交通项目虽然工期长、投资大，但是对城市发展有极强的引导作用，对整个城市土地开发和交通结构都将产生巨大的影响，是建立可持续发展的交通运输系统的关键。

因此，轨道交通规划有如下目的：

(1)保证轨道交通线网与现在及未来的土地利用规划一致，支持合理的城市结构的形成与调整。

(2)为轨道交通用地控制提供依据，确保轨道交通用地。

(3)提供在相当长时间内保证社会经济发展计划顺利实现的交通运输系统。

(4)促进合理交通结构的形成及合理的交通枢纽布局。

(5)满足交通干线上的近期、远期交通需求。

(6)科学预测轨道交通客流，为确定合适的轨道交通系统、合理的架设方式、恰当的场站规模，以及车辆选型与编组、供电、控制与运营模式及其经济效益分析等提供可靠的数据基础。

2. 规划与设计的主要内容

切合实际的科学规划与设计是未来城市轨道交通运营良好的基础。一般来说，城市轨道交通系统规划与设计的主要内容包括以下几个方面。

(1)特定城市社会与经济环境下轨道交通系统的功能定位。主要包括城市经济地理特征分析、城市规划总体目标与城市交通结构的协调性分析、轨道交通的功能评估等。

(2)城市轨道交通线网规划。主要包括线网合理规模确定、线网架构方案选择和方案评估等，线网规划是城市轨道交通线路设计和建设的基础。

(3)城市轨道交通工程可实施规划。主要包括车站、车辆段、换乘点的选址与规模，线路敷设方式规划，线网建设运营顺序，以及轨道交通与地面交通的衔接设计等内容。

(4)城市轨道交通系统的线路和车站设计。包括线路的走向、线路平纵断面设计、车站的数量及分布、车站的站型设计及换乘站的设计等。

(5)城市轨道交通枢纽设计与规划。主要包括城市轨道交通枢纽点规划、枢纽客流分析、枢纽换乘设计、枢纽用地分析、枢纽不同方式间的协调等。

(6)城市轨道交通系统与其他交通方式的衔接设计。主要研究城市轨道交通系统与其他交通方式(如常规公交、私家车、自行车及铁路、航空、水运等)的衔接，具体包括车站周边衔接交通方式的站点布局及设计等。

5.2　城市轨道交通线网规划

5.2.1　线网合理规模确定

1. 合理规模含义

规模是从交通系统供给的角度来说的，从一个侧面体现系统所能提供的服务水平。它主要通过线网密度和系统能力输出来反映，其中系统能力输出又与系统的运营管理密切相关。从系统能力输出和线网密度来看有四种性质的规模度量，如图5.1所示。

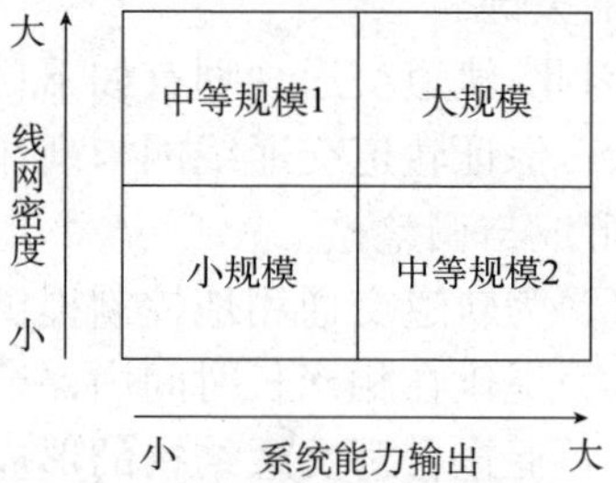

图 5.1 城市轨道交通线网规模构成

合理规模是一个带有目标性质的量。如何确定合理的城市轨道交通线网规模是城市规划部门、政府部门及城市轨道交通运营公司共同关心的问题，它应是权衡各方利益的量值。规模的合理性关系到建设投资、客流强度，也关系到理想的服务水平的设定、建设用地的长远控制。因此，合理的线网规模不仅是线网规划的宏观控制量，而且是一项至关重要的投资依据，对决策具有重要参考作用。

2. 线网规模指标

城市轨道交通线网规模指标有以下三种。

(1)城市轨道交通线网总长度

$$L=\sum_{i=1}^{n} l_i \tag{5.1}$$

式中 L——城市轨道交通线网总长度，km；

l_i——城市轨道交通网第 i 条线路长度，km。

L 反映了线网规模，由此可以估算总投资量、总输送能力、总设备需求量、总经营成本、总体效益等，并可据此决定相应的管理体制与运作机制。

(2)城市轨道交通线网密度

$$\sigma=L/S \quad 或 \quad \sigma=L/Q \tag{5.2}$$

式中 S——城市轨道交通线网规划区面积，km^2；

Q——城市轨道交通线网规划区总人口，万人；

σ——城市轨道交通网密度，km/km^2 或 km/万人。

城市轨道交通线网密度是指单位人口拥有的线路规模或单位面积上分布的线路规模，它是衡量城市轨道交通服务水平的一个主要指标，对轨道交通车站合理交通区的接运组织有重要影响。

实际中，由于不同城市区域开发强度的差异，交通需求也不是完全均匀分布的，一般是由市中心区向外围区的需求强度逐步递减，因此线网密度也应递减。城市轨道交通网分布的合理程度需按不同区域(城市中心区、城市边缘区、城市郊区)分别进行计算。

(3)城市轨道交通线网日客运周转量

$$P=\sum_{i=1}^{n} p_i l_i \tag{5.3}$$

式中　P——城市轨道交通线网日客运周转量,人公里/日;

p_i——第 i 条轨道交通线路的日客运量,人/日;

l_i——城市轨道交通线网第 i 条线路的长度,km。

城市轨道交通线网日客运周转量是评估城市轨道交通系统能力输出的指标,反映了轨道交通在城市客运交通中的地位与作用、占有的份额与满足程度。它涉及轨道交通企业的经营管理,是轨道线路长度、电力能源消耗、人力、轨道和车站设备维修及投资等生产投入因子的函数。所以,在一定程度上,城市轨道交通网的规模还可用能源总消耗量、产业总需求量、人力总需求量等反映生产投入规模的指标来表示。

城市轨道交通网的规模在规划实施期内,往往会根据城市发展的需求进行适当调整。相对而言,总长度的调整幅度不应很大。因此,城市轨道交通线网的总长度是一个必须可以确定的基本指标。

3. 线网规模的影响因素

综合而言,对城市轨道规模有影响的因素有城市交通需求、城市规模形态和土地使用布局、城市社会经济发展水平、国家政策等。

(1)城市交通需求

城市交通需求是居民对交通基础设施的需要程度,其大小和分布特性是决定城市轨道线网规模最直接和最具决定意义的因素。表征城市交通需求的指标有城市居民的出行强度、时空分布特性、城市公共交通总出行量等。

(2)城市规模形态和土地使用布局

城市规模中最重要的影响因素为人口规模和用地规模。人口规模决定了城市交通出行的总量,用地规模影响居民出行的时间和距离,即城市规模决定了城市的交通需求特性,也就影响了城市轨道交通的总体规模。

城市形态和用地布局也是影响轨道交通规模的因素。城市的形态有多种形式,可分为中心组团式、带状、分散组团式等。不同的城市形态和用地布局决定了居民出行的空间分布,也就决定了轨道交通的空间几何形态以及轨道线网规模。例如,中心组团式城市的轨道交通多为放射状。

(3)城市社会经济发展水平

社会经济发展水平制约着轨道交通线网规模的大小,同时还影响着城市居民的出行行为与出行习惯。

(4)国家政策

国家政策导向对轨道交通线网规模有着重要的影响。当前我国的交通政策是大力发展城市公共交通尤其是轨道交通,而且近期国家政策是加大基础设施建设的投资,无论从近期还是从远期国家政策来看,对发展城市轨道交通都是很有利的。

4. 线网规模的计算方法

由于交通需求和交通供给是动态的平衡过程,因此合理规模也是相对的。城市轨道交通线网合理规模的计算要采取定量计算和定性分析相结合的方法。

(1)服务水平法

先将规划区分为几类,例如分为中心区、中心外围区及边缘区,然后或类比其他轨道交通系统发展比较成熟的城市的线网密度,或通过线网形状、吸引范围和线路间距确定线网密度,来确定城市的线网规模,其技术路线如图 5.2 所示。"高密度低运量"与"低密度大运量"的选择决定了我们对服务水平的取舍,从现实的经济实力角度考虑,倾向于投资较少的方案,而从线网建设的长期性考虑,又必须考虑乘客对不断提高服务水平的需求。

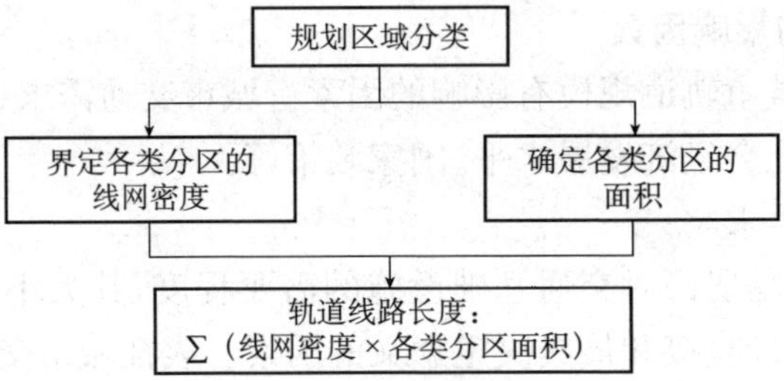

图 5.2　服务水平法技术路线

(2)交通需求分析法

规模体现为实现的交通供给。从供给满足需求的角度自然产生了出行需求法。因此,客运需求预测不仅成为布置站场及布设线路的依据,也成为确定城市轨道交通发展规模的重要依据。

轨道交通线网规模可以从出行总量与轨道交通线路负荷强度之间的关系推导而来。先根据预测规划年限的全方式出行总量,然后根据拟定的线路客运密度确定所需的城市轨道交通线网规模。这种方法是按城市轨道交通承担出行的比例来确定的,故通常又称之为分担率法。它遵从如图 5.3 所示的技术路线。具体公式如式(5.4)所示。

$$L=Q\cdot\alpha\cdot\beta\cdot\frac{k}{\gamma} \tag{5.4}$$

式中　L——线网长度,km；

Q——城市出行总量；

α——公交出行比例；

β——轨道交通出行占公交出行的比例；

k——轨道交通系统换乘系数；

γ——轨道交通线路负荷强度，万人次/(km·日)。

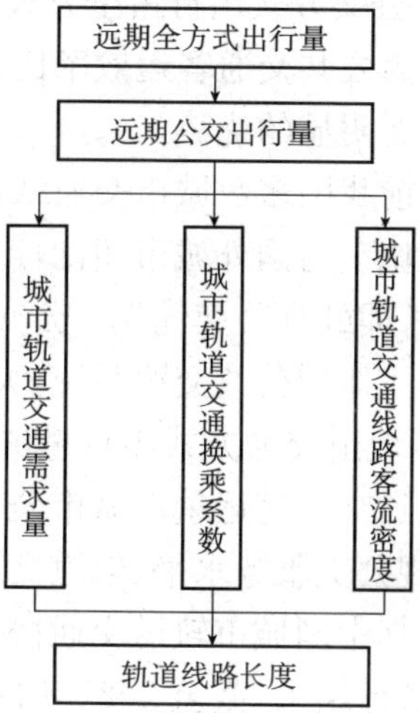

图5.3　交通需求分析法技术路线

以下着重说明各指标参数的标定方法。

①未来居民出行总量分析

由于轨道线网规划的远景年限往往超越城市综合交通规划远景年限，因此线网规划往往无法得到所需远景年限的出行总量，但却能从远景人口和出行强度的关系去推算，即

$$Q=m\tau \tag{5.5}$$

式中　m——城市远景人口规模(含常住人口和流动人口)；

τ——人口出行强度，次/(人·日)。

a. 城市人口规模

根据我国的人口政策和人口发展现状，城市人口规模是政策控制影响下的规模，各城市往往都有城市远景人口的控制目标。如果缺乏这一数据．也可由当地权威部门根据城市特点和人口发展规律进行统计及预测。

b. 出行强度的分析预测

居民出行强度的影响因素主要有城市结构、经济发展水平、交通设施的完善程度等方面。一般情况，居民出行强度相对比较稳定。比如，根据2019年上海市第六次综合交通调查，全市人员日均出行总量约5 731万人次，较2014年增长3.3%，增速显著高于市内交通出行。2020年交通出行总量受疫情影响出现波动，年末已经基本恢复至2019年水平。

②交通方式结构分析

交通方式结构的影响因素主要是居民出行的特征、未来交通发展战略以及可能提供的交通方式。目前特大城市的交通发展战略基本都是逐步建立以公交为主体，城市轨道交通为骨干，各种交通方式相结合的多层次、多功能、多类型的城市综合交通运输体系。

a. 公交方式出行占全方式出行的比例

因为公共交通客运效率比私人交通高得多，所以公共交通在城市综合交通运输中占有明显的优势。

目前我国多数城市交通结构不尽合理，最主要的表现就是公交出行比例过低。我国大城市与国外城市相比，道路面积率低、人口密度大，因此必须鼓励高效的交通结构，即鼓励公交优先。公交优先的要求就是大力发展以轨道交通为骨干、常规公交为主体的公共交通系统，大城市公共交通的合理出行比例应在50%以上。

b. 轨道交通方式出行量占城市公交方式出行量的比例

轨道交通客运量占城市公交客运量的比重，与城市道路网状况、常规公交网密度、常规公交服务水平、轨道交通线网密度、运送速度及车站分布有关。

根据中国城市轨道交通协会2021年发布的《2021年中国内地城轨交通线路概况》统计结果，截至2021年底，中国内地共有51个城市开通城市轨道交通运营线路总长度9 192.62 km，实际开行列车279万列次，完成客运量20.8亿人次，进站量12.7亿人次。其中，地铁运营线路7 253.73 km，占比78.9%；其他制式城轨交通运营线路1 938.89 km，占比21.1%。

③线网负荷强度

线网负荷强度是指轨道线每日每千米平均承担的客运量，它是反映轨道线网运营效率和经济效益的一个重要指标。线网负载强度的影响因素有社会经济发展水平、城市结构和线路布局等。

国外轨道交通建设有两种模式，一种是采用高运量、低密度的线网，负荷强度高；另一种是采用低运量、高密度的线网，负荷强度低。像巴黎和伦敦这样的发达城市着重于提高轨道交通的舒适和方便程度，以吸引私人交通，减少私人交通工具泛滥带来的城市交通阻塞，所以采用的是低运量、高密度的线网，轨道交通的服务水平很高，效率相对较低；而莫斯科、墨西哥、香港采用的是高运量、低密度的线网，它注重的是提高轨道交通的运输能力和运输效率，以缓解客运需求与公共交通运力严重不足的矛盾。

经验表明，只有建设高运量、低密度的线网，提高负荷强度，轨道交通才能取得较好的经济效益。我国各大城市刚刚开始建设轨道交通，轨道交通的建设投资还很有限。在这种情况下，要求用最少的投资来最有效地解决城市交通的问题，同时要求轨道交通能取得较好的经济效益，使得运营和建设能达到一个良性的循环，所以轨道交通建设初期适宜选择高运量、低密度的模式。国外轨道交通日平均线路负荷强度大部分在2.5～4.0万人次/(km·日)之间，我国城市轨道交通线路负荷强度可稍高一些，建议在3.5～4.0万人次/(km·日)之间。

(3)吸引范围几何分析法

吸引范围几何分析法是根据轨道交通线路或车站的合理吸引范围，在不考虑轨道交通运量并保证合理吸引范围覆盖整个城市用地的前提下，利用几何方法确定轨道交通线网规模。

具体做法是：在分析合适的轨道线网结构形态和线间距的基础上，将城市规划区简化为较为规则的图形或者规则图形的组合，然后按合理吸引范围确定线间距，最后在图形上按线间距布线再计算线网规模。

市中心区和市边缘区的线网密度有所不同，轨道线网密度由市中心向外应逐渐降低。居民利用轨道交通的出行时间由三部分构成，即起点到车站的时间、乘坐轨道交通的时间和由车站到目的地的时间。据调查，在市中心区，乘坐轨道交通的大多数乘客居住在距车站步行时间不大于 15 min 的范围内，一般在车站停留时间为 3～5 min，若步行速度为 4 km/h，由此确定市中心区轨道交通车站吸引范围为 650～800 m(可取 750 m)。在市中心外围地区，步行去车站的距离一般在 800～1 000 m，除此之外，加上考虑骑自行车或乘公交车去车站换乘的距离不超过 2 km，由此确定城市中心外围区轨道交通车站的吸引范围为 2 km。

在城市中心区，客流的需求是多方向的；而在边缘区，利用轨道网的客流主要考虑向心方向。在市中心，考虑到能覆盖并能满足各方向的客流需求，可以把轨道网简化成一个棋盘形格局，线网间 1.5 km；在外围区，可以把轨道网简化成相距 4 km的平行线(分别如图 5.4 和图 5.5 所示)。

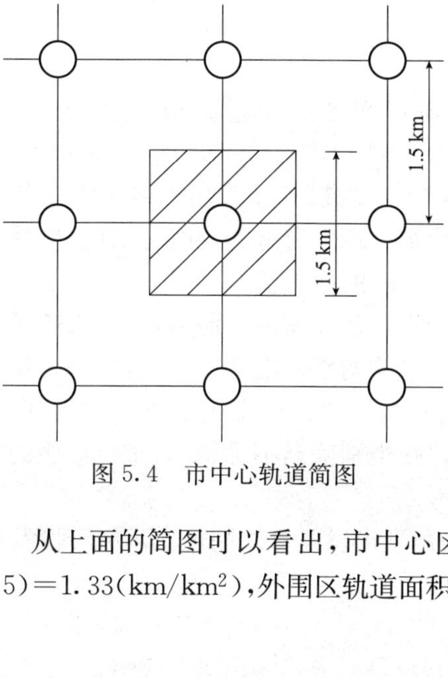

图 5.4　市中心轨道简图

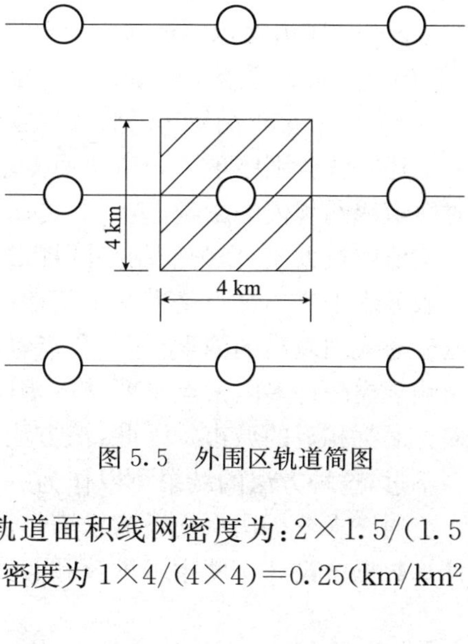

图 5.5　外围区轨道简图

从上面的简图可以看出，市中心区的轨道面积线网密度为：2×1.5/(1.5×1.5)＝1.33(km/km^2)，外围区轨道面积线网密度为 1×4/(4×4)＝0.25(km/km^2)。

这些指标是根据我国城市居民的出行特点总结得出的，可在进行我国城市的轨道交通线网规划时使用。

各城市根据其规划的城市中心区用地面积和城市外围区用地面积，利用以上分析出的指标推算由轨道线网面积和密度确定的轨道线网规模，具体计算公式为

$$L_{总}=\delta_{中}A_{中}+\delta_{外}A_{外} \tag{5.6}$$

式中　$L_{总}$——路网中规划线路总长度，km；

$\delta_{中}$——城市中心区面积线网密度指标，km/km²，通常取 1.33 km/km²；

$A_{中}$——城市中心区用地面积，km²；

$\delta_{外}$——城市外围区面积线网密度指标，km/km²，通常取 0.25 km/km²；

$A_{外}$——城市外围区用地面积，km²。

(4)回归分析法

这种方法先找出影响城市轨道交通网络规模的主要因素(如人口、面积、国内生产总值、私人交通工具拥有率等)，然后利用其他轨道交通系统发展比较成熟的城市的有关资料，对线网规模及各主要影响因素进行数据拟合，从中找出线网规模与各主要相关因素的函数关系式，然后再根据各相关因素在规划年限的预测值，利用此函数关系式确定本城市到规划年限所需的线网规模。

回归分析法有较成熟的理论基础，应用比较普遍的是通过对城市轨道交通线路长度与城市人口、面积进行线性回归分析：

$$L=b_0\times P^{b_1}\times S^{b_2} \tag{5.7}$$

式中　L——城市轨道交通线路长度，km；

P——城市人口，万人；

S——城市面积，km²；

b_0,b_1,b_2——回归系数，对全球 48 个城市轨道交通系统进行分析得出：$b_0=1.839,b_1=0.640\ 13,b_2=0.099\ 66$。

上述方法分别体现了城市交通需求、城市人口规模和城市用地规模等主要因素对轨道线网规模的影响，应用时可用上式分别计算出应有的线网总长度，然后取其平均值或最大值，作为控制路网规划线路总长度的参考值。

服务水平法的优点是借鉴了其他城市的经验，计算简单。但是，由于影响城市轨道交通线网规模的因素很多，要借鉴其他城市的网络密度来进行类比，两个城市中影响规模的许多因素至少要基本相同才具有可比性。在现实中，很难找到两个在多方面都相近的城市。因此，该方法可能存在类别依据不足、令人难以信服的缺陷。不过，这种方法的结果可以作为一种参考。

交通需求分析法从交通需求满足供给的角度出发匡算线网规模，易于理解，但是计算数据中设计一些主观推算和假设。

吸引范围几何分析法的特点是根据城市用地规模和城市轨道交通服务水平来确定城市轨道交通线网规模，因此能够保证一定的服务水平；同时，由于城市规模比交通流量容易控制，规划线网规模受不确定因素干扰少，可以用来确定规模范围。其缺点是没有考虑交通运量的限制，而且假设将合理吸引范围覆盖整个城市用地也会导致规划线网规模偏大。

回归分析法有较强的理论依据，但在具体应用中存在着难以寻找合适的拟合样本问题。

总之，以上几种方法各有特点和局限性，它们是对同一事物不同侧面的反映，在实际工作中可共同使用，相互印证，重点是在把握所规划城市或地区的特点和发展趋势的基础上来对线网规模进行估算。对各模型的差异性结果应经多方面定性分析及综合协调后加以判定。

5.2.2　线网架构研究

1. 线网架构的基本类型

网络形式主要由城市的地理形态（河流、山川等）、规划年城市用地布局及人口流向分布决定。当然，主观决策因素也发挥着重要作用。任何城市都具有其独特的自然地质条件、地理形态，在一定程度上决定了世界各国城市的轨道交通网络具有千差万别的结构形态。典型的结构形态是无环放射型、有环放射型及网格型三种，如图5.6所示。

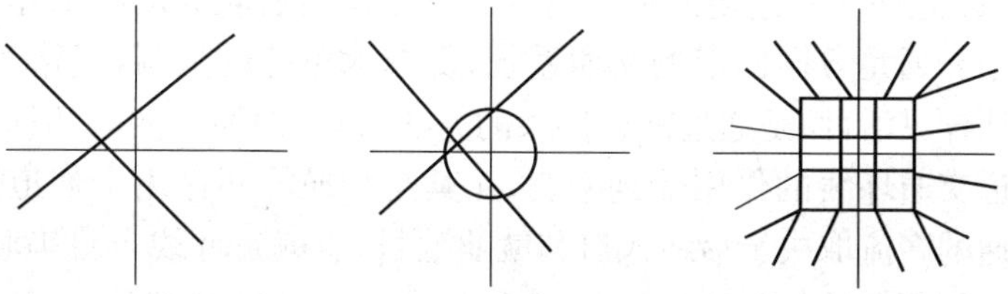

(a) 无环放射型　(b) 有环放射型　(c) 网格型

图5.6　城市轨道交通线网类型

(1)无环放射型线网

该类型的线网一般是以城市中心区为核心，呈全方位或扇形放射发展。其基本骨架包括至少3条相互交叉的线路，逐步扩展、加密。规划这类线网时，要避免市中心的线路过多，否则不仅会造成工程处理困难，而且容易出现换乘客流过于集中的现象。例如，莫斯科地铁在市中心区域较为集中，因此在线网的扩充规划中，考虑在城市外围增加弦线和大环形线，以缓解其矛盾。

关于放射线在中心区衔接换乘的另一种处理方式，是两条线在交通走廊并行分解为两处以上换乘点进行换乘，这是因为车站在中心区出入站的客流已很大，如果再承受大量的换乘客流，容易引起客流紊乱。这种换乘方式在出行效果方面比单点换乘的效果好，缺点是工程代价太大。

关于放射线的线型选择，对于全方位的放射型线网而言，以采用直径线为宜，因为半径线需在市中心区进行大量换乘，除非在工程特别困难或者对向客流量较小的情况下，才设置半径线。对于中心区临海(江)发展起来的城市，轨道交通线网呈扇形辐射的放射线，可以采用半径线，必要时为加强某一方向的辐射也可以设置"U"形线路。

无环放射型线网的优点如下：

①方向可达性较高。

②符合一般城市土地利用强度由中心区向边缘区递减的特点。

(2)有环放射型线网

环线因线路闭合，可避免和减少折返设备，能与已有城市交通网配合。在城市轨道交通线网中布置环线，主要有以下两个作用：一为加强中心区边缘各客流集散点间的联系；二为截流外围区之间的客流，通过环线进行疏解，以减轻中心区的交通压力。伦敦轨道交通线网是世界著名的有环放射型构架形式。

值得一提的是，从大量实例中可以看出，轨道交通网络中的环线与城市道路网中的环线，其作用有明显的差异。在城市道路网中，环线的作用是分流过境交通，屏蔽中心区道路交通，虽然环线会造成车辆一定程度的绕行，但高速度却抵消了空间上的损失，因此环线对过境或跨区这样的交通出行有较大的吸引作用。

城市轨道交通是方向固定的交通系统，受技术条件的限制，线路间的交通转换不能像汽车那样灵活，而是通过乘客换乘的办法实现，而换乘的时间损耗是明显的。因此城市轨道交通环线的作用受到限制，尤其是交通屏蔽作用不如道路环线明显。城市轨道交通的客流取决于沿线人口和就业数量，也就是环线自身串联的客流集散点的规模。比如著名的伦敦环线地铁，全线串联了13座铁路车站，每座车站又基本上是伦敦市区向伦敦大区辐射的放射型铁路的起点站，所以它始终具备较高的客流。

根据城市特点，在城市道路网中设置环线往往能取得很好的效果，但设置轨道交通环线前必须十分谨慎地进行充分研究，不能为了具备环线而设置环线。

(3)网格型线网

网格型线网是对线网构架整体而言的，其特点是平行线路多、相互交叉次数少。采用这种线网形式的城市有北京和墨西哥城。

网格型线网适合于市区呈片状发展，而道路呈棋盘式布局的城市。网格型线网具有如下优点：

①线网布线均匀，换乘节点能分散布置。

②线路顺直，工程易于实施。

网格型线网有如下缺点：

①线路走向比较单一，对角线方向的出行需要绕行，市中心区与郊区之间的出行常需要进行换乘。

②线网平行线间的相互联系较差，平行线路间的换乘比较麻烦，一般要换乘2次以上，当路网密度较小，平行线之间间距较大时，平行线间的换乘是很浪费的，其客流换乘需要通过第三线来完成。

2. 线网架构分析的原则

线网构架方案的形成需要经过反复的论证和比选。首先是确定初始线网集，即在城市总体规划和综合交通规划的指导下，针对规划目标，考虑若干因素后提出可能的线路方案。其次，以此为基础，对各线路方案进行分析和评价，论证线路的具体走向方案。最后，分析由各线路组合的网络方案，分析其客流效果与相关指标，最后得到推荐方案。

初始线网主要考虑要素有：主要交通走廊、主要客流集散点和线网功能等级。

(1)主要交通走廊

主要交通走廊反映城市的主要客流方向，有以下方法对其进行识别。

①经验判断法

根据城市人口和岗位分布情况，设定影响范围，通过对线网覆盖率的判断来确定线路的走向。此法较为简单，只需将人口与岗位分摊到交通小区中并打印出相应的人口与岗位分布图，在此图上根据经验判断画出线路走向。这种方法目前使用较多，但仅考虑了人口密度的分布情况，忽视了人员出行行为的不同。因此在线网布设时可能与实际客流方向不完全吻合。

②出行期望径路图法

规划年出行预测得到远期全人口、全方式OD矩阵；将远期OD矩阵按最短路径分配到远期道路网上得到出行期望径路图；按出行期望径路图上的交通流量选线，产生初始线网。

③两步聚类识别法

先通过动态聚类，将所有的交通流量对分类成20～30个聚类中心，之后通过模糊聚类法，选择合适的分类，并进行聚类计算，最后可获得交通的主流向及流量，并结合走廊布局原则及方法确定主要的交通走廊。

④期望线法

这是由法国SYSTRA公司与上海市城市规划设计研究院合作进行上海轨道交通规划时采纳的方法，也可称为蜘蛛网分配技术。这里的期望线有别于城市交通规划中通常使用的期望线，更多地考虑了小区之间的路径选择，期望线可以清晰地表达交通分区较细情况下理想的交通分布状况。它是连接各交通小区的虚拟空间网络，在该网络上采用全有全无分配法将 OD 矩阵进行分配，从而识别客流主流向，确定交通走廊。

(2)主要客流集散点

主要客流集散点是确定轨道交通线路骨架以后确定轨道交通线路具体走向的主要依据。客流集散点按性质分为交通枢纽、商业服务行政中心、文体设施、体育设施、旅游景点和中小型工业区。

确定主要客流集散点通常采用定量分析和定性分析结合的方法，定量分析主要是基于对全方式 OD 矩阵的分析，定性分析则主要是依照城市总体规划来分析主要客流集散点的分布特征，对定量分析结果进行补充。

(3)线网功能等级

不同运量等级的客运走廊对应不同运量等级的轨道交通系统，而且轨道交通在城市不同地区，对城市发展与支持社会经济活动中发挥的功能不同，轨道网络功能层次划分为市域快线、市区干线和市区辅助线，见表 5.1。

①市域干线：在市区与卫星城镇之间，为长距离出行提供快速的交通联系。

②市区干线：在市区内部，为中距离出行提供快速便捷的交通联系。

③市区辅助线：作为市区干线的补充线，以保证整个轨道交通网络系统整体功能的发挥。

表 5.1 北京市轨道交通线网的功能分级及对应的技术参数

	主要特点	运量	最高速度(km/h)	运行速度(km/h)	站间距(km)
市域快线	长距离，站间距大	高、大	100～120	60～80	市区 1～2 近郊 2～3 远郊>3
市区干线	中距离，站间距大	大	80～100	40～70	1～1.5
市区辅助线	中小距离，站间距适中	大、中	60～80	25～40	0.6～1.5

3. 线网方案形成方法

总结起来，轨道交通线网方案形成有两种主要方法，一种是以定性分析为主、定量分析为辅的线网规划方法；一种是以定量分析为主、定性分析为辅的线网规划方法。现将有关方法介绍如下。

(1)点线面要素层次分析法

这种方法以分析城市结构形态和客流需求的特征为主，对基本的客流集散点，主要的客流分布，重要的对外辐射方向及线网结构形态，进行分层研究，充分注意定性分析和定量分析相结合，静态与动态相结合，近期与远景相结合，经多方案比较而成。

城市轨道交通线网规划是一个庞大而复杂的工程，因此线网构架研究必须分类、分层进行。“点”“线”“面”既是三个不同的类别，又是三个不同层次的研究要素。“点”代表局部、个体性的问题，即客流集散点、换乘节点和起终点的分布；“线”代表方向性问题，即轨道交通走廊的布局；“面”代表整体性、全局性的问题，即线网的结构和对外出口的分布形态。

①“点”的分析。客流集散点，即客流发生、吸引点和客流换乘点，是轨道交通车站服务、吸引客流的发生点。在进行轨道交通线网规划时，将主要的客流集散点连接起来，有助于轨道交通吸引客流，便利居民出行。

②“线”的分析。“线”的研究重点，就是要寻找客流主方向及交通走廊，并将城市内大客流集散点串联起来。轨道交通线路走向与主客流方向一致，可增加乘客的直达性，既方便乘客，又可提高轨道交通经济效益。

轨道交通线网规划中的设置将承担起城市未来主要的客流，这对于城区现已十分紧张的地面交通而言有着重要的意义。因为依靠在地面道路上安排大量的常规公交线路或通过增加道路和路网密度来解决大运量的客运是非常困难的，而轨道交通系统具有大容量快速运输的特点，能较好地解决上述矛盾。城市主要客流流经路线，总是沿道路网络分布。而主干道往往又是城市主要的客流交通走廊，同时主干道施工条件一般较好，是轨道交通的首选通道。

③“面”的分析。“面”上的因素是控制构架模型和形态的决定性因素，这些因素包括城市地位、规模、形态、对外衔接、自然条件、土地利用格局以及线网作用和地位、交通需求、线网规模等特征。

上述线网规划方法的优点是能够充分吸收规划人员的经验，便于从总体上把握线网的总体构架。其缺点是过分依赖经验，对未来客流需求特点的确切把握和反映不够。

(2)功能层次分析法

这种方法根据城市结构层次和组团的划分，将整个城市的轨道交通网按功能分作三个层次，即骨干层、扩展层、充实层，骨干层与城市基本结构形态吻合，是基本线网骨架，扩展层在骨干层基础上向外围扩展，充实层是为了增加线网密度，提高服务水平。

(3)逐线规划扩充法

这种方法是以原有的快速轨道交通路网为基础，进行线网规模扩充，以适应城市发展。为此，必须在已建线路的基础上，调整规划已有的其他未建线路，来扩充新的线路，并将每条线路依次纳入线网后，形成最终的线网规划方案。

这种方法的优点是投资效益高，便于迅速缓解城市交通最严重的拥挤路段。缺点是不易从总体上把握线网构架，不易起到引导城市发展、形成合理城市结构的目的。

(4)主客流方向线网规划法

这种方法的要点是根据城市居民的交通需求特点，确定近期最大限度满足干线交通需求，远期引导合理城市结构和交通结构形成的功能特点，进行初期、近期和远期的交通需求空间分布特点的量化分析，并结合定性分析与经验，提出若干轨道交通线网规划方案。具体做法是在现状与未来道路网上进行交通分配，按照确定的原则绘制流量图，根据流量图确定主客流的方向，然后沿主客流方向布线提出若干线网规划方案。

本方法的提出基于决定轨道交通线网的主要因素分析，客观上同点线面要素层次分析法的思路异曲同工，不同的是大大降低了对经验的过分依赖，减少了点线面分析的过大工作量，是值得推荐的方法。

网络分析的结果既反映了大的客流集散点、客流集中的线路，也反映了现在与将来的土地利用状况，以及对整个城市的全面分析与能动引导。需要注意的是，不同发展阶段的城市对网络分析结果的利用思路不同。对城市结构稳定、城市土地利用基本定型的城市，主要依据现状交通分布特性规划轨道网；对城市结构不稳定，正处于土地利用调整期的城市，主要依据未来交通分布特性规划轨道网。

(5)效率最大优化法

本方法以路线效率最高为目标和原则，根据已知条件搜索出路线效率最大的一条或几条，作为最优轨道交通路线集来研究线网的基本构架。

5.2.3 线网方案评价

轨道交通线网规划是城市交通规划的重要组成部分。由于轨道交通项目投资巨大，并且对城市基础设施的规模、城市发展格局的形成及城市发展的速度等方面都将起到重要的影响，因而对城市轨道交通网络规划的评价就显得至关重要。轨道交通线网规划涉及的范围广、综合性强，在评价中既要考虑定性因素，又要考虑定量因素，因此科学、准确、客观的评价方法是评价的关键。

1. 评价准则

为全面地评价轨道交通线网方案应遵循以下准则。

(1)线网的结构特征

线网的结构特征是指线网的空间尺度特性和协调性。一个好的线网规划方案应具有良好的覆盖性和合理的线网结构，并在此基础上与其他交通系统有较好的协调与衔接。

(2)线网运营的效果

线网运营的效果分为运营效果与运营效率。好的线网应承担较大的客运量和具有较好的服务水平,并具有较高的运营效率。

(3)线网的实施条件

线网实施包括两个方面:轨道交通线路实施的工程难度较低;形成近期线网的结构、实施及运营条件较好。

(4)线网的社会效益

轨道交通线网所取得的社会效益主要反映在由于轨道交通网的修建带来居民出行时间的节省、出行质量的提高以及由于轨道交通承担了大量的客流从而对城市道路交通的改善等方面。

(5)战略发展目标

轨道交通线网的规划要服从城市的总体规划,符合城市用地发展方向,并与城市交通规划战略相吻合,以促进规划目标的实现,开发新的城市增长点。

2. 评价指标体系

(1)与客流量相关指标

快速经济有效地运送城市客流是城市轨道交通建设的根本目的,因此客流分析是线网方案评价的一个重要方面。

①日客运总量

指规划年度轨道线网各线日客运量之和,用来反映轨道线网的客运效果和作用。在轨道规模相同的情况下,轨道线网承担的客运量越大越好。

②日负荷强度

指轨道交通线网日客运量与线网总长度之比,用来反映线网中单位长度上每日的载客量,在一定程度上反映线网的运营效率;当站距一定时,也能反映每个车站每日的平均集散客流量。

③日客流密度

指轨道交通线网日客运周转量与线网总长度之比,用来反映线网上区间线路的运营强度。

④占出行总量比例

指轨道交通线网客运周转量除以相应的全方式的客运周转量所得到的比例,用来反映轨道交通线网在城市综合交通体系中的重要程度。

(2)线网规模指标

①路网长度

指轨道交通路网各条线路的总长度,通常按双线里程统计,单位为 km。

②路网密度

常用路网面积密度表示，有时也用路网人口密度表示。前者是路网长度与其所在区域的面积之比，表示单位面积上的轨道交通路网长度，单位为 km/km^2；后者是路网长度与其所在区域的人口之比，单位为 km/万人，表示每万人占有的轨道交通路网长度。

③路网面积覆盖度

指路网线路客流吸引范围与其所在区域的总面积之比，反映路网吸引客流的能力，也在一定程度上反映城市整个区域上的可达性。

(3)线网结构指标

①非直线系数

指轨道交通线路实际长度与轨道交通线路起终点空间直线长度之比，环线按主要集散点之间的实地距离与空间直线距离之比，用来反映轨道交通各线的顺直程度。

②线网服务质量

在一定的出行起终点下乘客的出行时间越短，其旅行速度就越高，乘客所得到的服务质量就越好。线网服务质量可以直接反映路网对一定的出行需求下乘客服务质量的好坏。

③换乘系数

指轨道交通路网中换乘人次总和与轨道交通路网中出行人次总和之比，用来衡量乘客一次直达的程度。换乘系数越小线网中换乘的人数就越少，乘客直达率则越高。

5.3 城市轨道交通车站规划

城市轨道交通车站是乘客乘降的场所，是乘客出行的出发、换乘与终止点。车站的设计涉及城市轨道交通系统的众多方面，包括土地布局、空间利用、建筑与结构设计、设施选择、流线设计等。

1. 车站的分类与组成

(1)车站的分类

城市轨道交通系统车站根据不同划分方法可进行如下分类。

①按车站与地面相对位置可分为地下车站(浅埋车站、深埋车站)、地面车站和高架车站。

②按车站的运营性质可分为终点站、一般中间站、中间折返站和换乘站等。

③按结构横断面形式可分为矩形断面车站(单层、双层、多层，单跨、双跨、三跨

等)、拱形断面车站(单跨、多跨连拱)。

④按车站的施工方法可分为明挖站、暗挖站、明暗挖结合站。

⑤按车站站台形式可分为岛式车站、侧式车站、一岛一侧、一岛两侧等车站形式。

⑥按车站适用功能可分为一般车站、换乘车站、折返车站等。

⑦按车站服务的对象及功能可以分为城市标志站(作为城市的象征或著名建筑物)、与干线或机场等交通连接的换乘枢纽站(完成与机场或其他交通方式的连续运输过程)、市郊地区车站、农村地区车站等。

(2)车站的组成

对城市轨道交通系统来说,车站一般由主体、出入口及通道、通风道及风亭(地下)和其他附属建筑物等组成。

车站主体是列车的停车点,它不仅要供乘客上下车、集散、候车,也是办理运营业务和运营设备设置的地方。车站主体根据功能的不同,可分为以下两大部分。

①乘客使用空间

乘客使用空间又可分为非付费区和付费区。

非付费区是乘客购票并正式进入车站前的活动区域。它一般应有较宽敞的空间、售检票位置,根据需要还可设银行、公用电话、小卖部等设施。非付费区的最小面积可以参照每高峰小时 5 min 内聚集的客流量的水平来推算。

付费区包括站台、楼梯和自动扶梯、导向牌等,它是为乘客提供候车服务的设施。

对于一般的车站来说,通常非付费区的面积应略大于付费区。

乘客使用空间是车站设计的重点,设计时要注意人流流线的合理性,以保证乘客方便、快捷地出入车站。

②车站用房

车站用房包括运营管理用房、设备用房和辅助用房三部分。

运营管理用房是车站运营管理人员使用的办公用房,主要包括站长室、行车值班室、业务室、广播室、会议室和公共保卫室等。

设备用房是保证列车正常运行和车站内良好环境条件以及在灾害情况下保证乘客安全的车站用房。它主要包括通风与空调用房、变电所、综合控制室、防灾中心、通信机械室、信号机械室、自动售票室、冷冻站、配电室、公区用房等。

辅助用房是为保证车站内部工作人员正常工作生活所设置的用房,主要包括卫生间、更衣室、休息室、茶水间等。

车站用房应根据运营管理需要进行设置,在不同车站只配置必要房间,尽可能减少用房面积,以降低车站投资。

2. 车站规划设计原则

(1)车站站址要满足城市规划、城市交通规划及轨道交通路网规划的要求,并综合考虑该地区的地下管线、工程地质、水文地质条件、地面建筑物的拆迁及改造的可能性等情况来合理选定。

(2)车站总体设计要注意与周围环境的协调,与城市景观、地面建筑规划相协调。随着社会的进步和人民生活水平的改善,人们对建筑艺术要求日益提高。地处城市区域的车站,人流十分集中,而作为一种永久性建筑物,在经济许可的前提下改善车站的建筑设计,使之与城市景观和地面建筑规划很好地协调,对美化城市环境和改善人民生活质量是很有意义的。

(3)车站的规模及布局设计要满足路网远期规划要求。车站是乘客候车、上下列车及列车停靠的场所,站台长度、宽度、容量必须满足远期的乘客乘降和疏散要求;车站客流集中,一般都与地面交通有大量的换乘,车站布局设计应有效地组织人流集散,力求换乘路径便捷,减少乘客的换乘距离,给乘客带来便利。

(4)选择合适的车站形式,因地制宜并结合地面物业布置车站各类设备的空间,减少用地面积及空间规模,降低造价。

(5)贯彻以人为本的思想,需解决好通风、照明、卫生、防灾等问题,以提供乘客安全、快捷和舒适的乘降环境。

3. 车站分布规划

(1)车站分布规划原则

①车站应设置在大型客流集散点和交通枢纽,有利于与其他交通方式衔接和客流发展倾向的引导。

②与城市土地利用规划的调整和发展意图相匹配。

③有利于沿线大型建设项目的配合。

④有利于规划可实施性。

⑤应考虑地形、地质、水文条件,满足工程实施方面的要求。

⑥满足运营在最短站距、旅行速度等方面的要求。

(2)站　　距

轨道线路的走向基本确定后,车站布置的主要内容就是如何确定车站的合理间距。车站间距不仅是轨道路网规划和系统运行的重要影响因素,而且会影响轨道乘客的出行时间和轨道交通出行的需求量。要确定合理的车站间距,应综合考虑乘客出行时间、运营费、工程费以及车站在城市中的作用等多方面因素。

对于平均站距,目前有两种趋向:一种是小站间距,平均为 1 km 左右;一种是大站间距,平均为 1.6 km 左右。车站之间距离的选定应根据具体情况确定,站间距离太短会降低运营速度,增大能耗和配车数量,同时,多设车站也增加工程投资;

站间距离太大，会使乘客感到不适，特别对步行到车站的乘客尤其如此，而且增大车站的负荷。香港地铁平均站距为1 050 m，其中港岛线仅为947 m，而莫斯科地铁平均站距1.7 km左右。一般来说，在市区车站间距应在1 km左右，在郊区不宜大于2 km。

4. 车站规模

轨道交通车站规模是指车站站台外廓尺寸、层数和车站用房面积的大小等。在进行车站总体布局之前，要确定车站规模。轨道交通车站规模主要根据本站远景预测客运量确定，包括日均乘降客流量、高峰小时乘降客流量、所处位置的重要性、站内设备、车站用房面积和该地区远期发展规划等因素，其中客流量是最主要的因素。车站规模直接决定着车站的外形尺寸及整个车站的建筑面积等。

地铁车站规模主要根据车站预测客流及所处位置确定，一般可分为三级。

A级：适用于客流量大、地处大型客流集散点以及地理位置十分重要的车站。

B级：适用于客流量较大、地处市中心或较大的居住区的车站。

C级：适用于客流量较小、地处郊区的各站。

5.4 城市轨道交通车辆段规划

车辆段是城市轨道交通系统中对车辆进行运用管理、停放及维修、保养的场所。车辆段的功能特点要求其具有合理的布局和一定的规模，其选址和设计对城市轨道交通运营效果有一定的影响。

1. 车辆段的功能

车辆段按其功能可分为检修车辆段（简称车辆段）和运用停车场（简称停车场）。车辆段的主要功能如下：

（1）车辆停放、调车编组、日常检查、一般故障处理和清洗、消毒。

（2）车辆修理：月修、定修、架修与临修。

（3）车辆技术改造或厂修。

此外，车辆段还应为乘务员的换班作业提供必要条件。在很多情况下，乘务计划的编制和乘务员的组织管理工作也在车辆段进行。根据城市轨道交通线路的情况，有时可以另外设置仅用于停车和日常检查维修作业的停车场和检修区，在管理上一般附属于车辆段。

2. 车辆段的规划内容与要求

车辆段规划内容与要求如下：

（1）车辆段及其他基地统称为车场。它是城市轨道交通系统中承担车辆检修、停放、运用以及各种运营设备保养、维修的重要基地，是线网规划中不可或缺的关键组成部分。车场规模一般较大，最小的都超过 0.1 km^2，在城市建成区范围内寻找适合车场要求的用地一般很困难，有时甚至到城市边缘区寻找用地。因此，车场设置条件往往决定了整条线路的可行性。

(2)地铁车辆段设置应根据线网规划统一考虑，按具体情况，一条线路可以单独设一个车辆段，或几条线路合建一个车辆段。一般情况下，地铁均由多条线路组成网络，因此地铁车辆段应在线网规划中统筹安排，并明确各车辆段在全线网中的地位和分工。单独设置车辆段或多条线路合用车辆段时，应根据线路数量、技术经济条件和线网规划的安排等具体情况确定。

(3)车辆段通常设在线路一端靠市郊地区，线路很长时，车辆段至另一端发车的空驶距离会很大，也会增加运营费用。根据国内外经验，线路长度大于 20 km 时，可在适当位置增设停车场。

3. 车辆段的选址

车辆段规划的重点是车场的选址，确定各段的合理分工和建设规模，达到控制建设用地的目的。车辆段的选址涉及运营后相关作业的顺畅程度和作业效率，与运营成本密切相关，并受征地、拆迁等一系列因素影响，在规划和设计中应予以充分重视。车辆段选址的技术要点如下：

(1)车辆段、停车场要选择地势平坦、地质良好、无大的水文地质影响的地域，用地相对集中，便于车辆段或停车场的布置。

(2)城市轨道交通线路一般都穿越市区，线路中部多为市中心地区，要征用车辆段那样大规模的用地很困难。因此，一般在郊区征用土地，将车辆段设置在线路端部。这种方式也与线路起终点在郊外，线路中部穿过市中心的情况相一致，即早上车辆由车辆段向市中心方向发车，晚上由郊外方向驶入车辆段，列车的空驶损失时间较少。

(3)车辆段、停车场及折返线三方面的总停车能力应大于本线远期的配属车辆(包括运用车、在修车和备用车)总数。为便于列车进出，一条停车线的存车数量不应超过 2 列。

(4)车辆段除列车停车库外，还有试车线、车辆检修设备、综合维修中心等，为充分利用这些设备，减少车辆段用地总量，应尽量将车辆段集中设置。若分散布置，则所需用地面积将会增大。在技术经济合理、城市用地规划许可时，可以两条线路共用一个车辆段。当一条线路的长度超过 20 km 时，为减少列车空驶距离，及时对车辆进行检查，可在线路的另一端设置一个停车场。

(5)车辆段和停车场应靠近正线，以利于缩短出入段线长度，降低工程造价。

(6)各车场线路应尽可能与地面铁路专用线相接，以方便车辆通行及物资运输，部分车场不具备上述条件时，可通过相邻线路过渡。

(7)各车场的任务和分工，必须全网统筹规划、合理布局、有序发展。试车线长度应根据场地条件和城市规划要求确定，在条件允许的情况下，应尽可能长。

(8)整个线网车辆的大修任务应集中统一安排，可选定在几个车辆段增设车辆大修任务，不单设大修厂，并设一处职工培训中心。

(9)车辆段和停车场的选址要考虑防治火灾、水害的要求。

(10)各综合检修基地及车辆段用地规模应按规划承担所确定的作业量，并考虑未来技术发展，适当留有余地。

(11)车场用地性质应符合城市总体规划，并注意环境保护。

4. 车辆段的规模

车辆段的用地规模与其所承担线路的长短、配属的车辆数、布置形式以及是否与其他设施综合布局有关相联系。车辆段的规模一般为 0.2～0.45 km^2。例如，上海地铁 3 号线宝钢车辆段，设计停车规模 204 辆，占地 0.42 km^2；该线的新龙华停车场，设计停车规模 120 辆，占地约 0.19 km^2；广州地铁 2 号线车辆段的停车库设计停车规模为 144 辆，占地约 0.26 km^2。在规划阶段可以按照停车辆数估算，在此基础上进行用地控制。在进行车辆段设计时，应尽量减少占用城市土地资源。

5.5　相关标准与规范

城市轨道交通工程体量庞大、专业性强、涉及面广、参与单位众多，为保障工程安全顺利的实施并达到一定的技术要点，必须实行标准化和规范化作业。城市轨道交通领域相关的标准是在总结前人科学技术和实践经验的基础上，经相关机构协商制订并由公认机构批准发布，用于指导领域内工程作业或行为的文件。城市轨道交通规划与涉及公众必须遵守相关标准。本节就城市轨道交通规划与设计工作中常见的标准进行简单介绍。

(1)《城市轨道交通线网规划标准》(GB/T 50546—2018)

《城市轨道交通线网规划标准》(GB/T 50546—2018)经住房和城乡建设部公告 2018 第 78 号公告批准、发布，自 2018 年 12 月 1 日起实施。为满足城市客运交通需求，引导和优化城市空间功能布局与交通方式结构，提高城市轨道交通线网规划的科学性，促进城市轨道交通系统健康发展，制定了此标准。标准适用于城市总体规划阶段的城市轨道交通线网规划，不适用于有轨电车系统规划。标准的主要技术内容包括：总则、术语、基本规定、交通需求分析、服务水平与线网功能层次、线网组织与布局、线路规划、车辆基地规划、用地控制、综合评价。

(2)《地铁设计规范》(GB 50157—2013)

《地铁设计规范》(GB 50157—2013)经住房和城乡建设部以第 119 号公告批

准、发布，自 2014 年 3 月 1 日起实施。为使地铁工程设计达到安全可靠，功能合理，经济适用，节能环保，技术先进，制定此规范。规范适用于最高运行速度不超过 100 km/h、采用常规电机驱动列车的钢轮钢轨地铁新建工程的设计。规范共分 29 章和 5 个附录，主要内容包括：总则、术语、运营组织、车辆、限界、线路、轨道、路基、车站建筑、高架结构、地下结构、工程防水、通风、空调与供暖、给水与排水、供电、通信、信号、自动售检票系统、火灾自动报警系统、综合监控系统、环境与设备监控系统、乘客信息系统、门禁、运营控制中心、站内客运设备、站台门、车辆基地、防灾和环境保护等。

(3)《城市轨道交通技术规范》(GB 50490—2009)

《城市轨道交通技术规范》(GB 50490—2009)经住房和城乡建设部以第250 号公告批准、发布，自 2009 年 10 月 1 日起实施。规范全部条文为强制性条文，必须严格执行。规范以城市轨道交通安全为主线，统筹考虑了卫生、环境保护、资源节约和维护社会公众利益等方面的技术要求，主要包括设施（设备）的建设（制造）、设施（设备）的使用过程（运营）、规范直接涉及的外部关系，但规范并不控制或调整城市轨道交通系统的另一使用者——乘客的行为。规范共分 8 章，包括总则、术语、基本规定、运营、车辆、限界、土建工程和机电设备。

第6章　常规公共交通系统规划

公共交通是城市中供公众使用的经济型、方便型的各种客运交通方式的总称。狭义的公共交通是指在规定的线路上、按固定的时刻表、以公开的费率为城市公众提供短途客运服务的系统。根据住房和城乡建设部《城市公共交通分类标准》(CJJ/T 114—2017)将我国已有及将来可能会有的公交工具根据交通工具的走行方式进行的分类，常规公共交通系统主要是指在道路上运行的公共电车、汽车组成的交通系统，不包括轨道交通、出租车交通等非常规公共交通形式。

6.1　常规公共交通系统规划概述

6.1.1　常规公共交通客流及特征

常规公共交通系统是由人—车(公共交通工具)—路(途径、交通线路)三方面共同组成的，既包括硬件(设施、设备)，也包括软件(技术、政策)，有着整体、综合和动态的内部关系，它是与城市交通系统和社会经济环境相联系的、复杂的、开放的大系统，具有多变量、多层次、多属性等特点。常规公共交通系统在城市交通系统中的特殊地位在于它具有以下特点：①满足城市土地及交通设施资源的有限性；②具有经济性(包括交通供应者和需求者的经济性)；③改善城市交通和城市环境。

城市公共交通系统按照运行空间来分，可以分为陆地、水运和空运，其中陆地运输又包括地下、地表、地上；按照公共交通工具的运行速度来分，可分为常规和快速公交系统；按照车辆的驱动力不同，可以分为电动、机动和人力；按照载客量的不同，可分为大、中、小容量系统；按照运行条件又可以分为有轨和无轨两种；而最常见的分类是按照各种交通方式在城市客运交通系统中的地位来划分的，可分为常规公共交通系统、快速大运量公交系统、辅助公共交通系统和特殊公共交通系统。在《城市公共交通分类标准》(CJJ/T 114—2007)中将公共交通分为4个大类。

(1)城市道路公共交通。包括常规公共汽车、快速公共汽车、无轨电车、出租汽车。

(2)城市轨道交通。包括地铁系统、轻轨系统、单轨系统、有轨电车系统、磁浮系统、自动导向轨道系统、市域快速轨道系统。

(3)城市水上公共交通。包括城市客渡、城市车渡。

(4)城市其他公共交通。包括客运索道、客运缆车、客运扶梯、客运电梯。

城市公共交通系统的组成,如图 6.1 所示。

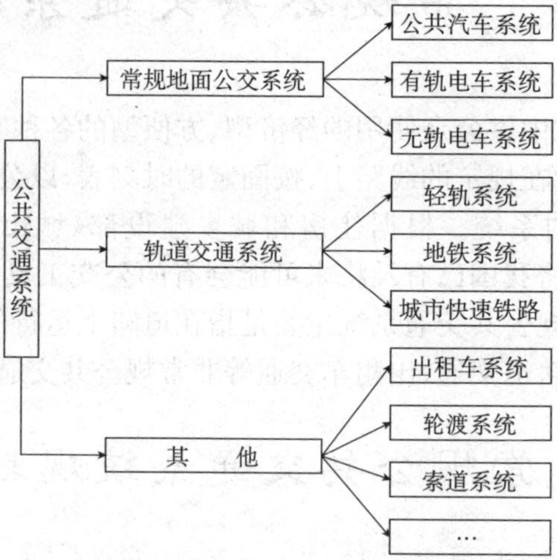

图 6.1　城市公共交通系统的组成

所谓公交网路一般是由公交线路组成的公交网络。通过公交网络的客流分配,获得不同线网布局方案下的线路客流量和站点流量,并以此作为指导线网规划和场站布局的重要依据。而公交客流分配就是在公交线路和有关参数(能力、频率、车间距)已知的情况下,将预测出的 OD 需求,通过模拟乘客的出行行为,推导出乘客在公交线网上的分布情况。

在我国众多大城市中,除去北京、上海、广州、天津等少数大城市拥有轨道交通外,绝大多数城市公共交通的主体是常规公交线路,所以公交客流分配的中心内容应为常规公交网络的客流分配。

从另一个角度比较,常规公交线路和轨道交通在城市交通中的作用,可以发现轨道交通对城市交通的影响和作用不同于常规公交线路。轨道交通的吸引力和作用远强于常规线路,适用于常规线路的客流量分析方法不适用于轨道交通。两者虽同属于城市公共交通系统,但乘客对于两种方式的选择模式有较大区别,应将两者进行有效区分。城市公交线路上流量的合理分布,一方面可以有效引导出行需求,减少跨区性交通生成量,缩短出行距离,使交通均衡分布;另一方面能充分利用公交运输能力,节约整个社会的公共交通出行成本。

6.1.2　常规公共交通系统规划的基本思路

城市常规公共交通系统规划是城市总体规划和城市综合交通规划的重要组成

部分，是指导常规公共交通系统协调发展的总纲，是城市重要的专项规划之一。

城市公共交通系统规划应满足以下总体要求：

(1)提高运行效率。城市公共交通系统规划应以提升城市交通整体运行效率为主要目标，促进形成高效、可靠的城市综合交通良性发展机制。

(2)改善人居环境。贯彻落实公交优先发展战略，形成以公共交通为导向的城市土地利用模式，促进节能减排，提升城市环境品质。

(3)促进社会公平。坚持公共交通服务的公益性原则，在交通时空资源分配上向公共交通倾斜，充分考虑低收入群体、老人、儿童等弱势群体需求，提升公共交通服务的覆盖率，促进社会和谐。

(4)保障城市安全。考虑城市防灾减灾、应急救援、灾后重建对公共交通设施建设的要求。

对于大城市及以上规模城市，公共交通系统是机动化出行的主体，应具有与私人交通方式竞争的服务质量，充分引导城市用地的集约布局与高效利用，中小城市的公共交通系统应提供城市基本公共服务，保障居民出行具有多样化选择机会。

城市公共交通系统规划的具体任务可以表述为：根据城市规模、用地布局和道路网规划、各种公共交通方式的技术、经济和交通特性以及城市公共交通建设的承受能力，综合考虑社会、经济、交通、环境效益，在客流预测的基础上，合理确定城市公共交通方式、车辆数、线路网、换乘枢纽和场站设施用地等，使各种公共交通方式之间相互配合，以不同的速度、运载能力、舒适程度和价格服务于乘客的不同需求，形成合理的城市客运交通结构。

6.1.3　常规公共交通系统规划的主要内容

根据我国目前的经济发展水平以及城市客运需求，可以认为，在我国城市公交中，常规公交仍将是城市公共交通客运的主体。因此，学习和掌握城市常规公交系统规划的基本理论与方法具有重要的现实意义。

公交系统规划的主要内容包括公交线网布局规划、公交场站规划以及公交车辆发展规划。

6.2　常规公交线网布局规划

公交线网规划是整个公交系统规划中的核心部分，公交线网的结构和布局是否合理决定了公交出行的便利性，以及公交出行成本。公交线网规划的目的主要有三个：

(1)为城市居民提供安全、高效、经济、方便和舒适的服务;

(2)提高公交营运效率,促进公共交通的发展;

(3)建设可持续发展的城市公共交通体系,保护城市环境,推动土地开发与城市发展。

6.2.1 公交线网布局要求

(1)城市公交线网必须综合规划,组成一个整体,体现和贯彻以人为本、服务为本的思想,体现合理性和可操作性相结合的原则。

(2)市区线路、郊区线路和对外交通线路应紧密衔接,并协调各线路网的集疏能力。

(3)要考虑公交发展历史和线路的延续性,兼顾和利用已有线路,综合协调老线路之间的关系。

(4)公交线网还应对城市用地的发展具有较好的适应性,其布局应与城市用地布局相协调,与城市用地规划范围内主要客流的流向一致,促进城市发展。

(5)各主要客流集散点之间应有公共交通线路直接相连;主要客流的集散点应设置不同交通方式的换乘枢纽,方便乘客停车与换乘,以缩短乘客出行时间,扩大乘客活动可达范围。

6.2.2 公交线网规划主要技术指标

(1)线网密度

公交线网密度是指有公交服务的每平方公里的城市用地面积上,有公交线路经过的道路中心线长度,即:公交线网密度=有公交线路经过的道路中心线总长度/有公交服务的城市用地总面积。

该指标大小反映了居民接近公交线路的程度。城市公交线网规划的密度,在市中心一般应达到 3.4 km/km^2,城市边缘应该达到 2~2.5 km/km^2。根据调查沿公共交通线路两侧各 300 m 范围内的居民是愿意乘公共交通车的,超出 300 m 范围,绝大多数居民选择骑车,选择公共交通车的很少。因此,公共交通线网的密度不能太小。

由于道路网是常规公交线网的载体,公交线网密度指标在很大程度上受制于城市道路网密度水平:一方面,为了扩大公交线网的密度,公共交通线路可以在适宜的支路上设置;另一方面,从优化公交网路布设的角度,应对道路网规划建设提出反馈,突破传统的建立在既有道路网基础上的被动式的公交线网规划模式。为优化公交网络而改造相关道路的主动式公交线网规划,能使公交线网最大限度地满足公共客运交通需求,同时提高系统的运输效益。

(2)公交线路重复系数

对全市或整个规划区而言,公交线路重复系数是指公共交通营业线路总长度与线路网长度(即有公交线路经过的道路中心线总长度)之比值,在公共交通发达的城市一般在1.25～2.5之间。对某一路段而言,公共交通线路重复系数是该路段上设置的公共线路条数,综合考虑公线路的分布均匀性及站点停靠能力,一条道路上设置的公交线路条数不宜超过3～5条。

(3)公交线路非直线系数

线路非直线系数是指公共交通线路首末站之间是实地距离与空间直线距离之比。环形线的非直线系数是指主要集散点之间的实地距离与空间距离之比。

为保证公共交通的正常营运,提高公共交通服务水平,公共交通主要线路的长度宜控制在8.12 km,线路的非直线系数不宜过大,一般不应超过1.4。线路过短,增加乘客换乘率;线路过长,车速不易稳定,行车难以准点,正常的行车间隔也难以保证;线路曲折,虽可扩大线路服务面,但也使不少乘客增加额外的行程和出行时耗。

(4)乘客平均换乘系数或换乘率

乘客平均换乘系数是衡量乘客直达程度,反映乘客方便乘坐的指标,其计算公式如下。

乘客平均换乘系数=(乘车出行人数+换乘人次)/乘车出行人次×100%

换乘率是指统计期内乘客一次出行,必须通过换乘才能到达目的地的人数与乘客总人数之比,即:换乘率=换乘的乘客人数/乘客总人数×100%。

(5)公交线路网站点覆盖率

公交线路网站点覆盖率,亦称公交站点服务面积率,是公交站点服务面积占城市面积的百分比,是反映城市居民接近公交程度的又一重要指标,其计算公式如下:

公交站点覆盖率=公交站点服务面积/城市用地面积×100%

一般公共交通线路的服务范围是距站点300～500 m步行距离的城市用地。考虑换乘的因素,在公共交通线网密度较小的地区,一般公共交通站点的服务半径可以扩大到600 m,轨道交通线路站点的服务半径可以扩大到1 000 m。根据上述要求,可以按公交线路网的站点分布位置绘制公交线路网服务范围,计算公交线路网覆盖面积或服务人口,进而计算公交线路网的服务面积率和服务人口率,作为评价公交线路布局合理性的一项重要指标。

6.2.3 公交线网规划方法和步骤

城区公交线路网规划通常是在现有公共交通线路基础上,根据客流变化情况、道路建设及新客流吸引中心的需要,对原有线路的走向、站点设置、运营指标等进行调整或是开辟新的公共交通路线。除非城市用地结构、城市干道网发生大的变动，如对外客运交通枢纽的迁建、新交通干道的开辟，或是开通新的大运量快速轨道交通线路，一般不作大的调整。

对于新建城市或是规划期内将有大发展的城市，公交线路网需要密切配合城市用地布局结构进行全面规划。通常按下列步骤进行：

(1)根据城市性质、规模、总体规划的用地布局结构，确定公交线网的结构类型。

(2)分析城市主要活动中心的空间分布及相互之间的关系。居民区、小区中心，工业、办公等就业中心，商业服务中心、文娱体育中心、对外客运交通中心、公园等游憩中心，以及公共交通系统中可能的客运枢纽等，这些都是城市居民出行的主要发生点和吸引点。

(3)在城市居民出行和交通规划的客运交通分配的基础上，分析城市主要客流吸引中心的客流吸引期望线及吸引力量。

(4)根据综合各城市活动中心客流相互流动的空间分布要求，初步确定在主要客流流向上满足客流量要求，并把各主要居民出行发生点和起因点联系起来制定公共交通路网方案。

(5)根据城市总客流量的要求及公共交通运要求，进行公交线网的优化设计，确定满足各项规划指标的公交线网规划方案。

(6)随着城市的发展和逐步建成，逐条开辟公交线路，并不断根据客流的变化和需求进行调整。

在实际工程中，公交线网规划方案的产生是一个操作性较强的交互式优化过程。

6.2.4 公交线网客流分配方法

交通分配是交通规划的一个重要环节，也是“四阶段”法交通需求预测工作中的最后一个阶段。所谓交通分配就是把各种出行方式的空间 OD 量分配到具体的交通网络上，通过交通分配所获得的路段、路口交通量资料是检验道路网络规划合理与否的主要依据；通过交通分配所获得的公交线路客流量也是公交线网优化的基础资料。

公交客流分配过程如下：

(1)将现状公交 OD 量在现状公交线网上分配，以分析和评价目前公交线网的运行状况，如果有公交断面流量的实测值，可以将该值与模型分配流量值进行比较，用于检验分配模型的精度。

(2)将规划年公交 OD 分布预测值在现状道路网路上分配，分析现状公交线网的缺陷,为公交线网的规划设计提供依据。

(3)将规划年公交OD分布预测值在规划公交线网上分配,以评价公交线网规划方案的优劣。

这里需要特别指出两点:一是由于主要考虑对象是公交车辆,客流分配中的出行分布量专指公交车,以标准小汽车(PCU)为单位;二是由于公交车是按固定公交线路行驶的,不能自由选择行驶路径,故需要实现在公交线网上的公交客流分配。

交通分配方法如下:

交通分配模型,或者称之为交通分配方法,根据交通费用和交通流量的关系假设可分为平衡模型和非平衡模型。如果假设公交线路上的交通费用(包括通行时间和交通费用)不随交通流量大小而变化的模型为非平衡模型,交通费用随交通流量的增加而增大的模型则为平衡模型。交通分配方法的具体分类如图6.2所示。

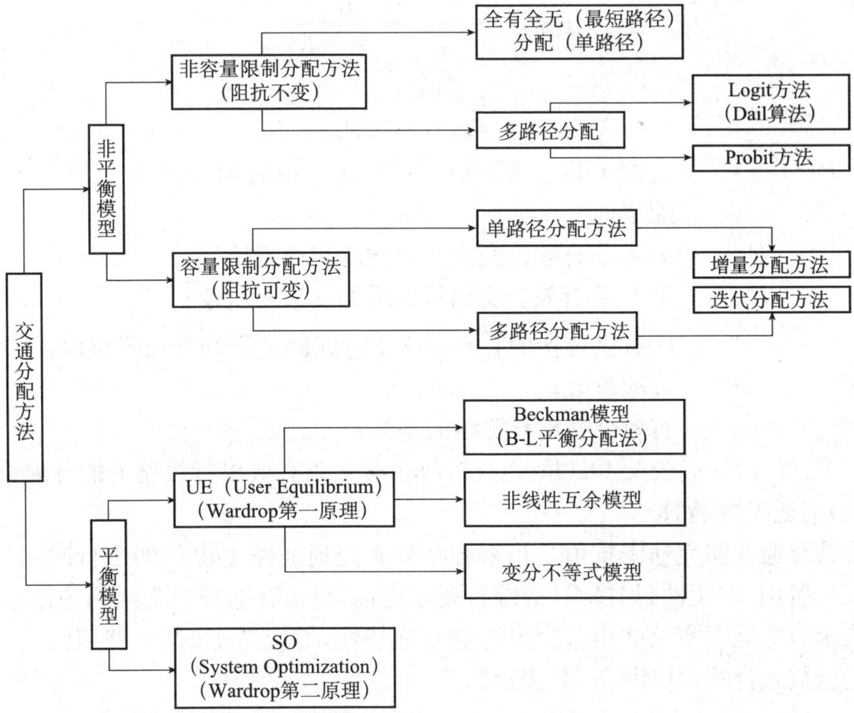

图6.2 交通分配方法的分类

公交线网客流分配是公交线网规划中技术含量较高、难度较大的一个重要环节。通过公交线网的客流分配,获得不同线网布局方案下的线路客流量和站点流量,为线网和场站布局优化提供重要依据。

公交客流分配技术属于交通分配问题研究的范畴,对此国内外开展了大量的研究,并取得了较多的理论成果。这里简要介绍两种实用方法。

1. 公交出行路径选择的多路径概率分配法

(1)Logit 模型

公交出行路径搜索的优先级别为:直达>一次换乘>…>n 次换乘。对某一优先级别下出行路径的选择,公交出行者总希望选择最快捷的线路(或综合考虑时间、费用的交通阻抗值最小的线路)出行,可称之为最短路因素。但由于公交出行者对出行起讫点间的交通阻抗值的大小很难直观判定,因此,选择公交线路时往往带有不确定性,称之为随机因素。这两个因素存在于公交出行者的整个出行过程中,两者所处的主次地位取决于可供选择路径之间交通阻抗值的大小。因此选用改进的 Logit 路径选择模型来计算公交出行时的路径选择。

$$P_k(i,j)=\frac{\exp\dfrac{-\theta R_k}{\bar{R}}}{\sum\limits_{h=1}^{m}\exp\dfrac{-\theta R_h}{\bar{R}}} \tag{6.1}$$

$$V_k(i,j)=V_{od}(i,j)P_k(i,j) \tag{6.2}$$

式中 $P_k(i,j)$——公交 OD 量 $V_{od}(i,j)$在第 k 条有效公交出行路线上的分配率;

R_k——第 k 条有效公交出行路线的交通阻抗值;

R_h——第 h 条有效公交出行路线的交通阻抗值;

$\bar{R}$——所有供选择的有效公交出行线路的平均交通阻抗值;

θ——分配参数;

m——有效公交出行路线的条数;

$V_k(i,j)$——公交 OD 量 $V_{od}(i,j)$在第 k 条有效出行线路上的分配量。

(2)交通阻抗函数

公共交通线路交通阻抗值是指乘客在公共交通线路上出行的出行时间(含车外时间)、费用、方便性(如换乘)等综合费用指标,是乘客选择公交线路的依据。交通阻抗函数应能真实反映出公交出行的心理特性,综合考虑时间、费用因素,采用如下的函数式计算,并用"费用"表示。

$$R_i=C_{mt}T_i+\frac{L_iP_j}{100} \tag{6.3}$$

式中 R_i——交通阻抗值,元;

C_{mt}——时间价值,取用相应年度的居民人均国民收入值,元/h;

T_i——公交出行时间,h;

L_i——公交出行距离，km；

P_j——公交票价，分/km。

根据居民公交出行全过程的分析，公交出行时间可采用如下的公式计算。

$$T_i=\frac{L_i}{V}+\frac{\left(T_w+\frac{T_j}{2}+n_l T_h\right)}{60} \tag{6.4}$$

式中　V——公交线路平均运行速度，km/h；

T_w——步行到站及步行离站的时间总和，min；

T_j——发车间隔，min；

n_l——换乘次数；

T_h——一次换乘时间(min)，往往适当扩大换乘时间来反映因换乘造成的不便；

其余符号意义同前。

2. 公交客流容量限制分配法

公交线网的客流分配采用容量限制法比较符合公交实际运行情况。在实际公交网经营中，由于公交线路的运力有限、站点停车容量有限及路段上其他车流的运行干扰等因素，会出现公交留站客流，尤其在高峰小时。容量的限制使公交乘客无法选择那些直达但异常拥挤的线路，而不得不选择次优级别的线路或选择换乘线路，这些出行特性均能在容量限制分配方法上得到体现。

(1)单条公交线路最大载客容量计算

单条线路的最大实际载客容量是考虑了站点停靠能力、重复线路相互影响下的基本载客容量。

$$M_v=\frac{\gamma \cdot C_x \cdot f(X_c)}{T_i} \tag{6.5}$$

式中　C_x——不同车型的乘客容量；

T_i——线路的发车间隔，min；

γ——线路的客流满载率，一般高峰小时取 0.85，平峰时取 0.6，或根据城市的具体要求而定；

X_c——与某条线路重复的最大线路条数；

$f(X_c)$——线路重复影响系数，$f(X_c)=1(X_c=0$ 或 $1)$ 或 $0.85(X_c=2$ 或 $3)$ 或 $0.7(X_c\geqslant 4)$。

(2)公交出行线路最短距离计算

公交出行线路最短距离 $b_s(i,j)$的计算建立在道路网络几何数据的基础上进行，具体的算法如下。

①将道路网的节点距离矩阵 $d_0(i_1,j_1)$转换成公交节点间的距离矩阵 $d_1(i,j)$；

②给公交出行线路最短路距离 $b_s(i,j)$赋初值；

③任取一公交节点 k，判断 $b_s(i,k)(i=1,\cdots\cdots,n)$的大小，若 $b_s(i,k)<M$，M 为一个足够大的正数，则转入下一步骤，否则，换取另一点 i；

④任取一公交节点 j，判断 $b_s(k,j)(j=1,\cdots\cdots,n)$的大小，若 $b_s(k,j)<M$，M 为一个足够大的正数，则转入下一点 $j+1$，否则，换取另一点 k；

⑤$S=b_s(i,k)+b_s(k,j)$；

⑥若$S<b_s(i,j)$，则 $b_s(i,j)=S$，否则继续选取；

⑦至 $k=n$ 结束。

(3)公交换乘站点及距离计算

确定符合实际的公交换乘站点是公交客流分配工作的重要一环，直接影响客流分配结果的可信度。在实际公交出行过程中，乘客对换乘站点的选取有时是唯一的，有时有多种选择。据调查，乘客对换乘点选取的依据是换乘方便和出行时间节约两个方面。一般而言，城市居民对换乘的线路、站点均比较熟悉，尤其是出行目的为上班、上学的出行者。因此，乘客在换乘站点的选取上随机性因素较小。在具体的客流分配时，以公交线网为基础，根据换乘次数的多少分别计算。

(4)公交线路断面客流量计算的叠加算法

由于公交客流 OD 量分配是依 OD 点对的顺序依次进行，每分配一次都要对相应的公交线路的客流量进行计算并检验，分析线路的负荷情况。每一次 OD 客流分配只涉及部分线路的部分断面，可采用以下的叠加算法。

$$V_1(k,i)=V'_1(k,i)+V_{\mathrm{od}}(k,i) \tag{6.6}$$

式中，$V_1(k,i)$——第 k 条线路第 i 断面的客流量，人次；

$V'_1(k,i)$——上一 OD 点对计算结束时第 k 条线路第 i 断面的客流量，人次；

$V_{\mathrm{od}}(k,i)$——此次 OD 点对的出行路径在第 k 条线路第 i 断面的分配量。

一般有 $V_{\mathrm{od}}(k,i)=V_{\mathrm{od}}(\mathrm{O},\mathrm{D})((k,i)\in B_{sl}(\mathrm{O},\mathrm{D}))$或 0(其他)。

其中，$B_{sl}(\mathrm{O},\mathrm{D})$为从 O 到 D 的有效公交出行路径集；$V_{\mathrm{od}}(\mathrm{O},\mathrm{D})$为从 O 到 D 的公交 OD 量。

(5)线路客流 OD 量、线路断面客流不均衡系数的计算

线路客流 OD 量指的是线路上从上游某站点 i 上车至下游某站点 j 下车的公交客流量，根据公交线路的站点上下客流量，可依据式(6.7)～式(6.10)计算线路客流 OD 量。

$$V_s(k,i,j)=\frac{D(k,j)Y(k,i,j)}{N(k,j)} \tag{6.7}$$

$$Y(k,i,j)=Y(k,i,j-1)-V_s(k,i,j-1) \tag{6.8}$$

$$D(k,j)=\sum_{i}V_s(k,i,j) \tag{6.9}$$

$$N(k,j)=\sum_{i}Y(k,i,j) \tag{6.10}$$

式中　$V_s(k,i,j)$——线路 k 上从站点 i 上车到站点 j 下车的客流量，人次；

$D(k,j)$——线路 k 上 j 站的下车人数，人；

$Y(k,i,j)$——线路 k 上在 i 站点上车，在 j 站点前仍留在车上的留车人数，人；

$N(k,j)$——线路 k 上在 j 站点前的车内人数，人。

(6)路段及站点公交客流量的计算

路段及站点的公交客流量从总体上反映出公交客流在道路断面及节点上的分布状况，为制定相应的交通管制、实行公交优先通行等措施提供依据。在公交 OD 量分配完毕后，将相应路段及站点的每条公交线的断面客流量、上客流量或下客流量累加，就可得路段及站点的公交客流量。

6.3　公交场站布局规划

公交场站规划的目的是指导公交场站建设，提供公交车辆停放、保养和修理的场所，为公交线路的正常运提供便利，为大众的出行、换乘提供良好的服务。长期以来中心城市的公交车辆停车面积远远跟不上公交车保有量的增长，不得不占道停车，公交场站用地不足已成为制约公共交通发展的原因之一。因此，必须制定合理可行的公交场站规划，有力地促进公共交通事业的发展。

公交场站的规划思路为：

(1)符合上位规划，引导城市发展

应根据城市总体规划，城市综合交通规划，结合主要客流集散点和控制性详细规划确定的用地布局，合理布局公交场站，引导城市健康发展。

(2)方便居民出行，缓解交通拥堵

一方面应从提升换乘服务设施的角度出发，提高公交服务水平；另一方面应根据居民的出行习惯，合理优化布设公交场站，方便居民的公交出行，让更多人选择公共交通出行，提高公交分担率，缓解交通拥堵。

(3)支撑线网结构，优化线网布局

通过合理布局公交场站，将公交场站与线网结构协同考虑，保证网络的覆盖水平，促进城市融合发展，支撑整个城市的空间布局。

(4)完善场站设施，集约利用土地

通过积极构建公交综合体、立体公交场站设施等手段，不断完善场站设施，同时缓解公交用地紧张的局面，提高公交场站的土地利用效率。

(5)优化运营管理，方便车辆调度

合理的布设保养场，有利于减少车辆的空驶里程，提高运输效率。首末站是线路调度管理的重要场所。保证首末站的用地，有利于提高公交调度管理水平。

(6)适应道路交通管理，减少对正常交通的干扰

场站的设置会对周边交通产生一定的影响。在设置公交场站时，要充分考虑道路交通管理的要求，尽量减少对正常交通的影响。

6.3.1　公交场站的分类与主要功能

公共交通场站是城市公共交通的基础性设施。城市公交场站有两类，一类是担负公共交通线路分区、分类运营管理和车辆维修的公交车场，公交车场通常设置为综合性管理、车辆保养和停放的中心停车场，也有专为车辆保养设保养场和专为车辆大修设修理厂；另一类是担负公共交通线路运营调度和换乘的各种车站，包括公交枢纽站、首末站、中途停靠站。公交场站的分类及主要功能见表 6.1。

表 6.1　公交场站的分类与主要功能

<table>
<tr><th colspan="3">分　类</th><th>主 要 功 能</th></tr>
<tr><td rowspan="2">公交车场</td><td colspan="2">公交修理厂</td><td>主要为公交车辆大修服务</td></tr>
<tr><td colspan="2">停车保养场</td><td>公交停车保养综合车场主要为公交车辆的停放、保养和维修服务，兼有管理指挥功能</td></tr>
<tr><td rowspan="7">公交车站</td><td rowspan="5">公交枢纽站</td><td>综合客运枢纽</td><td>是集多种交通工具和多种服务于一身的综合性、多功能客运站，是多种交通方式相互衔接所形成的大型客流集散换乘点，尤其是多种对外交通方式与市内公交衔接点</td></tr>
<tr><td>大中型公交换乘枢纽</td><td>轨道交通线路间换乘；城市中心区客流集散；载流外围城镇、郊区、远郊区进入中心城区的小汽车、城乡公交车</td></tr>
<tr><td>一般公交换乘枢纽</td><td>地面公交之间、地面公交与轨道间的一般换乘</td></tr>
<tr><td>外围重点中心镇集散中心</td><td>主要是服务中心镇周围乡村公交与城乡公交的换乘功能，满足城乡居民日益频繁的交流需求</td></tr>
<tr><td>特色枢纽—旅游交通集散中心</td><td>旅游交通集散中心是主要为游客提供公交旅游专线服务的大型枢纽</td></tr>
<tr><td colspan="2">首末站</td><td>公交始发车站，为城市各主要客流集散点服务</td></tr>
<tr><td colspan="2">中途停靠站</td><td>为公交交通线路沿途所经过的各主要客流集散点服务</td></tr>
</table>

公共交通停车场、车辆保养场、整流站、公共交通车辆调度中心等的场站设施是城市公共交通系统的重要组成部分，应结合城市规划合理布局，与城市公共交通

发展规模相匹配,用地有保证。公共交通场站布局要根据公共交通的车种、车辆数、服务半径和所在地区的用地条件设置,做到保证城市公共交通畅通安全、使用方便、技术先进、使用合理。

6.3.2 公交停车场与保养场规划

公交停车场和保养场的主要功能是提供部分公交车的夜间停放场所以及运营车辆的维修保养任务与材料、燃料的储备和发放。集行政管理、停车、维修、保养、加气(油)、驾驶员休息等功能于一体,具有较大规模和功能齐全的设施。选址在保证车辆空驶里程最小的前提下,应遵循以下原则。

(1)停车保养场布局作为城市规划的一个组成部分,它必须根据城市总体规划、综合交通规划、公交线路网规划及停保场的规模,尽可能靠近服务车辆的行驶路线,保证一个分区至少一个,并尽可能设在公交服务区域的中心地带;同时考虑城市土地利用规划中的工业、居住和第三产业等布局。

(2)高级保养作业要相对集中,低级保养作业相对分散,以便既能提高高保装备的水平和综合维修能力,又便于及时、就地进行车辆的日常维护和检查,同时还可以节省一次投资和经营费用。

(3)被选地段最好有两条以上的城市道路与其相通,保证在道路阻塞或其他意外时间发生的条件下,能使公交车进出公交场站和完成紧急疏散;同时避开城市主要交通干道和铁路线,避免与繁忙交通线交叉,以保证车辆保养场、中心停车场出入口的顺畅。

(4)统一规划,远近结合,新旧兼容:充分考虑利用现有公交场站用地、设施以节省投资,方便实施;要根据城市土地的开发,逐步完善场站的建设,新选地块的用地面积要为其后续发展留有余地,同时又不至于形成对附近街区未来发展的障碍。

6.3.3 公交枢纽站规划

公交枢纽站是公共交通线路之间、公共交通与其他交通方式之间客流转换的场所,多条公交线路共用首末站时应设置枢纽站。

随着城市不断扩大,公共交通线路不断地增加和延伸,客运交通方式向多元化发展,人们的工作、社交、购物、文化娱乐等各项活动的出行范围也在不断扩大、出行距离增长。乘客从起点到终点完成一次出行,往往需要使用多种交通方式或转换线路,把多种交通方式、多条线路有机地衔接起来,方便乘客换乘,是客运交通系统提高服务水平、吸引乘客的重要手段。合理的公交枢纽站规划对改善城市交通系统、提高运输效益和解决出行换乘问题具有重要的意义。

公交换乘枢纽规划应以尽量减少换乘给乘客带来的不便为前提,设置在乘客目的地或出发地集中的交通网络节点上，并且只要公交网络结构和场所允许，应该将尽量多的公交线路集中在少量的换乘站，以减少乘客的换乘次数。

城市公共交通枢纽可以分为对外交通枢纽和市内交通枢纽两种。对外交通枢纽是市内公共交通与市际交通的联系点，一般在铁路客运站、长途汽车站、轮渡港口、航空港口和城市出入口道路处，同时应设置导向标志，为乘客换乘提供尽可能大的方便。

市内交通枢纽一般是城市区域内的客流集散点，是公共交通之间或公共交通与其他交通方式之间的转换场所，一般设置在常规公交与快速轨道交通、自行车交通的换乘枢纽，多条公交线路汇聚的交点等。

市区、郊区公共交通线路和对外交通相互衔接的大型换乘枢纽站，大中城市宜分散设置在市中心的边缘，小城市宜集中设置在市中心区或人流集散较多的地方。在大城市的大型交通枢纽之间，宜用快速交通工具直接相连，并在枢纽站上组织各种换乘的交通线路和交通工具。

枢纽站设施见表 6.2。

表 6.2　枢纽站设施

设　施		配　置		
		大型枢纽站	中、小型枢纽站	综合枢纽站
信息设施	公共信息牌	√	√	√
	站　牌	√	√	√
	区域地图、公交线路图	√	√	√
	公交时刻表	√	√	√
	实时动态信息	√	√	√
便利设施	无障碍设施	√	√	√
	候车亭	√	√	√
	站　台	√	√	√
	座　椅	○	○	○
	人行通道	√	√	√
	非机动车存放	√	√	√
	机动车停车换乘	○	○	○
安全环保	候车廊	○	○	○
	照　明	√	√	√
	监　控	√	√	√
	消　防	√	√	√
	绿　化	√	√	√

续上表

设施		配置		
		大型枢纽站	中、小型枢纽站	综合枢纽站
运营管理	站场管理室	√	√	√
	线路调度室	√	√	√
	智能监控室	√	√	√
	司机休息室	√	√	○
	卫生间	√	√	√
	餐饮间	√	○	○
	清洁用具杂物间	√	√	√
	停车坪	√	√	√
	回车道	√	√	√
	小修和低保	√	√	○

"√"表示应有的设施,"○"表示可选择的设施,"—"表示不设的设施

6.3.4 公交首末站规划

公交首末站即每条公交线路的起点和终点站。末站是仅用于公共汽车调头的终点服务站,首站则要提供公共汽车调头、停放上客以及乘客候车等多种设施。首末站通常由停车坪、回车道(兼站内行车道)、生产调度及生活性建筑、候车廊、简单维修位及绿地等组成。公共交通首末站作为公交线路的主要控制点和若干线路的可能交汇点,关系到乘客出行是否方便、公共客运的社会经济效益和线路调整等重要方面,在整个公交线路网中具有举足轻重的地位。

对公共交通首末站的规划主要包括起、终点的位置选择、规模的确定以及入口道路的设置等几方面内容,规划时应遵循以下原则。

(1)公交首末站的设置应与城市道路网的建设及发展相协调,宜选择在紧靠客流集散点和道路客流主要方向的同侧,设置在城市道路以外的用地上。

(2)公交首末站的选址宜靠近人口比较集中、客流集散量较大而且周围留有一定空地的位置,如居住区、火车站、码头、公园、文化体育中心等,使大部分乘客处在以该站点为中心的服务半径范围内(通常为 350 m),最大距离不超过 700～800 m。

(3)公交首末站的规模应按所服务的公交线路所配营运车辆的总数来确定。一般配车总数(折算为标准车)大于 50 辆的为大型站点;26～50 辆的为中型站点;小于 26 辆的为小型站点。

(4)与公交首末站相连的出入口道应设置在道路使用面积较为富余、服务水平

良好的道路上，尽量避免接近平面交叉口，必要时出入口可设置信号控制，以减少对周边道路交通的干扰。

公交首末站的设施与用地规模应根据营运线路数、配车数、高峰发车频率、候车乘客数量以及站的等级来确定。根据《城市道路公共交通站、场、厂工程设计规范》(CJJ/T 15—2011)，首末站设施应符合表6.3的要求。

表6.3 首末站设施

设施		配置	
		首站	末站
信息设施	公交时刻表	○	○
	实时动态信息	○	○
便利设施	无障碍设施	√	√
	候车亭	√	○
	站台	√	○
	座椅	○	—
	非机动车存放	√	○
	机动车停车换乘	○	—
安全环保	候车廊	○	○
	照明	√	√
	监控	○	—
	消防	√	○
	绿化	√	○
运营管理	站场管理室	○	—
	线路调度室	√	○
	智能监控室	○	—
	司机休息室	√	—
	卫生间	√	○
	餐饮间	○	○
	清洁用具杂物间	○	○
	停车坪	√	○
	回车道	√	√
	小修和低保	√	—

"√"表示应有的设施，"○"表示可选择的设施，"—"表示不设的设施

6.3.5　中途停靠站规划

公交车辆的中途站点规划在公交车辆的起、终点及线路走向确定以后进行，规划的原则为：

(1)中途站点应设置在公共交通线路沿途所经过的各主要客流集散点上；

(2)中途站点应沿街布置，站址宜选择在能按要求完成车辆的“停”和“行”两项任务的地方；

(3)交叉口附近设置中途站点时，一般设在过交叉口 50 m 以外处，在大城市车辆较多的主干道上，宜设在 100 m 以外处；

(4)中途站点的站距受到乘客出行需求、公交车辆的运营管理、道路系统、交叉口间距和安全等多种因素的影响，应合理选择，平均站距在 500～600 m，市中心区站距宜选择下限值，城市边缘地区和郊区的站距宜选择上限值；百万人口以上的特大城市，站距可大于上限值。

公交车辆中途停靠站的站距受交叉口间距和沿线客流集散点分布的影响，在整条线路上是不等的。市中心区客流密集、乘客乘距短，上下站频繁，站距宜小；城市边缘区，站距可大些；郊区线，乘客乘距长，站距可更大。设置公共交通停靠站的原则是应方便乘客乘车，并节省乘客总的出行时间。

一般而言，较长的车站间距可提高公交车的平均运营速率，并减少乘客因停车造成的不适，但乘客从出行起点(终点)到上(下)车站的步行距离增大，并给换乘出行带来不便；站间距缩短则反之，如图 6.3 所示。

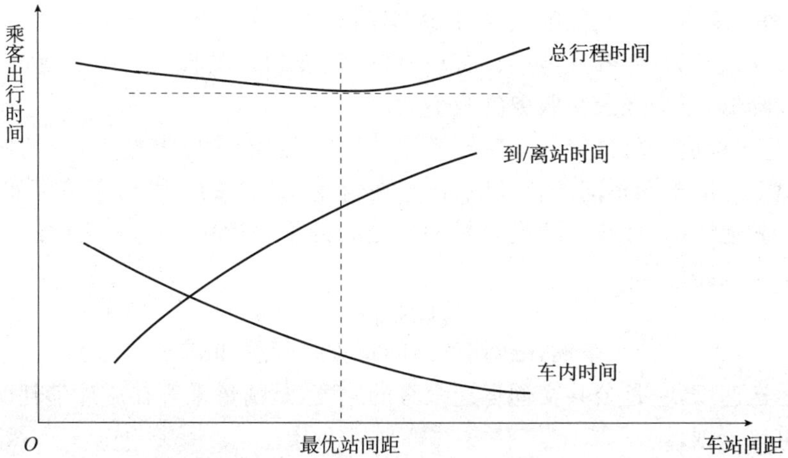

图 6.3　乘客出行时间与站间距的关系

6.4 公交车辆发展规划

公交车辆是承担城市公共交通运输任务的主体，城市公交车辆总规模和各条线路配车数的确定、各线路车型的选择和配备，直接关系到规划公交线网运能的发挥和线路的运输效率和经济效益，也是公交规划场、站、厂以及企业规模确定的依据。公共交通标准车以车身长度 7～10 m 的 640 型单节公共汽车为标准车。其他各种型号的车辆，按其不同的车身长度，分别乘以相应的换算系数，折算成标准车数。

科学、合理地确定城市公交车辆的总体发展规模，是城市公共交通规划中的一项重要内容，应综合考虑城市人口规模、城市客运需求、道路环境条件、公交车辆的营运速度以及满载率等因素。

6.4.1 公交车辆数的计算

1. 公交车辆数的计算参数

(1)车辆的载客量与满载系数。公共交通车辆的种类和大小很多，其载客量主要决定于车辆的载重量、车厢内座位数和站立面积的大小。一般市内公共交通的乘客在车内的时间不长，而城市道路又较为平坦，所以车辆内站立的人数能比坐的人多些，但对郊区线路和长途线路，坐的比例则应增加，甚至全坐。车辆满载系数(η)为实际载客量与额定载客量的比值，通常为 0.6～0.7。公交车辆的额定载客量，即车辆客位定员，包括车内座位数和有效站立面积上的站立人数，单位为人/车。每平方米站立人数的定额，反映车辆的服务水平，在一般可接受状态下，每平方米站立人数为 5～6 人，随着城市经济的发展和人民收入水平的提高，该定额值应逐步降低，以增强公交服务的吸引力。

(2)行车速度。公共交通车辆按固定线路行驶、沿途停靠站点，它的速度变化就与街道上一般车辆不同。公共电、汽车在营业线路上的三种行车速度如下：

①行驶速度(又称技术速度)，是两站之间的平均速度。通常所称的行驶速度是按照整条线路计算。

$$v_{行}=\frac{线路长度}{车辆在线路各站间行驶时间总和}(\mathrm{km/h})$$

②运送速度，它是公共交通运送乘客的速度，是衡量乘客在旅途消耗时间多少的一个重要依据。

$$v_{送}=\frac{线路长度}{车辆在线路各站间行驶时间与各站上停靠时间总和}(\mathrm{km/h})$$

车辆沿途停靠的总时间占车辆全线行驶和停站时间总和的25%～35%。这项时间的大小不仅影响到运送速度，还影响线路的通行能力。因此，缩短这个时间对乘客尤其是大城市的乘客，有很大的意义。目前我国公共电、汽车的运送速度，市区为15～16 km/h，郊区约大于20 km/h。

③运营速度，它是车辆在线路上来回周转的速度。

$$v_{营}=\frac{2\times 线路长度}{车辆在线路上一个来回的时间}(\text{km/h})$$

车辆在线路上一个来回的时间等于车辆在线路上来回行驶的时间、在中途各站停靠的时间以及在线路两端始末站停留时间的总和。运营速度高，车辆在线路上周转快，就会完成更多的客运任务。所以，它是标志客运工作好坏的一项重要指标，也是计算公共交通车辆拥有量的一项重要指标。

(3)平均运距。客运周转量与客运量之比，称为平均运距，单位为km，它表示乘客在一个运程中平均乘行的距离。平均运距可以分线路、分车行方向统计，也可以统计全市所有线路的平均运距(公交企业不包括换乘的业务统计平均运距)。

(4)客流量。客流量是与车行方向(上行、下行)和断面地点相关的，指一定时间内，沿同一方向通过线路上某路段的乘客人数。在计算客流量时必须标以单位时间和方向、断面地点。不同车向、不同断面、不同地点的客流量之和没有意义。

(5)客流方向不均衡系数。一条线路双向客流量之平均值与最大方向客流量之比，称方向不均衡系数。它表示一条线路在高峰小时内不同车行方向客流量的差异。方向不均衡系数一般按高峰小时最大断面客流量统计。在公共交通规划设计中，方向不均衡系数取值为1.2～1.4。

(6)断面不均衡系数。一条线路上单向最大断面客流量与平均断面客流量之比，称断面不均衡系数。它表示一条线路上客流量在各路段变化幅度的大小。如果不均衡系数较大，就要考虑调整线路或增加区间车。

(7)季节不均衡系数。一条线路上的客流量或全市的客流量，在一年各季度中是有变化的。季节不均衡系数一般取值为1.1～1.2，以旅游为主的线路和城市变化较为突出者，应根据实际情况考虑。

2. 公交车辆拥有量计算方法

公交线路车辆的运营速度直接影响到公交乘客乘车时间和车辆运行效率，公交车辆的实载率直接影响到公交的舒适程度，进而影响到人们出行时对公共交通的选择。为了保证公交车辆的运营速度和一定的实载率水平，除了道路交通条件外，必须有相应的公交车辆配备。公交车辆拥有量计算方法步骤如下：

(1)确定一辆车的生产率

它是指一辆车在单位时间内(一小时、一天或一年)所能完成的额定客运周转量(人公里)。

一辆车一小时的额定生产率计算公式为：

$$\frac{ML}{h_{额定}}=mv_{营} \tag{6.11}$$

式中 $\frac{ML}{h_{额定}}$——一辆车一小时的额定生产率,客位公里/h；

m——额定载客量(客位定员人数)；

$v_{营}$——运营速度,km/h。

实际上,公共交通车辆在线路运营时,不可能在整条线路上都满载,所以,它的小时有效生产率为

$$\frac{ML}{h_{有效}}=m\eta_{线}\ v_{营} \tag{6.12}$$

式中 $\frac{ML}{h_{有效}}$——公交车辆的小时有效生产率,客位公里/h；

$\eta_{线}$——线路平均满载系数。

一辆车一天的有效生产率为

$$\frac{ML}{d}=m\eta_{线}\ v_{营}\ h \tag{6.13}$$

式中 $\frac{ML}{d}$——一辆车一天的有效生产率,客位公里/h；

h——一辆车一天的营业小时数,通常为12～16 h。

(2)计算一条营业线路需要的营运车数

已知一条营业线路全日客运周转量(人公里),估算完成这些客运任务所需运营车数($W_{行}$)为

$$W_{行}=\frac{ML}{m\eta_{日}\ v_{营}\ h}(车辆数) \tag{6.14}$$

式中 ML——全日客运周转量,人公里；

m——车辆平均定员；

$\eta_{日}$——一天的平均满载率；

$v_{营}$——运营速度,km/h；

h——一辆车一天的工作小时数。

已知一条营业线路高峰小时单向客流量,则需配车数为

$$W_{行}=\frac{2\,l_{线}\cdot 60}{v_{营}\left(\frac{60}{n}\right)}(营运车辆数) \tag{6.15}$$

式中　$l_{线}$——营业线路长度，km；

$v_{营}$——运营速度，km/h；

n——小时需要发车次数(根据车型定员及小时单向客流量确定发车次数)。

从上述关系式中可以看出，公交车辆营运速度提高将有效减少线路上所需的营运车辆数，或者配备同样多的营运车辆，而能提供更优质的公交服务。公交车辆利用率提高则可以进一步减小公交车辆配备数，从而降低公交企业的经营成本，并减少公交车辆场站设施占地面积。

(3)计算全市公共电、汽车运营车数

计算公式为

$$W_{运营}=\frac{M \cdot L \cdot P \cdot \beta \cdot \gamma}{365 \cdot m \cdot v \cdot K \cdot \eta}\text{(运营车辆数)} \tag{6.16}$$

式中　M——公共电、汽车承担全年客运量，人次；

L——公共电、汽车平均运距，km；

P——高峰小时客运量占全日客运量比重；

β——客流方向不均衡系数；

γ——客流季节不均衡系数；

m——车辆平均定员；

v——平均运营速度，km/h；

K——高峰小时运营速度修正系数；

η——高峰小时车辆平均满载系数。

(4)计算在册车辆数

计算公式为

$$W_{在册}=\frac{W_{运营}}{\alpha} \tag{6.17}$$

式中　α——车辆利用率，通常在90%左右。

6.4.2　公交车辆的配置

在确定公交车合理的总体规模基础上，还要进行车型构成地结构性优化。公交车型选择应综合考虑城市的经济发展水平和居民的消费水平。应从量和质两方面，合理地配备车辆，保证公交规划线网整体运能的提高，以满足不同层次居民出行的要求，同时有利于公交企业提高公交服务质量和节约成本。

合理地进行公交线路的车型配置，不仅使居民出行尽可能地舒适便捷、提高公交运输的效率，而且可使公交线路的效益得到最好发挥。城市公交网络中各条公交线路的公交车型配置，必须将该线路的功能性质、所运输乘客的出行特点、运行道路的几何条件综合加以考虑。

公交车辆的车型选择应遵循以下原则:

(1)公交车辆的车型构成应与高水平的小康社会发展要求相适应。

近年来,我国城市居民物质和文化生活极大丰富,生活水平的提高必然带来人们出行需求在量和质两方面的增加。作为城市大众运输的主要方式,常规公交也要体现"以人为本",尽可能节省人们出行时的体力,使居民感到出行舒适便捷。

(2)公交线路的车辆配置应与公交线路服务功能相适应。

城市公交车辆的车型配备应考虑城市道路条件,在城区道路车道宽度较窄、转弯半径较小的路段运行的公交车辆应选用小型公交车,尤其在中心城区客流量较大但狭窄的街道上,或客流量不大、客流时段分布较均匀的线路,投入 8 m 级城市公交车是比较合适的;在城区内运营的线路一般乘距较短、客流较大,应根据客流量的特点选用额定载客量大、座位数相对较少的城市公交车;市郊线路由于乘距较长,应选用座位数较多的公交车,如果客流有时间不均匀性,可以通过调整发车间隔以适应不同时段的客流特点;旅游线路应采用高档车型,外观有吸引力,车内设施完善、座位数多、乘坐舒适、视野开阔。

6.5 快速公交系统规划

6.5.1 快速公交系统特性分析

快速公交系统(Bus Rapid Transit,简称 BRT)作为公共交通中的一种方式,其定义为:"一种灵活的、橡胶胎车辆的快速公共交通营运模式。它是由快速公交车站、快速公交车、服务、营运方式、智能公交系统(Intelligent Transport System,简称 ITS)等元素集成的系统。快速公交系统具有自己鲜明的特色,可以形成城市独特的形象。"简而言之,快速公交系统就是由人员、服务和各项相关措施集约而成的一个可以提升公交运营速度、可靠性和改善公交系统状况的一个综合公交运营体系。

BRT 作为一种介于轨道交通与常规交通之间的新型运营系统,它利用现代公交技术配合智能交通的运营管理,使传统的公交系统基本达到轨道交通的服务水平,而其投资与运营成本又较轨道交通低,而与常规公交接近。

从城市公共交通的角度来讲,BRT 最重要的目的是给予乘客优先权,而不是给予车辆优先权,所以 BRT 重视的是乘客的运送能力。在城市交通运输网络中,通过在主要的客运交通走廊给予公共交通车辆以优先权来达到高水平的乘客运送能力。BRT 在"公交优先"策略的指导下,提供高容量、高频率的服务,从而达到接近轨道交通的服务水平。通过提高公交车运营速度，为乘客节省时间，比增加道路容量来满足小汽车增长的要求所需的成本小很多。

快速公交系统是利用改良型的公交车辆，运营在公共交通专用道路上，既保持轨道交通特性，同时又具备普通公交灵活性的一种大容量、便利、快速的公共交通方式。它是由快速公交车站、快速公交车、服务、运营方式、智能公交系统(ITS)等元素集成的系统。

6.5.2　快速公交系统规划框架

BRT 规划是指根据城市发展规模、用地布局、道路网规划、公交规划(包括轨道交通规划)，在客流预测的基础上，确定城市主要客流走廊，布设 BRT 线路，确定相应的专用道形式、配车类型和数量、换乘枢纽和场站设施用地等，并对收费系统、交叉口信号优先、站点周边土地开发、公交管理政策等提出建议。

BRT 作为三层规划系统中的底层系统，不仅受到两个上层系统的制约，还受两个同等级层面的影响，从而增加了目标分析的范围和难度。我国过去的城市总体规划中的城市交通规划自上而下的规划模式(见图 6.4(a))已经难以适应日益活跃的各系统和不同地域、不同发展阶段的要求，因而提出了总体规划与交通规划相互协调的规划模式(见图 6.4(b))，并推广到与城市公共交通规划和 BRT 规划的协调。

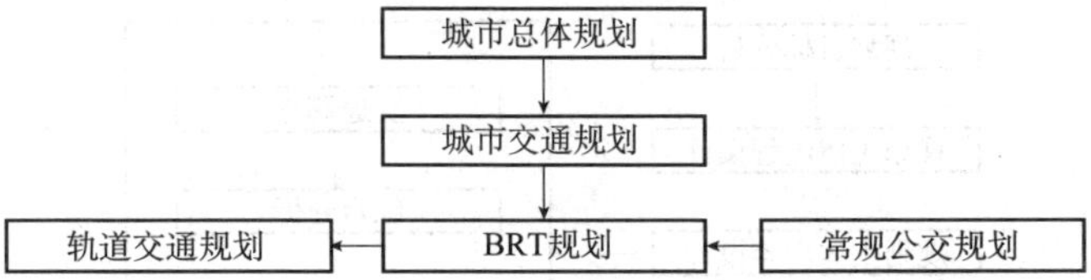

(a) 自上而下的规划模式

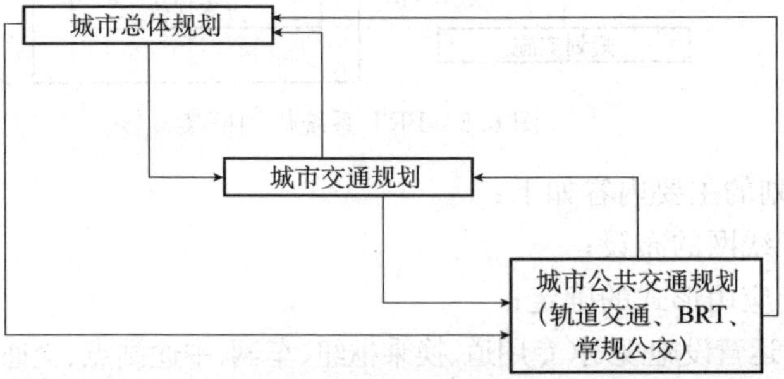

(b) 相互协调的规划模式

图 6.4　BRT 系统规划模式

规划的内涵和外延都是广泛和灵活的，规划的目标也是多样的。在国外，涉及交通规划的有关条文一般以指南或手册的形式提出，而很少有规范。BRT 规划一般可划分为：

(1)城市交通规划中的 BRT 规划。作为上层系统规划的一部分内容，一般属于狭义规划概念的范畴。

(2)独立的 BRT 系统规划。一般属于广义规划概念的范畴，目标分析是规划中的重要内容。特定城市的 BRT 系统规划需要根据城市的特点和性质，确定规划的目标。

BRT 系统规划的目标一般为：建立有效的 BRT 系统，作为解决城市交通问题的关键方法。

系统理论与方法是现代城市交通规划理论的基础。系统分析是一种态度和思想，是一种可以合理运用主观判断对弱结构化问题进行决策的方法。因此希望依赖系统分析寻求一个简洁固定的规划模式是不现实的。规范化的方法只能在特定的环境中，在实践经验的基础上暂时获得。就具体问题而言，可能给出规划的框架或流程，并可以随着问题外延的缩小而更加具体。

完整的 BRT 系统规划框架包括从规划目标分析、规划主体流程设计、规划主体内容设计、规划检验到规划实施的全过程。其中规划的主体部分又包括交通调查、综合分析、方案设计和方案评价四个步骤，如图 6.5 所示。

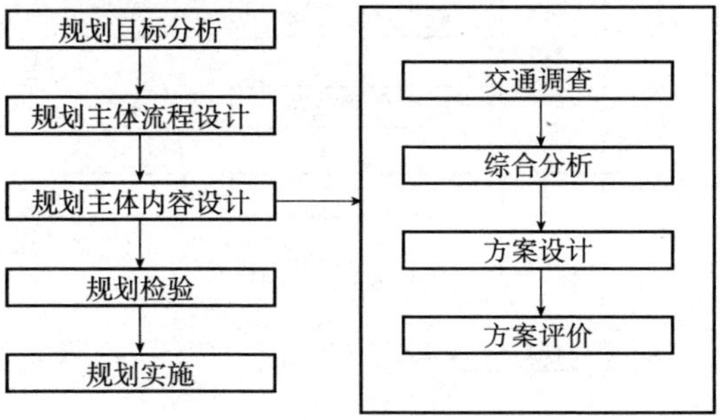

图 6.5　BRT 系统规划框架

BRT 规划的主要内容如下：

(1)BRT 线网的布设；

(2)BRT 应用形式的确定；

(3)BRT 运营设施规划(专用道、换乘枢纽、车辆、中途站点、交通工程、运营方式)；

(4)保障措施(管理政策、土地开发政策等)；

(5)BRT 规划方案评价。

城市快速公交系统专项流程如图 6.6 所示。

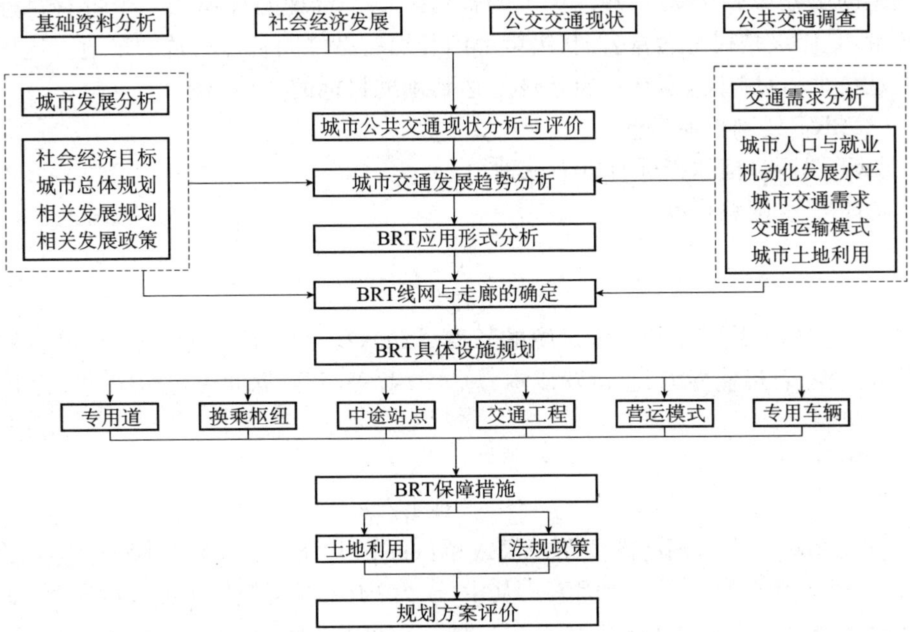

图 6.6　城市快速公交系统专项流程

6.5.3　快速公交系统线网规模

如何确定合理的 BRT 线网规模是城市规划部门、政府部门及 BRT 运营公司共同关心的问题。合理的 BRT 线网规模不仅是线网规划的宏观控制量，而且是一项至关重要的投资依据，向决策者提供决策的辅助依据。由于诸多不确定因素的影响，在实践工作中推求合理规模往往缺乏指导，多限于经验性总结且具体情况差异性大，带有较强的主观随意性，从而影响了后续工作（确定线网布局、网络结构优化、估算总投资量、总经营成本、总体效益等）的开展，影响了规划的准确性和可靠性，因此有必要进行对 BRT 线网的合理规模进行系统的研究，以提高 BRT 规划的稳定性。

下面将从 BRT 线网合理规模含义及规模指标描述、线网规模影响因素分析、确定方法现状分析等方面入手研究，并对相应方法进行改进。

（1）BRT 线网合理规模的含义

BRT 在交通特性上与轨道交通有着许多相似之处，因此其合理规模可以借鉴轨道交通的含义。即规模是从交通系统供给的角度出发，从一个侧面体现系统所能提供的服务水平。它主要以线网密度和系统能力输出来反映，其中系统能力输出又与系统的运营管理密切相关。规模合理性关系到建设投资、客流强度，也关系到理想的服务水平的设定、建设用地的长远控制。合理的规模是一个带有目标性质的量，它应该是权衡运营公司、决策部门和出行者之间各方利益的量值。这里的合理是一个相对概念，是在一定条件下达到预期目标的一种结果。

(2)BRT 线网规模指标

BRT 线网规模总指标有以下三种：

①BRT 线网总长度

$$L=\sum_{i=1}^{n} l_i$$

式中，l_i 为 BRT 线网中第 i 条走廊的长度(km)，L 反映了线网的规模，可以估算总投资规模、总运输能力、总运营成本、总体效益等，并可据此决定相应的管理体制与运作机制。

②BRT 线网密度

$$\sigma=L/S \text{ 或 } L/Q$$

式中，σ 是指单位人口拥有的线路规模或单位面积上分布的线路规模，它是衡量城市 BRT 服务水平的一个主要因素。其中：S 为 BRT 线网规划区面积(km^2)；Q 为 BRT 线网规划区的总人口(万人)。σ 只是一个总的 BRT 线网密度[(km/km^2)或(km/万人)]，实际中由于城市区域开发强度的不同，对交通的需求也不是相对均等的，往往是由市中心区向外围区呈现需求强度的逐步递减，因此线网密度也相应递减。评价 BRT 线网规模的合理程度需按不同区域(城市中心区、城市边缘区、城市郊区)分别求取密度。

③BRT 线网日客运周转量(人公里/日)

$$P=\sum_{i=1}^{n} p_i l_i$$

式中，P 为评估 BRT 系统能力输出的指标；p_i 为第 i 条 BRT 线路的日客运量；l_i 为 BRT 线网第 i 条线路的长度(km)。P 表达了 BRT 系统在城市客运交通中的地位与作用、占有的份额与满足程度。它涉及 BRT 运营企业的经营管理，是 BRT 线网长度、能源消耗、人力、BRT 专用道和车站设备维修及投资等生产投入因子的函数。所以，在一定程度上，BRT 线网的规模还可用能源总消耗量、产业总需求量、人力总需求量等反映生产投入规模的指标来表示，可根据需要选择使用。

(3)BRT 线网规模影响因素分析

由于 BRT 网络受各种纷繁复杂的外界环境因素制约，这也决定了城市 BRT 线网规模影响因素的多元化，因此，为了对线网规模做出合理预测，就应当对其影响因素进行综合分析，分清主次关系、影响程度大小和各因素的联结关系等。

线网规模取决于城市规模、城市形态以及社会经济发展水平等诸多因素，换言之，一个城市 BRT 线网的总体规模无疑应当与上述客观条件相匹配，否则无法保证线网运营的整体社会经济效益。因此其合理规模的影响因素有：城市发展规模、城市交通需求、居民出行特征、城市未来交通发展战略与政策、国家政策等。其中，城市发展规模又包含城市人口规模、城市土地利用规模、城市经济发展水平、城市基础设施规模四个方面。

①城市交通需求

城市交通需求是居民对交通基础设施的需要程度。交通需求的大小，尤其是城市居民公共交通需求的大小，是决定 BRT 线网规模最直接和最具有决定意义的因素。表现城市交通需求的指标有城市居民的出行强度、城市公共交通总出行量等。

②城市规模形态和土地使用布局

城市规模包含城市人口规模、城市用地规模、城市经济发展水平、城市基础设施规模四个方面。人口规模决定了城市交通出行的总量，城市用地规模（面积）影响了居民出行时间和距离，即城市规模决定了城市的交通需求，也就影响到 BRT 规模。但是仅以城市人口和面积规模为拟合因子建立回归模型是缺乏说服力的，城市社会经济发展水平是实现 BRT 建设的经济基础。虽然 BRT 建设成本相对轨道交通来讲要少很多，但是要在短期内建成其投入的资金需求量也很大。因此建设 BRT 系统一定要和城市自身的经济实力相符合。此外，城市的基础设施规模也是 BRT 系统的一个影响因素，体现为城市政府对基础设施的投资力度。

城市形态和土地利用也是影响到 BRT 规模的因素。城市的形态有多种，分为带状、中线组团式、分散组团式等。不同的城市形态和用地布局决定了居民出行的空间分布，也就决定了 BRT 线网的几何空间形态、长度以及规模。带状城市的城市主客流方向比较单一，主要沿着狭长带的方向，BRT 线网也主要沿着城市狭长带的方向布设；分散组团式城市要求 BRT 走廊将其各个组团紧密连接，以缩短组团之间的出行时间，使其成为一个整体。

③国家政策

我国大规模的基础设施建设项目都是由国家和当地政府共同出资兴建的，因此国家的政策导向对可以兴建的 BRT 的规模有直接的影响。

④线网长度规模指标的确定

线网长度规模指标的确定方法主要有服务水平法、出行需求分析法、吸引范围几何分析法、回归分析法，下面主要介绍服务水平法。

服务水平法先将规划区分为几类，例如分为中心区、中心外围区及边缘区，然后或类比其他 BRT 系统发展比较成熟的城市的线网密度，或通过线网形状、吸引范围和线路间距确定线网密度，来确定城市的线网规模。这是从服务水平着手的分析方法。高密度低运量与低密度大运量的选择决定了对服务水平的取舍，从现实的经济水平考虑，倾向于投资较少的方案，同时必须考虑乘客要求不断提高服务水平的矛盾。这种方法的优点是借鉴了其他城市的经验，计算简单。但是存在类比依据不足，让人难以信服的缺陷。因为目前各城市的 BRT 系统都处于发展阶段，并未形成一个完整的系统；同时影响一个城市的 BRT 线网规模的因素很多，要借鉴其他城市的网络密度来进行类比分析，需得两个城市中影响网络规模的许多因素至少基本相同才具有可比性。但在现实中，很难找到两个在多方面都相近的城市。即使有，也很难说就可以拿来作为本城市设计网络规模的依据，因为被类比城市本身的网络规模就可能是不完善甚至是不合理的。因此，用这种方法很难得出一个令人信服的结果，只能作为参考。

6.5.4 快速公交系统线网布局方法

目前进行 BRT 线网布局阶段的方法主要还是以四阶段法为主，通过对定量分析的改进，形成了以下基本思路：拟定多个可行路网方案、基于四阶段法进行客流预测、方案评价择优。

总的来说，在我国 BRT 线网规划的主体思路已经形成，但就某些关键环节来说，依旧众说纷纭，缺乏有效的分析工具及方法。

1. BRT 初始线网布设

当确定了 BRT 线网的合理规模后，需要进一步进行线网方案构架。BRT 初始线网是在城市总体规划和道路网规划的前提下，分析 BRT 系统需要达到的目标，充分考虑各种影响因素提出来的，用以后续客流测试和最终评价的基础。

BRT 规划是多目标的协调优化过程，是寻求所要解决的决策问题中技术因素和政策因素合理平衡，使决策结果建立在技术和政策两方面基础上的过程。尽管国内外各城市规划人员构思初始线网的具体思路、出发点不同，但线网组织的主要原则万变不离其宗：即以覆盖主要交通走廊和主要集散点为主旨。这恰恰印证了 BRT 重点解决的是重要交通走廊和主要客流集散点的交通出行问题这一思想。在线网规划要满足城市客流分布的内在规律的同时，也要认识其对城市发展的导向作用，因为交通运输方式、线路与城市用地布局是呈相互反馈作用的。但是同时要避免过度强调 BRT 对城市发展的引导作用。

在我国目前的规划实践中，缺少线网架构组织的定量辅助工具，规划人员往往陷入过多依赖城市人口就业分布、城市发展方向，凭经验构思方案的境地。

2. 潜在交通出行走廊的识别

(1)经验判断法

根据城市人口与岗位分布情况，设定影响范围，通过对线网覆盖率的判断来确定线路的走向。此法比较简单，只需要将人口与岗位分摊到交通小区中并打印出相应的人口与岗位分布图，在此图上根据经验判断画出线路走向。这种方法目前使用较多，但仅考虑了人口密度的分布情况，忽视了人员出行行为的不同，因此在线网布设时可能与实际客流方向不完全吻合。

(2)出行期望径路图法

规划年出行预测得到远期全人口、全方式OD矩阵；将远期OD矩阵按距离最短路分配到远期道路网上得到出行期望流量图；按出行期望流量图上的交通流量选线，产生初始线网。

(3)两步聚类识别法

先通过动态聚类，将所有的交通流量对分类成20～30个聚类中心，而后通过模糊聚类法，以不同的λ截矩阵选择合适的分类，并进行聚类计算，最后可获得交通的主流向及流量，并结合走廊布局原则及方法确定主要交通走廊。

(4)期望线网法

这是由法国SYSTRA公司与上海市城市规划设计研究院合作进行上海轨道交通规划时采纳的方法。此法借助于上海交通所开发的交通预测模型，也可称为蜘蛛网分配技术。这里的期望有别于城市交通规划中通常使用的期望线，更多地考虑了小区之间的路径选择，期望线网可以清晰地表达交通分区较细情况下理想的交通分布状况。它是连接各交通小区的虚拟空间网络，在该网络上采用全有全无分配法将公交OD矩阵进行分配，从而识别客流主流向，确定交通走廊。

3. 主要枢纽点的确定

确定BRT线网初始方案的走向之后，关键是确定BRT线网枢纽点的位置，这种由“枢纽到网络”的做法改变了传统由“网络到枢纽”规划方法，缓解了换乘不便造成的种种弊端，使产生的初始线网的站点与大型客流集散点很好地衔接，这有利于最大限度地吸引客流。

城市客运枢纽点包括两大类：一类是确定型枢纽点，一类是待定型枢纽点。确定型枢纽点是由城市总体规划确定的大型客流集散点，待定型枢纽点是城市范围内换乘量大的地点。

对于组团式结构的城市而言，确定型枢纽点主要包括以下五类：①行政中心点，如市中心、区中心；②交通枢纽点，如火车站、机场、客运港口、公交站场；③文化商业点，如大型的公园广场、旅游点、体育场馆、大型商业中心、商业街等；④大型企业点，如大型工矿企业和事业单位等；⑤大型社区点，如居住人口在10万人以上的居住中心等，把上述5类确定型枢纽点分别列出，分析各客流枢纽点的相对重要度K_i，排定确定型城市客流枢纽点在城市中的地位，从而确定BRT线网初始方案中枢纽站点的设置。

确定型客流枢纽点的相对重要度指标应体现现状的客流量、在城市中的重要性以及城市发展规划中的地位,因此确定型枢纽点相对重要度指标K_i为

$$K_i=\alpha_i \cdot \beta_i \cdot V_i/\max(v_j)(j=1,2,\cdots\cdots,n)$$

式中,K_i为第i个客流枢纽点的相对重要度指标;α_i为第i个客流枢纽点在城市中的区位系数;β_i为第i个客流枢纽点在城市发展规划中的地位;V_i为第i个客流枢纽点现状的日均客流量;n为城市大型客流枢纽点的总数。其中,α_i和β_i由专家评判法综合确定,在0～1之间取值。由确定K_i的大小,确定客流枢纽点在城市中的重要性,对于K_i值大的在确定BRT线网初始方案的枢纽站点时优先考虑。

BRT枢纽站点的设置除了应考虑城市确定型枢纽站点外,同时应考虑待定型枢纽站点。对于待定型枢纽站点来说,BRT枢纽站点设置的位置至少包括两个方向或两种方式的客运交通线路,通常位于道路网的节点附近,从某种程度上说,分析BRT待定型枢纽站点的选址问题就转变成选择道路网节点的问题。道路网节点既是道路的交叉点,同时也是该点周围用地交通生成量和吸引量的集中点。城市用地的交通生成量和吸引量,分摊到路网的各个节点上,各点都有交通需求。

待定型枢纽点选址方法的基本思路是:在简化的城市道路网上,从i节点出发到j节点,按广义最短路径寻找最短路径和次短路径,记录下各路径的节点号,并累计记录各节点按最短路径和次短路径经过的次数E,由此分析城市道路网络节点的重要度指标,按节点重要度由大到小排列道路网节点,结合城市用地规划综合决策BRT枢纽站点的设置。

4. 具体走廊的选择

在BRT线网的初始线网确定后,需要确定具体的BRT走廊,而为了保证BRT运行的快速性,其所运行的走廊至少需要具备以下基本条件:

(1)道路条件

BRT走廊需要设置公交专用车道以提供专有路权,因此其单向应具备两条以上的机动车道,一条作为公交专用车道,其余的车道供其他机动车使用,若单向具备3～4条车道更佳。

(2)交通条件

设置公交专用车道的道路,公交流量应达到一定的标准(占总流量的比例大于20%),一方面可使专用道绿灯信号能得到较为充分的利用;另一方面应保证公交车在交叉口前能消除两次排队现象。另外,对于公交客流量也有一定的要求,其具体标准可以参考我国城市发展水平比较接近的国外城市来确定。

6.6　相关标准与规范

(1)国务院关于城市优先发展公共交通的指导意见

《国务院关于城市优先发展公共交通的指导意见》是国务院于2012年12月29日发布的一个文件。

其中明确了公共交通的总体发展目标为：通过提高运输能力、提升服务水平、增强公共交通竞争力和吸引力，构建以公共交通为主的城市机动化出行系统，同时改善步行、自行车出行条件。要发展多种形式的大容量公共交通工具，建设综合交通枢纽，优化换乘中心功能和布局，提高站点覆盖率，提升公共交通出行分担比例，确立公共交通在城市交通中的主体地位。

科学研究确定城市公共交通模式，根据城市实际发展需要合理规划建设以公共汽(电)车为主体的地面公共交通系统，包括快速公共汽车、现代有轨电车等大容量地面公共交通系统，有条件的特大城市、大城市有序推进轨道交通系统建设。提高城市公共交通车辆的保有水平和公共汽(电)车平均运营时速，大城市要基本实现中心城区公共交通站点500 m全覆盖，公共交通占机动化出行比例达到60%左右。

(2)《城市道路公共交通站、场、厂工程设计规范》(CJJ/T 15—2011)

根据原建设部《关于印发〈2005年工程建设标准规范制订、修订计划(第一批)〉的通知》(建标〔2005〕84号)的要求，规范编制组经广泛调查研究，认真总结实践经验，参考有关国际标准和国外的先进标准，广泛征求了各方意见，在原行业标准《城市公共交通站、场、厂设计规范》(CJJ 15—1987)的基础上，修订了本规范。

①为使城市道路公共交通站、场、厂等设施与城市发展相适应，做到因地制宜、布局合理、技术先进、经济适用，保障城市道路公共交通安全高效运营，制定本规范。

②本规范适用于新建、扩建和改建城市道路公共交通的站、场、厂的工程设计。

③城市道路公共交通站、场、厂应纳入城市总体规划和综合交通规划。

④城市道路公共交通站、场、厂的设计应有利于保障城市道路公共交通畅通和安全，节约资源和用地。在需设置公共交通设施的用地紧张地带，宜以立体布置为主，并可进行土地的综合开发利用。

⑤城市道路公共交通站、场、厂应与城市轨道交通、快速公交和对外交通系统进行一体化设计。

⑥城市道路公共交通站、场、厂的设计除应符合本规范外，尚应符合国家现行有关标准的规定。

(3)《城市对外交通规划规范》(GB 50925—2013)

为了科学、合理地编制城市对外交通规划，提升城市功能，优化空间布局，建设高效、便捷、安全、经济的城市对外交通系统，制定该规范。该规范适用于城市总体规划阶段的对外交通规划。

编制城市对外交通规划应符合下列规定：

①贯彻资源节约、环境友好和以人为本的原则，倡导绿色交通，促进经济、社会的可持续发展。

②城市对外交通规划应与周边区域发展、城市功能、空间布局相协调，符合城市长远发展要求。

③城市对外交通系统应与城市交通合理衔接，增强对外交通枢纽的整体功能，提高综合交通运输系统的安全和效能。

④城市对外交通设施应综合设置，满足城乡统筹发展要求，并应适当预留发展空间。

第7章 航空运输系统规划

随着民航运输市场和运输规模的不断扩大，以及得益于信息技术的快速发展，航空运输已经由当年“飞机＋跑道”就可以进行飞行运输的简单生产方式，发展成为当今具有严格规范的行业管理体系和生产管理体系的航空运输系统。航空运输系统是系统的系统，它包含拥有先进跑道与设施设备配套齐全的机场系统、专业化机队和复合式航线网络的航空公司及基于卫星通信导航和协同决策机制的空中交通管理系统。同时，随着互联网、大数据以及人工智能技术的兴起，未来航空运输系统也会向智能化方向发展，届时飞行更加理想、更加智慧，行业各部门高度协调、协作运行，从而构成智能化的航空运输系统，实现航空运输一体化、智能化运行。

7.1 航空运输系统规划概述

7.1.1 航空运输系统的构成

航空运输系统由三个部分组成：机场子系统、航空公司子系统和空中交通管理子系统。机场构成航空运输网络的节点，空中交通管理部门保障网络路线的形成与正常运转，而航空公司在由机场与空管部门构成的运输网络上，完成航空运输生产。通过三大基本系统的合理分工、紧密合作和协调运行，形成了现代航空运输系统。

7.1.2 民用机场的分类

根据《中华人民共和国民用航空法》，民用机场指专供民用航空器起飞、降落、滑行、停放以及进行其他活动使用的划定区域，包括附属的建筑物、装置和设施。由于机场所在区域的社会经济发达程度不同，机场所在城市的政治、经济和国际地位不同，因而各机场的设施规模、经营规模及在航线网络中的角色与地位差异很大。根据分类依据和目的不同，民用机场可分为多种不同的类型。

1. 按服务对象划分

2005年中国民用航空总局(以下简称民航局)颁布的《民用机场使用许可规定》中把民用机场分为公共航空运输机场和通用航空机场两大类。

公共航空运输机场简称为运输机场，泛指提供定期或不定期客货航班运输服务的民航运输机场。在这类机场中，不包括通用航空机场，但有部分机场属于军民合用机场，从长远来看，军用机场将会和民用机场完全分离。

通用航空机场主要用于通用航空飞行服务，指使用民用航空器从事公共航空运输以外的民用航空活动而使用的机场，包括可供飞机和直升机起飞、降落、滑行、停放的场地和有关的地面保障设施。

2. 按航线性质划分

按航线性质划分，可分为国际航线机场（国际机场）和国内航线机场（国内机场）。

国际机场是为国际航班出入境而指定的机场，通常指提供国际和国内定期与不定期客货运输航班服务的民用运输机场。国际机场必须设有海关、边防检查（移民检查）、卫生检疫和动植物检疫等政府派出机构，代表所在国政府行使相关职能。

国内航线机场是专供国内航班使用的机场。

3. 按机场在民航运输网络系统中所起作用划分

按机场在民航运输网络系统中所起作用划分，可分为枢纽机场、干线机场和支线机场。

20 世纪 70 年代后期，美国政府出台航空放松管制政策，随后 20 世纪 80 年代初美国国内民航运输市场出现激烈竞争，部分大型航空公司为了提高航班载运率以降低成本增加利润，开始对航线网络结构进行战略调整，采用所谓的“中枢辐射式”航线结构代替传统的“城市对”航线结构，从而形成了枢纽机场的概念。

所谓枢纽机场，从功能上来看，是指那些能够在较短时间内将来自世界各地不同地方的客货源通过机场内航班调配分拨后运输至其最终目的地的机场。相对其他一般机场而言，枢纽机场具有区位优势突出、超强集散和中转优势等特点。

干线机场主要分布在各直辖市、省会、自治区首府以及一些重要城市或旅游城市，它分别与枢纽机场和支线机场连接形成干支线相结合的航线网络。

支线机场空运量较少，通常都是小型机场，主要分布在边远地区或地市级小型城市，它与省会城市机场或其他支线机场连接，航线多为本省区内航线或邻近省区支线。

4. 按乘客行为划分

按乘客行为划分，可分为始发/终程机场、经停机场和中转机场。

始发/终程机场分别是航线的起始节点和目的地节点，始发和终程是乘客行为的表现，乘客流量具有方向性。

经停机场即航线的经停点，目的是飞机加油、及时检查或通过乘客的补给而提高航班客座率。一般停驻时间很短，经停过程中，有部分到达目的地的乘客下飞机离港，有部分没有抵达目的地的乘客会做短暂的停留再和新乘客一起登机，开始后续航班的旅程。

中转机场是乘客完成中转航班过程中不同航班之间的衔接机场。所谓中转航班是指航空公司将航班资源进行有效的组合，将乘客从始发地经一个或多个中转地运送至目的地，同时可以最大限度地发挥航空运输方便、快捷的优势，给乘客提供更多的便捷和实惠。乘客行为表现为从起始地出发完成某航班飞行后，立即转乘其他航线的航班飞机飞往目的地。

7.1.3　民用机场的等级

为了合理地配备机场的人员和相应设施，以保障飞机安全、有序和正点起降，促进优质服务并提高经济效益和社会效益，必须给民用机场划分等级。可按不同要求进行民用机场的等级划分。

1. 飞行区等级

跑道的性能及相应的设施决定了什么等级的飞机可以使用这个机场，机场按这种能力的分类，称为飞行区等级。《民用机场飞行区技术标准》(MH 5001—2013)规定机场飞行区等级应按指标Ⅰ和指标Ⅱ进行分级，机场飞行区指标Ⅰ和指标Ⅱ应按拟使用该飞行区的飞机的特性确定。飞行区指标Ⅰ按拟使用该飞行区跑道的各类飞机中最长的基准飞行场地长度，分为1、2、3、4四个等级，根据表7.1确定。飞机基准飞行场地长度指飞机以核定的最大起飞质量，在海平面、标准大气条件、无风和跑道纵坡为零的条件下起飞所需的最小场地长度。

表7.1　飞行区指标Ⅰ

飞行区指标Ⅰ	飞机基准飞行场地长度(m)
1	＜800
2	800～1 200(不含)
3	1 200～1 800(不含)
4	≥1 800

飞行区指标Ⅱ按拟使用该飞行区跑道的各类飞机中的最大翼展或最大主起落架外轮外侧边的间距，分为A、B、C、D、E、F六个等级，两者中取其较高要求的等级，根据表7.2确定。

由指标Ⅰ和指标Ⅱ确定的飞行区等级其意图是提供一个简单的方法，将有关机场特性的许多规范相互联系起来，为打算在该机场上运行的飞机提供一系列与之相适应的机场设施。常用机型对应的飞行区等级见表7.3。

表 7.2 飞行区指标Ⅱ

飞行区指标Ⅱ	翼　展(m)	主起落架外轮外侧边间距(m)
A	<15	<4.5
B	15~24(不含)	4.5~6(不含)
C	24~36(不含)	6~9(不含)
D	36~52(不含)	9~14(不含)
E	52~65(不含)	9~14(不含)
F	65~80(不含)	14~16(不含)

表 7.3 常用机型与飞行区等级的匹配关系

飞机型号	飞行区等级
A320,A321,B737,B727	4C
A300,A310,B767	4D
A330,A340,B747,B777	4E
A380,B747-8	4F

2. 跑道导航设施等级

依据《民用机场飞行区技术标准》(MH 5001—2013),跑道导航设施等级按配置的导航设施能提供飞机以何种进近程序飞行来划分。

(1)非仪表跑道(non-instrument runway)——供飞机用目视进近程序飞行的跑道。

(2)仪表跑道(instrument runway)——供飞机用仪表进近程序飞行的跑道。其中又分为:

①非精密进近跑道——装有目视助航设备和为直线进入至少提供方向引导的非目视助航设备的仪表跑道。

②Ⅰ类精密进近跑道——装有仪表着陆系统和(或)微波着陆系统以及目视助航设备,供决断高不低于 60 m 和能见度不小于 800 m 或跑道视程不小于 550 m 时飞行的仪表跑道。

③Ⅱ类精密进近跑道——装有仪表着陆系统和(或)微波着陆系统以及目视助航设备,供决断高低于 60 m 但不低于 30 m 和跑道视程不小于 300 m 时飞行的仪表跑道。

④Ⅲ类精密进近跑道——装有仪表着陆系统和(或)微波着陆系统引导飞机至跑道并沿其表面着陆滑行的仪表跑道,其中:

a. ⅢA——用于决断高小于 30 m 或不规定决断高以及跑道视程不小于175 m 时运行;

b. ⅢB——用于决断高小于 15 m 或不规定决断高以及跑道视程小于 175 m 但不小于 50 m 时运行；

c. ⅢC——用于不规定决断高和跑道视程时运行。

注：目视助航设施不一定与所设置非目视助航设施的规模相匹配，选择目视助航设施的准则取决于所拟运行的各种状况。

3. 机场消防保障等级

机场消防保障等级反映了机场所具备的与使用该机场最高类别的航空器相对应的消防救援能力。机场消防保障等级根据该机场起降的最高类别航空器机身长度、宽度和起降频率(一年连续最繁忙的 3 个月内的起降次数)确定。据《民用航空运输机场飞行区消防设施》(MH/T 7015—2007)规定按机身长度、宽度共划分为 10 个等级，见表 7.4。

表 7.4 按航空器机身长、宽度划分的消防保障等级

消防保障等级	机身全长(m)	机身最大宽度(m)
1	0～9(不含)	2
2	9～12(不含)	2
3	12～28(不含)	3
4	18～24(不含)	4
5	24～28(不含)	4
6	28～39(不含)	5
7	39～49(不含)	5
8	49～61(不含)	7
9	61～76(不含)	7
10	76～90(不含)	8

按航空器起降频率调整消防保障等级的原则为：

(1)当使用该机场最高类别的航空器在最繁忙的连续 3 个月内起降架次大于或等于 700 次，采用表 7.4 中相对应的消防保障等级；起降架次小于 700 架次的，则相对于表 7.4 的消防保障等级最多降低一级。

(2)当最高类别航空器的机身长度和宽度不在同一等级的，应按高的一级确定消防保障等级。

7.1.4 航空公司的分类

根据《中华人民共和国民用航空法》第九十一条和 2004 年民航局颁布的《公共航空运输企业经营许可规定》中的界定，航空公司是一种“公共航空运输企业”，是

“以营利为目的使用民用航空器从事乘客、行李、货物、邮件运输的企业法人”。

随着社会、经济和科学技术的发展，航空公司的战略定位、市场规模、经营模式、营销能力在不断发展和调整，因而航空公司在民航运输市场中的地位和作用也随之产生差异。根据分类依据不同，航空公司可分为多种不同的类型。

1. 按资产结构分类

随着我国的经济体制改革，我国航空公司的资产出现多元化结构，目前主要有以下几类：

(1)国有航空公司。国有航空公司的资产主要来源于中央政府投资，由国家控股和中央政府管理，如中国国际航空股份有限公司、东方航空股份有限公司和南方航空股份有限公司。三大国有航空公司是我国航空运输的主体力量，其中，中国国际航空公司是我国的“旗舰”航空公司。

(2)地方航空公司。1980 年我国民航体制改革后，为了鼓励地方政府参与建设民航的积极性以加快我国民航建设，我国开始出现“地方航空公司”，主要是指由省级政府参与投资和管理的航空公司，如厦门航空公司、山东航空公司、海南航空公司、上海航空公司等。随着我国民航体制改革的深入，地方航空公司的资产结构也逐步出现多元化，地方政府的投资主体地位出现了变化。大多数地方航空公司的特点是，主要由省市政府出资控股，以省会城市为基地布局航线网络，以服务地方经济的国内航空运输为主。

(3)民营航空公司。民营航空公司主要是指民间资本(而非国有资本)控股的航空公司。2004 年我国首家完全民间资金筹建的鹰联航空有限公司成立后，以及 2004 年底民航局《公共航空运输企业经营许可规定》和 2005 年 4 月民航局《国内投资民用航空业规定(试行)》的出台，极大地激发了我国民间资本投资民航运输业的热情，先后批准成立了如春秋、奥凯、祥鹏、幸福、鲲鹏等 10 多家民营航空公司。民营航空公司的主要特点是，公司资本主要来自民间经济实体，以经营支线民航客货运输业务为主。

2. 按经营航线类别分类

根据我国航空公司的市场规模和航线网络结构，航空公司可以分为三类：

(1)国际航空公司。国际航空公司主要是指经国家授权，在经营国内民航运输业务的同时经营国际航线运输业务的航空公司。

(2)干线航空公司。干线航空公司指主要以经营北京、上海、广州至各省会城市以及省会至省会城市之间航线为主的航空公司。

(3)支线航空公司。支线航空公司指以经营省级以下城市之间航线为主的航空公司，通常都是小型航空公司。

3. 按经营业务分类

根据所从事的业务范围，航空公司可以分为：

(1)运输航空公司。运输航空公司通常是以乘客运输为主、客货运输业务兼营的航空公司。

(2)货运航空公司。货运航空公司指只经营航空货物或航空邮件运输业务，包括航空快递业务。如中国货运航空有限公司是我国首家专营航空货运的企业；中国国际货运航空有限公司是中国唯一载有国旗飞行的货运航空公司，主要经营全球航空货运业务；中国货运邮政航空公司经营业务则以航空邮件和航空快递为主；顺丰航空有限公司以提供快件产品的空运服务全力保障顺丰快递业务。

(3)通用航空公司。通用航空公司是指从事通用航空业务的航空公司。我国2007年2月14日开始实施的《通用航空经营许可管理规定》的第五条对通用航空企业的经营项目进行了分类。甲类，包括陆上石油服务、海上石油服务、直升机机外载荷飞行、人工降水、医疗救护、航空探矿、空中游览、公务飞行、私用或商用飞行驾驶执照培训、直升机引航作业、航空器代管业务、出租飞行及包机飞行等；乙类，包括航空摄影、空中广告、海洋监测、渔业飞行、气象探测、科学实验、城市消防、空中巡查等；丙类，包括飞机播种、空中施肥、空中喷洒植物生长调节剂、空中除草、防治农林业病虫害、草原灭鼠，防治卫生害虫、航空护林、空中拍照等。

4. 按为乘客提供服务的模式分类

依据航空公司为乘客提供的服务模式，一般分为全服务航空公司、低成本航空公司和高端服务航空公司。

(1)全服务航空公司

全服务航空公司的运营具有以下特点：

①全服务航空公司的枢纽往往选择经济繁荣与人口密集的特大城市的机场，采用波音与空客、宽体机与窄体机优势互补的混合机队，将基地机场构建中枢辐射式航线网络的枢纽，所以又称其为网络型航空公司。

②公务舱、头等舱乘客是其重点目标乘客且是利润的主要来源，经济舱乘客作为弥补成本的需要，也同样会受到重视。

③重视开展常乘客计划，为丰富其航线网络及提高网络收益，相互之间实行代码共享，并纷纷加入了三大航空联盟。

④实行多等级不同舱位的票价体系，依靠代理人或旅行社销售、电子客票和网上订票等多种销售渠道。

⑤客舱按照头等舱、公务舱与经济舱三舱布局并配备相应的空乘人员，免费提供个性化的餐食、娱乐设施等全面的服务，所以称其为全服务航空公司。

(2)低成本航空公司

低成本航空公司的运营具有以下特点：

①选择二线非繁忙机场作为基地，采用同机型窄体机的单一机队，不刻意构建枢纽，根据市场需求开通以短途为主的点对点航线。

②对票价极为敏感的观光休闲乘客是其主要目标乘客，但从不拒绝公商务乘客。

③几乎不开展常乘客计划，没有代码共享，也不加入航空联盟。

④实行单一的低票价，时常推出震撼的超低票价或零票价作为"卖点"，以网上销售等直销方式为主。

⑤客舱实行纯经济舱单一布局，基本不提供机上服务，几乎没有娱乐设施，个别服务如餐食、饮料等需要收费。

(3)高端服务航空公司

高端服务航空公司的运营具有以下特点：

①高端服务航空公司所在国家或地区的人口并不一定众多，大都通过创造外来的市场需求在总部城市构建枢纽航线网络。机型均采用空客与波音最新的宽体机混合机队，不断更新机队，机型配置基本一致。

②头等舱乘客、公商务乘客是其主要目标乘客和利润来源，兼顾休闲乘客。

③极为重视常乘客计划，实行代码共享。

④与全服务航空公司一样实行多等级的票价体系，主要依靠代理人或旅行社销售，重视发展电子客票和网上订票。

⑤地面与客舱的豪华高端服务是其典型特征和"卖点"，空乘人员、座位、餐食、娱乐等都追求最高端的配置。

7.2 民用机场体系规划

7.2.1 民用机场的布局规划

1. 全国民用机场布局规划的编制与修订

机场布局规划主要解决民用机场空间布局及功能结构问题，通过统筹兼顾、科学布局、完善结构、合理定位来指导机场的建设和发展，实现资源的优化配置和有效利用，增强我国民航事业的可持续发展能力。同时，编制全国民用机场布局规划也是加强民航业宏观调控的重要手段。

在《全国民用机场布局规划》(2008 年)施行过程中，我国机场稳步强劲地发展。机场数量显著增加，机场密度逐渐加大，机场服务能力稳步提升。但机场总量不足、布局不尽合理等问题还较为突出，难以满足综合交通运输体系建设和经济社会发展的需要，无法适应国家重大战略实施和广大人民群众便捷出行的要求，亟须进行修编。因此在《全国民用机场布局规划》(2008年)的基础上，按照统筹推进“五位一体”总体布局和协调推进“四个全面”战略布局，以及创新、协调、绿色、开放、共享发展理念的总体要求，结合“一带一路”、京津冀协同发展、长江经济带三大战略，从综合交通运输体系发展考虑，对民用运输机场建设数量、空间布局等进行了调整完善，提出了《全国民用运输机场布局规划》(2017年)，规划目标年为2025年，展望到2030年，在实施过程中将根据民航运输内外部条件和环境的变化，适时进行必要的修订和调整。

2. 机场群

面对发展机遇，加快新时代民航强国建设，《全国民用机场布局规划》(2008年)提出了构筑规模适当、结构合理、功能完善的北方、华东、中南、西南、西北五大区域机场群的发展战略规划，提出了一种全新的机场体系规划理念——机场群。随后在2011—2017年，机场群这一全新规划理念在国家战略中从提出、完善到更高要求和目标的实现，发生了一系列的变化、提升和发展。

《中国民用航空发展第十二个五年规划》(2011年)中对建设机场群提出更高的要求和目标：促进珠三角、长三角、京津冀等区域经济发展，提升区域机场合作以及功能互补，形成区域联动的多机场发展体系；2014年全国民航工作会议中提出主要任务之一：进一步完善航线网络，加快大型国际航空枢纽建设，以京津冀、长三角、珠三角等地区为重点，构建协同运行的机场群；《关于进一步深化民航改革工作的意见》(2016年)中提出改革任务之一：以北京、上海、广州等大型国际枢纽为核心整合区域机场资源，实现区域机场一体化发展，服务国家打造京津冀、长三角和珠三角等世界级城市群，建设三大世界级机场群；《中国民用航空发展第十三个五年规划》(2016年)提出构建国家综合机场体系，《“十三五”现代综合交通运输体系发展规划》(2017年)提出完善运输机场功能布局的建设任务，强调建设京津冀、长三角、珠三角世界级机场群。

梳理上述我国机场群发展目标后发现，一方面机场群依托的空间范围发生了变化，由原先基于我国民航地区管理局的现行行政管辖范围，依次转变为依托三大经济都市圈，最终为打造三大世界级城市群服务；另一方面提出更高的要求和目标——构建协同运行的世界级机场群。这一系列的变化和发展主要考虑到在市场经济条件下资源整合的重要性和经济全球化下提高我国机场整体竞争力的紧迫性。

我国学者提出“机场群”的概念主要有以下两种界定：

第一，张宁(2007年)首次提出“机场群”的概念，即按照资源优化配置的目标，依据航线布局、航班编排、空中交通管理、机场产业联合、航空运输合理化、地理限制、生态自然环境制约与国家区域发展战略的要求，优化配置空间区域并在此区域内形成机场协同关系，这些机场形成了机场群。这一概念类似于国外学者界定的“多机场系统”，主要强调了机场之间区位关联性和协调运行，以充分发挥机场资源和空域资源效用。

第二，夏洪山（2012 年）提出“机场群”应服务于同一个都市圈，成员机场之间存在共同服务的市场空间。从管理层面看，区域机场群实际上是一个大型机场集团，对成员机场实行集中经营管理，统一管理机场发展规划、机场建设与机场资产，统一协调各成员机场的市场和利益等。从日常运营层面看，机场群犹如一个规模之大、其跑道分布在不同城市的超级大机场，特别是基于便捷的地面交通，机场群是一个大型虚拟机场，统一航线布局、统一协调空域管理、统一调配机场设备和技术，共享机场资源，能够显著提高区域航空运输服务水平。

7.2.2 民用机场的建设规划

1. 民用机场的选址

依据《民用航空运输机场选址规定》（CCAR-170CA）和《民用机场建设管理规定》（CCAR-158-R1），民用机场选址需充分考虑以下原则和影响因素，在几个拟选的场址基础上进行详细论证、权衡利弊，反复斟酌比选，最终在备选场址中再进行首选场址的反复论证。

第一，民用机场的选址需遵循全国民用机场布局规划及所在地的城市总体规划。第二，符合空域、机场净空及气象等安全运行的民航技术条件。第三，满足机场建设发展的环境条件和工程条件。

民用机场选址需要考虑的影响因素主要有以下五点：

第一，场址条件。场址的场地大小应能够满足机场近期建设和远期发展的需要，机场的选址规模是依据机场定位及航空业务量预测而确定，如需在功能及规模上保留扩展空间的机场，应在选址阶段留有发展空间；土地利用应符合相关土地利用政策法规的要求。

第二，配套条件及工程情况。其一，机场选址考虑的配套条件包括场址周边道路交通设施分布情况，周边可供利用的消防、救援、水源、能源、污物处理、通信等公共配套设施，民用航空运营需要的航空汽油和航空煤油的来源渠道以及民用机场施工所需建筑材料的来源渠道。其二，机场选址应该使得工程投资经济合理。影响工程投资较大的因素主要有两个：一是土石方工程量，二是征地拆迁费用。

第三，环境条件。环境条件包括净空条件和噪声要求。对机场附近沿起降航线一定范围内的空域，即在跑道两端和两侧上空为飞机起飞爬升、降落下滑和目视盘旋需要所规定的空域提出要求，也就是净空要求，保证在飞机的起飞和降落的低高度飞行时不能有地面的障碍物来妨碍导航和飞行。噪声环境影响是机场选址时需充分考虑的因素之一。我国已颁布了一系列有关环境噪声的条例和标准，如《中华人民共和国环境噪声污染防治法》《建设项目环境保护管理条例》《机场周围飞机噪声环境标准》等。上述文件是进行机场噪声污染治理的基本依据。与此同时，新建或扩建机场前需提交"环境影响评价报告书"，从根本上保证了机场建设后不会发生严重的噪声污染。

第四，空域条件。空域应满足机场管制地带所需的基本条件。其一，不得在空中禁区内建设机场，在空中禁区邻近地区修建机场应考虑航空器闯入空中禁区的风险；其二，机场的飞行活动应充分考虑与飞行限制区的协调；其三，机场的飞行活动应充分考虑与军航使用空域的协调。

第五，自然生态条件。自然生态条件包括工程地质条件、气象条件、电磁环境、矿藏及文物、鸟类栖息地及迁徙路径等几个方面。

2. 项目计划及可行性研究

新建机场申请文件之一是机场工程建设项目建议书，重点对机场建设背景、机场建设规模和融资渠道、用地方案、环境保护与节能减排、项目各主要部分的资金预算，以及机场未来发展前景和效益等进行阐述，为有关主管部门再对申请新建机场项目进行审查和审批时提供决策依据。

机场建设项目可行性研究是对机场项目建议书内容的深入细化研究，以对机场建设提出具体方案，以确保实现机场建设运行目标。新建机场的可行性研究通常分为"预可研"和"可研"两个步骤。在申请新建机场立项阶段进行预可研，或称可行性初步研究，是机场申请立项的必备材料和审批决策的重要依据。在机场建设项目获批立项后将继续进行可行性研究，对预可研内容再进一步深化研究，是机场总体规划的重要基础和关键依据。

3. 机场建设总体规划

根据我国《民用机场建设管理规定》，机场建设总体规划需要依据可行性研究结果和满足机场未来20年发展需求，按照"统一规划、分期实施"原则，依据《国际民用航空公约》附件14(机场设计与运行标准)和我国民用机场建设标准对机场总体工程规模和投资规模、设施设备布局、地面交通系统、水电气(汽)信油布局、环境保护、土地利用以及机场运行管理的组织机构等内容，进行全面规划和分阶段建设目标设计。

根据《民用机场建设管理规定》，机场建设总体规划必须由具备相应资质的规划设计部门按照民航局《民用机场总体规划编制内容及深度要求》(MH 5022—2005)编制，需要上报民航管理当局组织论证和审批。

4. 机场工程初步设计

根据《民用机场建设管理规定》，机场工程建设需要按照批准的机场总体规划和可行性研究报告进行机场建设工程初步设计，为进一步进行具体的工程施工设计进行实质性的技术准备，也是将概念性的机场总体规划方案进行技术性可视化的设计过程，同时对规划内容进一步完善。机场工程初步设计报告需上报民航管理当局审批。

5. 机场工程施工图设计

按照获得批准的机场建设总体规划、机场工程初步设计，根据国际和国内机场工程标准和《民用机场工程施工图设计文件编制内容及深度要求》(MH 5022—2005)等进行机场工程施工图设计。机场工程施工图设计需报送民航管理当局审批，并同时提交施工图设计图纸及其说明书、初步设计批准文件、工程勘察结果报告和工程试验报告、结构计算书等文件。

7.2.3 民用机场主要功能区的规划

1. 机场系统构成及功能分区

机场系统以“空侧”和“陆侧”划分，即供飞机活动的空侧部分及供乘客货物转入或转出空侧的陆侧部分。空侧主要包括飞行区及站坪，陆侧主要包括航站楼、各种附属设施及进出机场的地面交通系统。“空侧”和“陆侧”划分如图 7.1 所示。

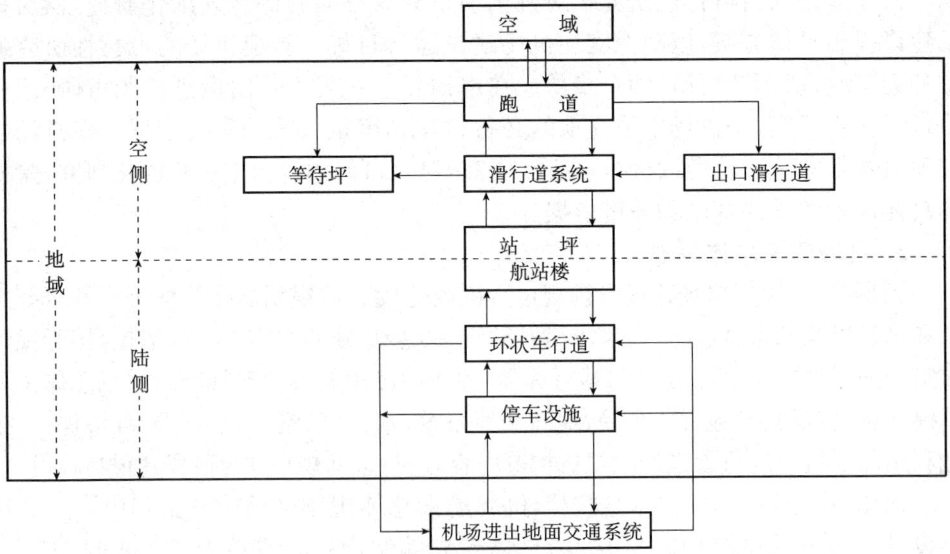

图 7.1 机场系统构成

机场系统功能区划分及主要设施见表 7.5。本章节主要讨论飞行区跑道系统规划和航站区航站楼和空侧站坪系统规划。

表 7.5　民用机场系统功能区及主要设施

功能区域	主要设施
飞行区	跑道及滑行道系统、空侧道路系统、飞行区安防系统、助航灯光系统、仪表着陆系统等
航站区	航站楼、空侧站坪系统、陆侧综合交通
运行保障区	航管导航设施、机务维修设施、货运站、航空配餐区、供油设施、消防救援站、机场管理机构、驻场单位业务用房等

2. 飞行区规划

飞行区需依据机场规划的性质、地位和作用、使用飞机的最大机型，民用机场飞行区技术指标，确定不同等级及标准。为适应机场周期阶段滚动发展的特征和"一次规划、分期建设"的原则，通常以近期实施与远期规划相结合，依据预测机型组合的运行要求，确定机场飞行区指标。近期在满足安全运行及容量、控制机场建设用地和尽可能降低投资成本的前提下，预留中远期发展实施扩建的条件，以适应远期使用机型变化和容量增加，提升飞行区等级。

(1)跑道的基本属性

跑道系统是机场总体规划的"架构"，决定了整个机场的规划结构和用地形态，是总体规划的主要部分。

①跑道方位

跑道方位根据机场净空条件、风力负荷、飞机运行的类别和架次，与城市和相邻机场之间的间隔关系、场区的地形地貌、场址水文地质情况、噪声影响、空域条件，管制及飞行程序等综合分析确定。机场所在地的主导风向的风力负荷是决定跑道方向的重要条件之一。跑道方位尽可能与当地常年主导风向一致。跑道方位识别号码按照跑道中心线的磁方向以 10 度为单位，四舍五入用两位数表示。同时，将数字置于跑道相反的一端，作为飞行人员和调度人员确定起降方向的标记。

②跑道数量

跑道数量主要取决于航空运输量。运输不繁忙，且常年风向相对集中的机场，只需单条跑道。运输非常繁忙的机场，则需要两条或多条跑道。

③跑道长度

跑道长度应满足各类使用该跑道的主要设计机型的运行，并以其中最大机型的起降性能要求。根据飞机起降质量、机场标高、天气状况(包括风的状况和机场基准温度等)、跑道特性、地形限制条件等因素，通过飞行性能分析和计算，以最长跑道需求确定。

④跑道宽度

跑道道面与跑道道肩铺筑面的宽度要求取决于最大机型飞机的特点，如主起落架的轮距、外挂发动机间距等，还考虑不利侧风与跑道不利条件的影响(例如雨水导致的摩擦力减少)。根据《国际民用航空公约》的附件14和中国民用航空局颁发的《民用机场飞行区技术标准》，道面宽度不能小于表7.6的规定值，且飞行区Ⅰ或Ⅱ类精密进近运行下的跑道道面宽度应不小于30 m。

表7.6 跑道道面宽度 (单位:m)

飞行区指标Ⅰ	飞行区指标Ⅱ					
	A	B	C	D	E	F
1	18	18	23	—	—	—
2	23	23	30	—	—	—
3	30	30	30	45	—	—
4	—	—	45	45	45	60

(2)跑道的布置形式

跑道基本布置形式包括单条跑道、平行跑道、交叉跑道或开口V形跑道。当两条平行跑道的间距(中线到中线的距离)为213.4～761.7 m，称为近距跑道；当间距为762～1 310.3 m，称为中距跑道；当间距大于1 310.6 m，称为远距跑道。平行跑道的间距、交叉跑道交叉点的位置对跑道容量(单位时间内可能容纳的最大飞机运行次数)是有影响的。

3. 航站区规划

航站区在机场整体功能中，系统性、广泛性、协调性、技术性、经济性最突出，是飞机、乘客、地面交通活动频繁且最集中的核心功能区，是除飞行区外最影响机场系统功能布局规划的关键区域。它是机场空侧与陆侧的交接面，是地面与空中两种不同交通方式进行转换的场所。其包括空侧站坪系统、航站楼、陆侧交通系统。将主要介绍空侧站坪系统和航站楼的规划。

(1)空侧站坪系统

站坪系统是空侧与航站楼界面之间重要的功能设施，与跑道、滑行道运行紧密关联，站坪近机位的布局与航站楼构型相互影响。站坪系统布局规划需要着重分析机型组合比例及数量相关的飞机特征、飞机在站坪上停放和运行模式、站坪保障设施等。

①飞机在站坪机位停放类型和运行方式

飞机在近机位的停放布置与航站楼门位登机的候机厅相互对应，并以登机桥与航站楼登机口连接。飞机停靠后相对门位可有三种方式：机头向内停放、机头斜角向内/向外停放、机头平行航站楼停放，如图7.2所示。

远机位是站坪机位布置的组成部分，作为近机位不能满足周转时的调剂机位。由于航站楼的构型与站坪飞机运行系统的限制，一般远机位距离航站楼较远，采用摆渡车接送乘客。

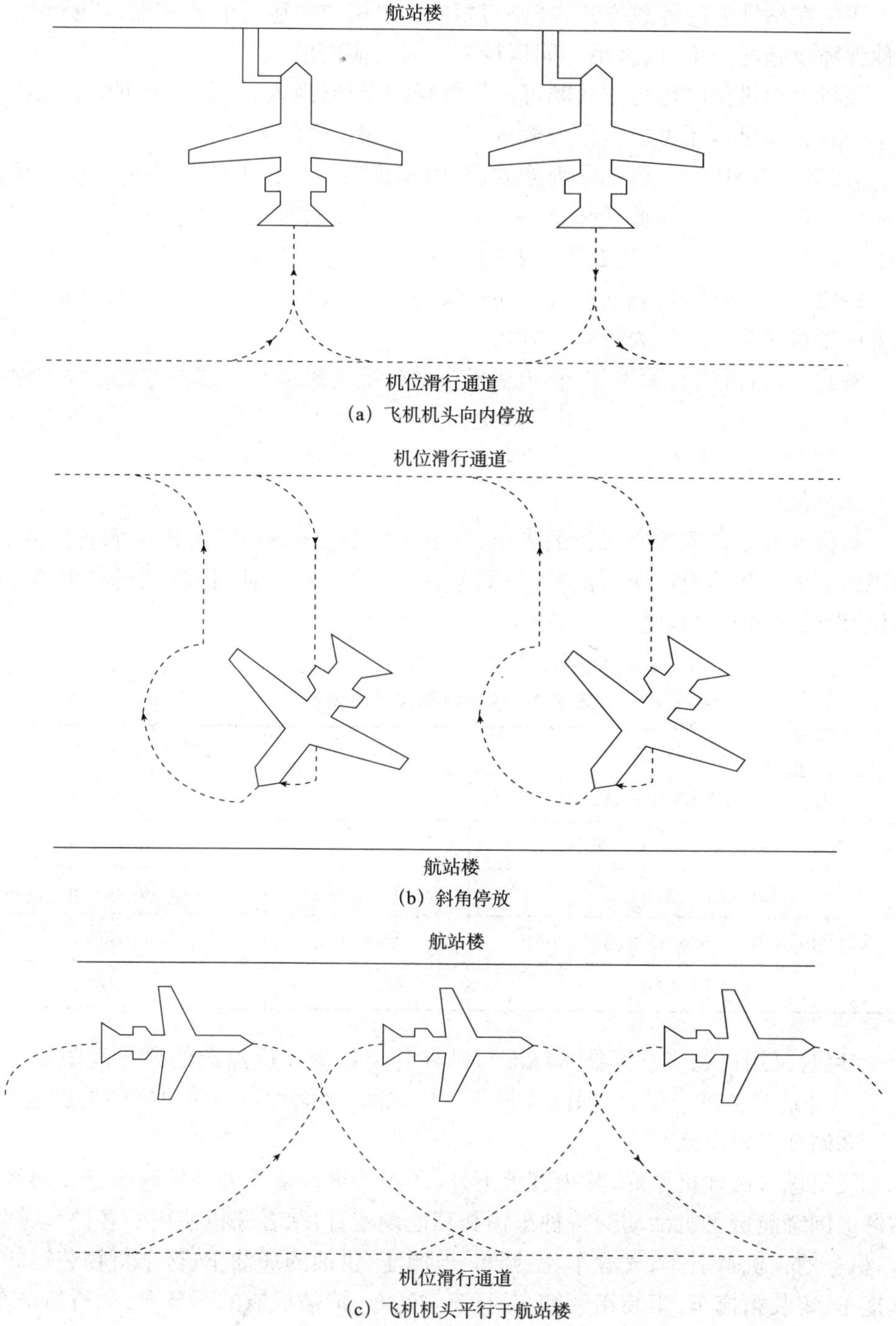

(a) 飞机机头向内停放

(b) 斜角停放

(c) 飞机机头平行于航站楼

图 7.2　飞机停靠后相对门位位置类型

飞机在站坪上的停放方式，需要与相应进出机位的运行方式匹配，还要考虑与其他保障设施的关系，以满足不同运行方式的功能需求。

飞机进出机位的运行方式既可依靠自身的滑行(滑入、滑出)，也可依靠飞机牵引车(拖入、推出)，还可依靠自身滑行与牵引车相结合的方式。

方式一，自滑进入、机头向内停放、牵引车推出。这种方式需要由牵引车顶推飞机后退至站坪滑行通道，同时转90°后驶离。这个过程所需时间较长，同时需要牵引车设备和驾驶员；优势在于需要的站坪面积小，节省工程投资，机头到航站楼的净距较小，噪声低，对航站楼没有喷气吹袭，便于设置登机桥与航站楼连接，因而在大中型机场是一种较为有效的方式。

方式二，自滑进出和停放，斜角或机头平行航站楼停放。这种方式不需要牵引车，运行效率最高。但需双向滑行通道或者飞机退出时要转180°，所以所需的机位尺寸较大；同时将产生较大的噪声以及飞机启动的喷气吹袭航站楼。

②机位尺寸

机位尺寸主要取决于飞机的大小(翼展和机身长度)和进出机位的驶停方式；为飞机服务的各项设施所占的范围，即考虑地面服务的方便；停放飞机与相邻停放飞机、滑行飞机或建筑物之间的净距。

不同飞机机型下的规划机型尺寸见表7.7。

表7.7 规划机型尺寸参考值

代表飞机机型	翼展	规划机型尺寸(宽×长)
CRJ200、CRJ700、EMB135、EMB145	<24 m	24 m ×30 m
ERJ170/190、B737、A319、A320、A321	24.36 m	36 m ×45 m
B767、B787-3、A300	36.52 m	48 m ×55 m
B747、B777、B787-819、A350、A340、A330	52.65 m	65 m ×76 m
B747-8、A380	65.80 m	80 m ×80 m

参照《民用机场飞行区技术标准》，站坪各类机型飞机停放的最小间距要求见表7.8，并适当考虑余量，以保障飞机与飞机之间，地面设备与飞机之间的安全性。

③站坪保障设施

飞机进入站坪机位后，除乘客上下外，还需要进行多项勤务保障服务。通常在站坪上围绕航班飞机活动的特种车辆和其他设施有：乘客登机使用的客梯车、摆渡车；机务的飞机牵引车、气源车、空调车、电源车、供油的加油车；行李货物装运的行李拖车、集装箱拖车、集装箱装卸车、行李输送车；清洁机舱的服务车、厕所清洁车、污水车、清水车、垃圾车；备餐的航空食品车等。

表7.8 机坪各类机型飞机停放的最小净距要求 (单位:m)

飞行区指标Ⅱ	F	E	D	C	B	A
在滑行道(除机位滑行通道外)上滑行的飞机与机坪上停放的飞机、建筑物及其他物体之间的净距	17.5	15	14.5	10.5	9.5	8.75
在机位滑行道上滑行的飞机与停放的飞机、建筑物及其他物体之间的净距	10.5	10	10	6.5	4.5	4.5
机位上停放的飞机与相邻机位上的飞机以及邻近的建筑物和其他物体之间的净距	7.5	7.5	7.5	4.5	3	3
停放的飞机主起落架外轮与机坪道面边缘的净距	4.5	4.5	4.5	4.5	2.25	1.5
机坪服务车道边线距停放飞机的净距	3	3	3	3	3	3

站坪其他设施有:飞机电源、高杆照明灯、站坪管线加油系统、供电系统、站坪消防设施等。

(2)航站楼系统

航站楼是航站区最主要的建筑物,是空侧、陆侧之间乘客的转换界面,是乘客活动频繁集中的核心建筑,也是机场建筑群体中最能反映机场形象的标志性建筑。

首先,影响航站楼布局基本形式的主要因素有以下几个方面:

①航空业务量的大小及其构成。

②机场构型及航站区与飞行区的关系。

③航站区的场地条件,几何形状、大小及地形地貌。

④近期乘客航站楼的建设规模及机场未来的发展前景。

⑤进出乘客航站楼的地面交通系统。

航站楼的布局分为水平布局和竖向布局。其中航站楼的水平布局类型主要分为集中式航站楼、分散式航站楼(单元式航站楼)。所谓集中,是指一个机场的全部乘客和行李都集中在一个航站楼内处理。随着客流量迅猛发展,集中航站楼的规模愈来愈大,导致乘客在航站楼内外的步行距离常常很远,参照国际航空运输协会(IATA)的建议,目前普遍认为应将乘客在航站楼内的步行距离控制在300 m左右。这样,当客流量非常大时,如仍沿袭集中航站楼的概念就很难达到要求。于是便出现了分散式航站楼或单元式航站楼的水平布局概念。具体思路是在一个机场,设若干个(两个或两个以上)单元航站楼,每个航站楼的服务乘客类型相对单一化。例如,分设国内乘客航站楼、国际乘客航站楼,不同的航空公司使用不同的航站楼等等。

航站楼的竖向布局根据客运量、航站楼可用占地面积和空侧、陆侧交通组织等因素可采用单层、一层半、二层、三层等方案。

①单层方案。进、出港乘客及行李流动均在机坪层进行。这样,乘客一般只能

利用舷梯上下飞机。

②一层半方案。出港乘客在一层办理手续后到二层登机，登机时可利用登机桥。进港乘客在二层下机后，赴一层提取行李，然后离开。

③二层方案。乘客、行李流程分层布置。进港乘客在二层下机，然后下一层提取行李，转入地面交通。出港乘客在二层托运行李，办理手续后登机。

④三层方案。乘客、行李流程基本与二层方案相同，只是将行李房布置在地下室或半地下室。

在实际应用中，航站楼的设计是一个非常复杂的过程。但都是在水平布局和这四种竖向布局的基础上进行综合演变。

其次，航站楼的构型指以主楼为处理系统的中心核心区域、以安全检查为界面，由航站楼与空侧之间不同的连接方式而界定。航站楼构型是机场在发展过程中，为适应以飞机、乘客、地面交通容量快速增长和不同运行模式的特点，根据不同规模和用地条件，尤其为满足较多近机位登机需求而形成。基本构型如下：

①线型。线型是一种最简单的构型，一般为小型机场航站楼和中型机场航站楼的初期构型，如图 7.3 所示。其特点是：航站楼空侧边不做任何变形，仍保持直线；飞机机头向内停靠在航站楼旁，乘客通过登机桥步行登机为主；站坪进出飞机运行便捷，起飞和降落飞机与跑道间的滑行距离短。

②指廊型。指廊型也叫廊道型。为了适应不断增长的航空运输量，延展航站楼空侧的长度，指廊型布局从航站楼空侧边向外伸出若干个指型廊道。

一般中型机场采用直角指廊式构型，如图 7.4 所示。其特点是：乘客步行距离通常比较适宜，站坪飞机运行便捷。

大型/枢纽机场航站楼构型基本上有两种类型，一是主楼处理系统居中，放射指廊式；一种是主楼处理系统前置，指廊向空侧延伸式。典型构型如图 7.5 和 7.6 所示。

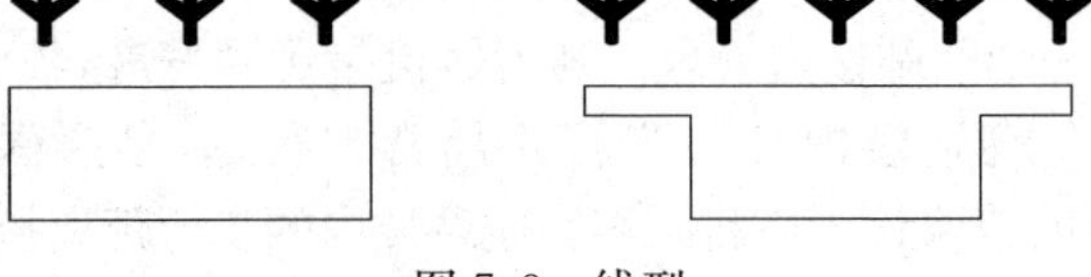

图 7.3　线型

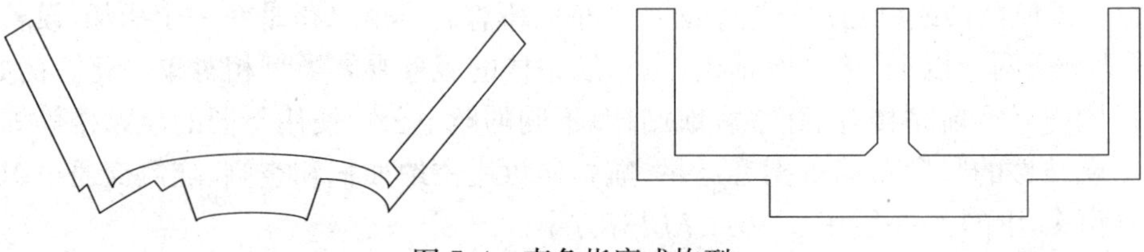

图 7.4　直角指廊式构型

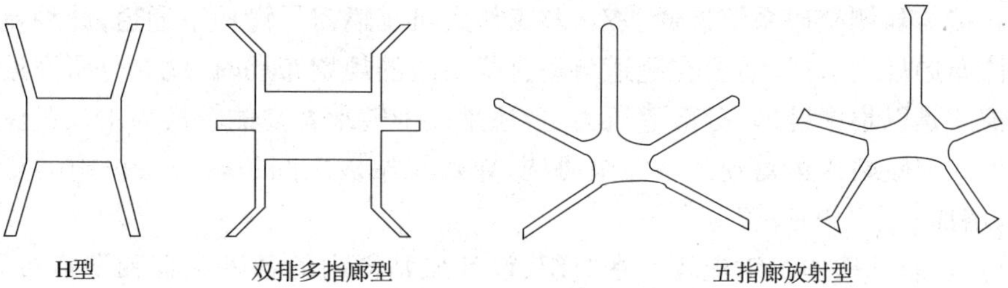

图 7.5　放射指廊式构型

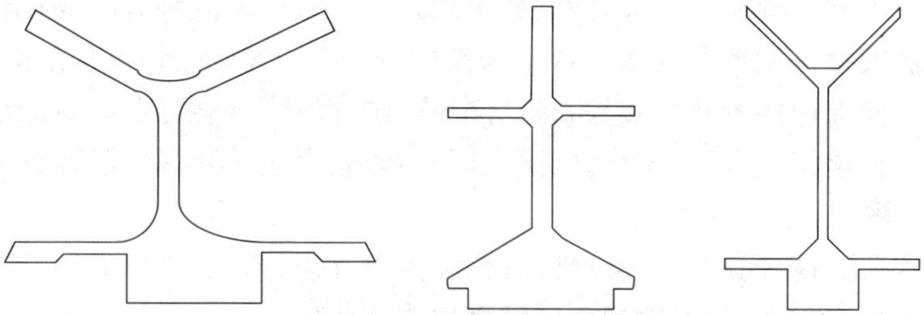

图 7.6　指廊向空侧延伸式构型

③卫星型。这种构型是在航站楼主体空侧的一定范围内，布置一座或多座卫星式建筑物，如图 7.7 所示。

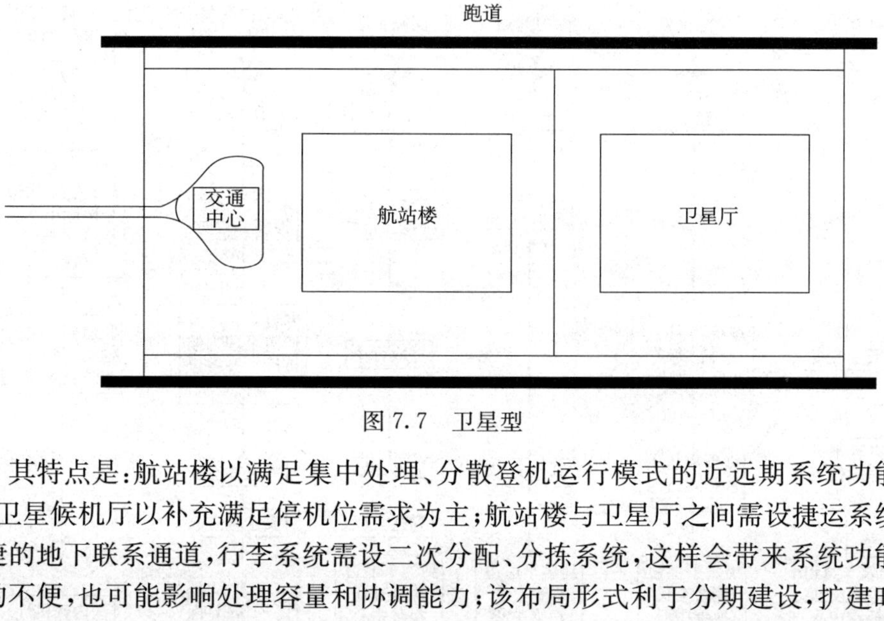

图 7.7　卫星型

其特点是：航站楼以满足集中处理、分散登机运行模式的近远期系统功能需求，卫星候机厅以补充满足停机位需求为主；航站楼与卫星厅之间需设捷运系统或便捷的地下联系通道，行李系统需设二次分配、分拣系统，这样会带来系统功能运行的不便，也可能影响处理容量和协调能力；该布局形式利于分期建设，扩建时对现有航站区系统运行的干扰较少；陆侧交通单向进出场，并在主楼前组织综合交通系统及换乘中心，轨道线路及站点布局总体上方便乘客，系统比较经济；由于卫星厅不直接与陆侧交通系统连通，货运及工作人员车辆需另设地下通道；此种航站区综合体布局规划形式，需要在跑道与垂直联络道的规划布局时，就充分研究近远期运行模式是以集中处理，分散登机为主，还是以中转乘客空侧转换为主。避免用地规划形式与航站楼运营模式不完全协调，导致航站楼之间运行设备设施的复杂性较高，增加不必要的投资。

再次，航站楼的组织流程。在组织、设计航站楼内的各种流程和设施布局时，应遵循以下原则。

①避免不同类型流程交叉、掺混和干扰，严格将进、出港乘客分隔；出港乘客在海关、出境、安检等检查后与送行者及未被检查乘客分隔；到港乘客在检疫、入境、海关等检查前与迎接者及已被检查乘客分隔；国际航班乘客与国内航班乘客分隔；乘客流程与行李流程分隔；安全区（隔离区）与非安全区分隔，等等，以确保对走私、贩毒、劫机等非法活动的控制。

②流程要简捷、通顺、有连续性，并借助各种标志、指示，力求做到"流程自明"。

③在人的流程中，尽可能避免转换楼层或变化地面标高。

④在人流集中的地方或耗时较长的控制点，应考虑提供足够的工作面积和乘客排队等候空间，以免发生拥挤或受其他人流的干扰。

航站楼内国内/国际乘客主要流程关系如图 7.8 所示。

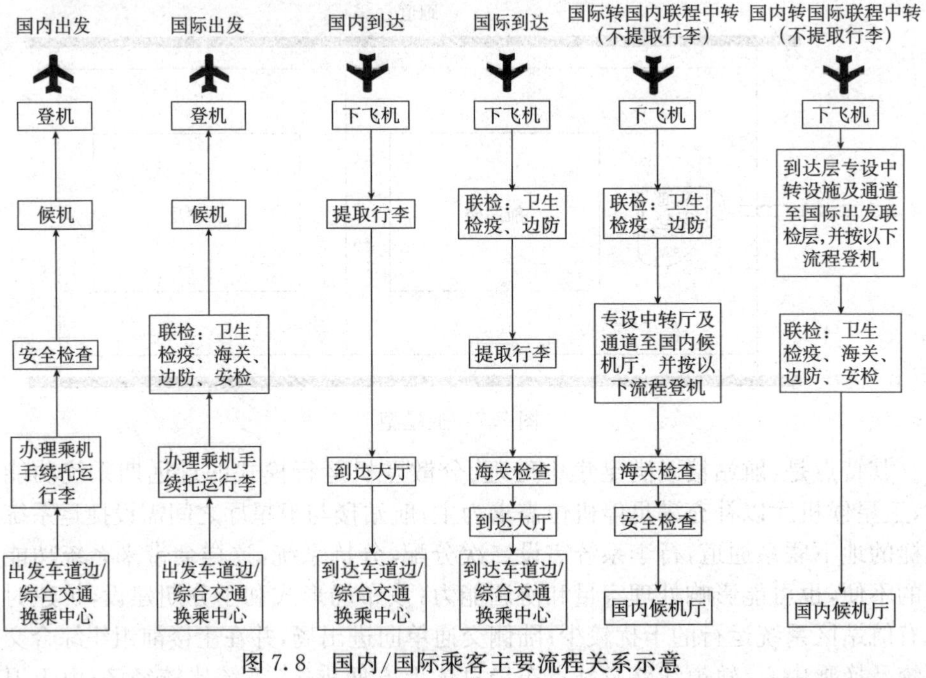

图 7.8　国内/国际乘客主要流程关系示意

最后，航站楼内主要功能设施包括：出发/到达车道边，值机出发大厅，安全检查区域及设施，国际乘客联检区及设施，候机区及设施，行李处理区及设施，登机桥，商业设施及乘客服务设施。

以上所列举的设施都直接与乘客发生联系。实际上，航站楼的运营还需要其他许多设施，航站楼内设驻场单位的相关用房，如：安检/联检现场集中办公区、公安值班室、航站楼管理处值班室、安全局值班室、飞机监护值班室、飞机清洁队值班室、口岸办值班室、站坪指挥室、信息中心、广播中心、空调、配电、消防等机房。

7.3　航线网络规划

7.3.1　基本概念

航线网络是航空公司航班计划和机组安排等运行计划的先决条件，对航空公司运行效率有着直接重要的影响，是航空公司生存和发展的基础。为了便于理解和掌握航线网络规划过程中的有关知识，首先介绍几个相关的基本概念。

1. 航　　线

从事民航运输业务的航空公司在获得经营许可证之后，可以在获准的一系列站点（即城市）之间提供航空客货邮运输服务。由这些站点形成的航空运输路线，称之为航线（air route）。航线的概念有两个层面：

一是具体的、实际的飞行线路，是飞机从地球表面一点（起点）到另一点（终点）的预定航线路线，是由飞行的起点、经停点、终点、航路等要素组成的航空运输飞行路线。它强调的是飞行线路，以及所连接的城市或飞行方向，根据空中交通管制的需要，航线还规定了宽度和飞行高度，以维护空中交通秩序，保证飞行安全。

二是抽象的航线，它并不关注实际飞行的具体空间位置，例如，开通"北京—上海"航线，向市场发出的信息是，北京与上海之间可以提供客货航班服务，可以经营相关航空运输业务，至于如何从北京飞到上海，这必须由空管和航空公司的飞行部门共同商定，这对市场销售部门和客户并不重要。

因此第二层面的航线是抽象层面的航线，必须经申请并得到民航管理当局批准后才能提供具体的航班服务，是航空公司获准授权经营航空运输业务的地理范围和市场范围。

2. 航线的分类

其一，按照航线起讫点及经停点地理位置、行政区域空间分布的不同，通常分为两大类：

(1)国际航线

国际航线(international airline),是指运输的始发地、经停地或目的地之一不在同一国领土主权行政管辖范围之内的航线。

(2)国内航线

国内航线,是指运输的始发地、经停地和目的地都在我国领土主权行政管辖范围之内的航线。

其二,根据航线通达城市的政治、经济、文化地位及航线繁忙程度,国内航线又分为干线(trunk route)、支线(regional route)和地方航线(local route)。

(1)干线。干线一般是指中大型城市之间的航线,航线客货运量大、航班密度高。我国的干线主要是指首都北京至全国各省会城市和各大城市之间,以及省会和大城市之间的航线,形成省际或大城市之间的空中交通干线。

(2)支线。支线是相对于干线而言的一种概念,通常是指飞行距离在 600 km 以下的航线;也有认为支线是通达支线机场的航线。如果按照民航局《民用机场收费改革实施方案》中根据机场乘客吞吐量规模划分,支线应该是开通至三类机场的航线。上述三种观点的共同特点是,通至省会以下城市的航线,航线客货流量相对较小,航班密度较低,通常采用 100 座以下的小型飞机。相当一部分支线连至干线,再与枢纽机场相连,形成中枢辐射式航线网络,为大型机场的干线航班提供客货集散作用(feeder)。

(3)地方航线。地方航线属于支线的一种,主要是指一省(地区)之内的短程航线。

7.3.2 航线网络基本结构

航线网络(airline network)是指某一地域内若干条航线按某种方式连接而成的构造系统。航线网络由机场、航线和飞机等要素构成,其中机场和航线构成了航空运输的空间分布,决定了航空运输地面和空中保障能力,而飞机则通过航线由一个机场飞到另一个机场以实现乘客、货物、行李和邮件的空中位移。

航线网络主要分为城市对式航线网络、城市串式航线网络和中枢辐射式航线网络三种基本构型。

1. 城市对式航线网络

所谓城市对式航线网络(city-to-city network/point-to-point network/city pairs network)是指从各城市之间的客流和货流的需求出发,建立城市与城市之间直接通航的航线结构(图 7.9)。其特点是这种航线网络通常设在乘客或货物运输量较大的城市对之间,航线中间没有经停点,为直飞航线,乘客不需要经过第三个机场(或城市)进行中转,且航线间安排航班时也无须考虑衔接问题。

2. 城市串式航线网络

城市串式航线(linear network),是线性结构航线,在始发机场和终点机场之间有经停点,回程按原路返回(图 7.10)。这类结构的航线主要指飞机从始发地至目的地的途中经一次或多次停留,在中途机场进行客货补充,以提高乘坐率弥补起止机场间的客货源不足或以提高运载率降低航班成本。这种网络实际上是城市对式进一步衍生的产物,学术界称之为“甩辫子”航线。这种航线成熟后就形成了线性网络。

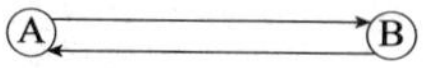

图 7.9 城市对式航线结构

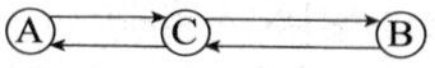

图 7.10 城市串式航线结构

与线性航线结构类似的另一种航线构型是环形航线结构(round network),这种航线之间也有经停点,但不同之处是环形航线结构来回程不是同一航线(图 7.11)。无论是线性结构还是环形结构,由于增加了中间经停点,对于航空公司而言,能够提高航班乘坐率和航班收入,但是对于乘客而言则增加了旅途时间。另一方面,由于增加了中间经停点,便增加了飞机起飞、降落次数,因此会增加航班运行成本。

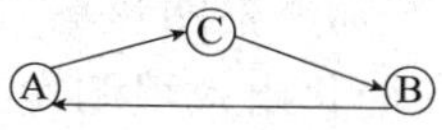

图 7.11 环形航线结构

3. 中枢辐射式航线网络

(1)中枢辐射式航线网络的核心——航班波与时间窗设计

枢纽航线网络的一个重要核心,就是航空公司为枢纽机场的中转航班衔接而设计的航班波(flight bank 或 flight wave)。所谓航班波是指在一定时间段内集中安排枢纽机场航班进港,紧接着另一时间段内安排航班出港,将从始发地抵达枢纽机场的客货进行重新组合、分流,通过联程等服务手段帮助乘客换乘下一航班,并将货邮、行李同时运抵下一目的机场,在空间和时间上将进出港航班进行有效的衔接。航班波结构如图 7.12 所示。

航班波的设置和运用涉及三大重要因素:

一是航线衔接。航空公司必然考虑航班的集中到达,要能够为即将出港航班

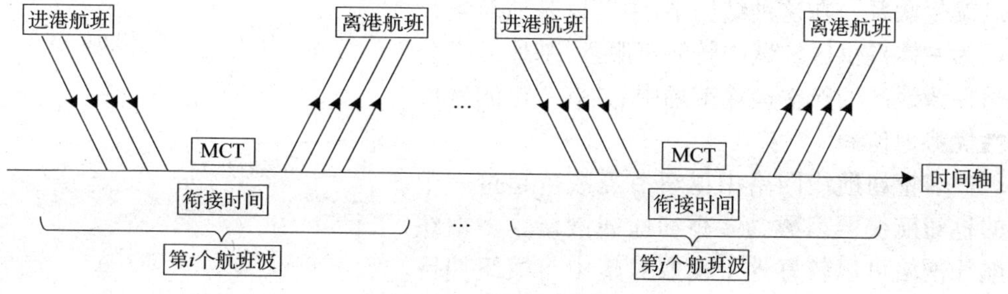

图 7.12 航班波结构

提供足够的客源，但是需要考虑旅客只要通过一次中转就能到达目的地，减少乘客的换乘航班次数，增加乘客中转便利性，否则乘客选择其他机场中转可能更便利。

二是航班衔接。保证乘客有足够的中转时间。到达航班与衔接航线的出发航班之间的间隔时间设计，称之为航班波的时间窗（time window for transfer），或称之为最小过站时间（MCT，Minimum Connection Time）。它指从飞机进入机位到下次起飞的必要准备时间。一方面必须考虑到飞机过站检查、添加燃料、乘客上下机、机舱的清洁整理及乘客登机。特别是中转乘客有足够的时间办理中转手续，比如由国内航班转乘国际远程航班，或由国际转乘国内的最末一班，需要考虑办理出入境手续所需的时间；另一方面中转间隔时间过长则会增加乘客的等候时间，虽然可能会增加航班乘坐率和机场商业销售收入。

三是便捷的服务流程。航班波设计需要考虑枢纽机场的服务流程便捷性和流畅性水平。例如，枢纽机场的"国内/国际"换乘、行李、出入境手续等流程的设置，需要符合枢纽机场中转和航班波设计要求，否则，要么乘客误点，要么航班误点。

随着枢纽机场之间、航空公司之间的市场竞争，枢纽机场提供中转行李联程服务、简化出入境和换乘签转手续、优化服务流程，不仅提高了枢纽机场的服务水平和航班波运用水平，也使枢纽机场的竞争力不断提升。

(2)中枢辐射式航线网络结构的构型及分类

中枢辐射式航线网络（hub-and-spoke network）又可称为轮辐式航线网络、枢纽辐射式航线网络或枢纽航线网络。航线的安排以中心机场（hub）或门户机场为中转枢纽，一些支线或干线与中心机场形成辐射航线（spoke），一方面以干线形式满足枢纽城市间乘客与货物运输的需要，同时以支线形式由枢纽城市辐射至附近各中小城市，以汇集和疏散乘客与货物，干支线间有严密的航班时刻衔接计划。构型如图 7.13 所示。

其一，根据枢纽数目是一个还是多个，这种网络又可分为单枢纽航线网络和多枢纽航线网络。

单枢纽航线网络中只有一个枢纽，网络中所有其他节点都通过唯一的枢纽节点发生联系。在这种结构中，主要以基地航空公司为主体提供区域性中转航班服务，基地航空公司在该地区的航空运输市场中，具有一定的区域性优势地位。

多枢纽航线网络中枢纽节点数量超过一个的枢纽航线网络称为多枢纽航线网络。多枢纽航线网络可以较好地平衡服务集中与枢纽拥挤的矛盾，多见于网络服务范围广，网络节点规模

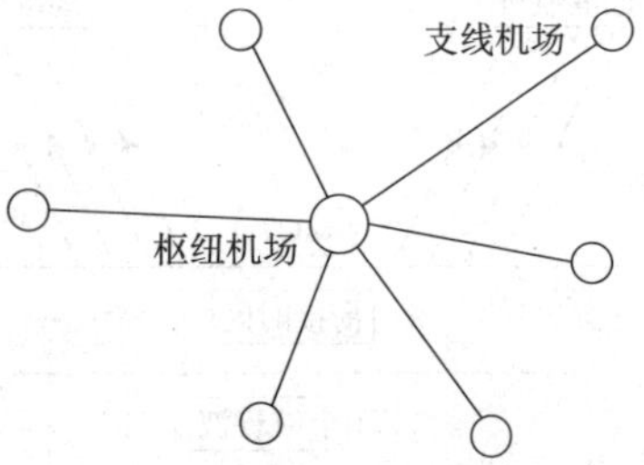

图 7.13　中枢辐射式航线网络结构

大的服务网络。

其二,根据枢纽机场的航线网络结构特征,可以分为“沙漏型”和“腹地型”。“沙漏型”航线网络结构是指机场集中了经过其所在地区的所有航线,成为连接两个地区之间航线的集中点,也就是飞机从某地飞往枢纽机场,然后再以相反的方向离开枢纽机场。这种航线网络整合了原先由各城市对组成的航线使其能够在枢纽机场进行统一的分拨,从而在一定程度上可以避免迂回飞行并有利于地区之间航线结构的优化。

“腹地型”航线网络结构是指通过航空或者其他运输方式把一些短距离的支线和长距离的干线连接起来,其中短距离的支线航班为较长的干线航班输送乘客。

通常“沙漏型”枢纽只提供“出去”和“返回”两个方向的连接,而“腹地型”枢纽则为多方向衔接提供服务。经过“沙漏”型枢纽机场的两个航班通常是同一架飞机,而经过“腹地”型枢纽机场的两个航班通常需要改换机型(如从支线飞机机型改为远程飞机机型)。

7.3.3 航线网络规划基本原则

1. 航线网络规划的内涵

航线网络规划是航空公司战略规划的核心内容,是在对航线网络现状完整的数据分析、对未来的科学预测基础之上,合理地建立相关的数学模型、恰当选择和利用战略工具进行严格的逻辑推理,并与经验判断相结合,进行创造性工作的过程。

航线网络规划的本质是航空公司对未来航线网络结构布局和规模的战略性思考。它是航空公司制定未来航线、航班决策,明确经营方向不可或缺的一种规划方式,其目的就是要寻求如何进行市场机会与企业资源的有效匹配。

航线网络规划是一项系统性非常强的工作。它的主要工作内涵是:目前的航线网络结构、未来的航线网络结构规划以及如何从目前的航线网络转变到未来所需要的航线网络。

2. 航线网络规划的基本原则

航线网络规划的基本原则是航线规划工作必须遵循的指导思想,具体原则如下:

(1)以市场需求为依据

航线网络规划是航空公司选择航空运输市场、安排生产格局的过程,它必须以市场需求为依据。因为不符合市场需求的航线,就是没有市场的产品,而没有市场的产品就不会有生命力和竞争力。因此,制定航线网络规划必须充分地对现有的市场情况做出评估,并且对未来的市场需求做出动态的预测,力争最大限度地适应市场需求。

(2)以航空公司的资源条件为基础

从航线网络规划的目的出发，经营特定的航线要求航空公司必须具备相关的资源条件，包括符合航线要求的机队、机组、机务、签派人员、地面服务、市场营销等人员，以及航线经营权的获取等，同时还要求航空公司具有一定的能力基础，包括开发航线的能力、培育航线的能力以及如何创造和保持竞争优势的能力等等。因此航空公司必须以企业自身条件为基础，必须充分考虑航空公司现有的航线网络资源，以及规划期内可能达到的人力、物力、财力等其他各种资源条件，来制定符合实际的航线网络规划。

(3)航线网络规划必须注重经济效益与竞争优势的结合

航空公司提供航空运输产品的根本目的在于实现公司的盈利，从长远来看其目的是对付激烈的市场竞争以保持竞争优势。因此，航空公司必须紧紧抓住盈利航线，同时积极开拓有潜在吸引力的航线，以应对将来的竞争，保持和创建自身的竞争优势。

7.3.4 航线网络规划的步骤

具体来说，航线网络规划应该包括以下三大步骤。

(1)航空公司航线网络的内外环境分析

对现有网络运营的内外环境进行战略分析，总结出现有航线网络的结构特征，分析航空运输市场的整体特征和趋势。对民航行业的整体特征和趋势分析尤为重要，因为只有对全行业的发展趋势和发展规律有了全面、深刻的认识，才能对处于局部地位的航空公司运量做出比较准确的预测和战略决策。

(2)航线网络结构模式的确定

在对前面网络现状进行充分分析以及对未来民航市场需求的科学预测的基础上，根据目标航空公司未来的战略定位来确定航线网络的结构模式，具体包括归纳现在和未来网络结构的特点、经济性，研究未来网络模式的发展趋势等。

(3)既定模式下航线网络的构建

航线网络规划的基础是对现实航线网络的评价和分析，网络的构建是以抓住有吸引力的市场为目标，它包括拟订新的目标市场，明确网络构建的约束条件，拟订网络拓展的方向和重点城市，根据拟订的增长目标确定资源配置的优先顺序。具体包括枢纽基地的选择和定位、航线的选择和航班的设计。

第8章　综合客运交通枢纽规划

综合客运交通枢纽是指两种及以上交通方式和交通方式所连接的设施组成的运输整体。

按服务客流的不同，可将综合客运交通枢纽分成两种：对外枢纽和市内枢纽。对外枢纽以铁路、航空等对外交通方式为主导，同时配备轨道交通、常规公交、出租车、社会车辆等相关设施的客流集散场所。市内枢纽是以轨道交通和公交为主导，同时配备出租车、社会车辆等相关设施的客流集散场所。

8.1　综合客运交通枢纽规划概述

8.1.1　综合客运交通枢纽的概念

综合客运交通枢纽有以下特点：

1. 综合客运交通枢纽整体是一个大型的复杂系统。它是由若干种运输（规定交通、道路、航空等）的固定设备和移动设备（轨道交通车辆、汽车、飞机等）组成的一个综合体，是交通运输网络中的一个重要结点。

2. 综合客运交通枢纽地处两种或两种以上的交通运输方式衔接地区或客流的主要集散地。

3. 综合客运交通枢纽承担着协调各交通方式联动的功能。综合客运交通枢纽汇集多种交通方式，通过协同联动各种交通方式作业完成乘客的中转、换乘、集散等运输功能。此外，协调枢纽内各交通方式的管理主体对提高枢纽的整体运输效率与运输服务水平也有极其重要的意义。

综合客运枢纽分类如图8.1所示。

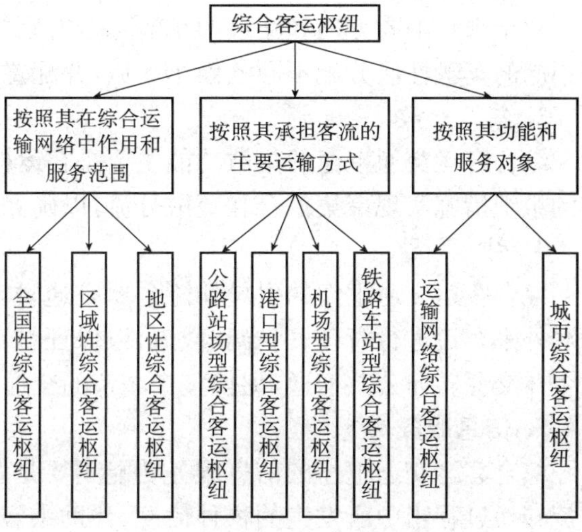

图8.1　综合客运枢纽分类

从系统论观点来看，综合客运枢纽系统是由公路、铁路、水运、航空等四种运输方式及其附属设施、设备构成的客运系统。按照其功能结构的不同，可分为客流系统、载运机具系统、运输路网系统、运输组织管理系统、通信信息系统等，如图 8.2 所示。

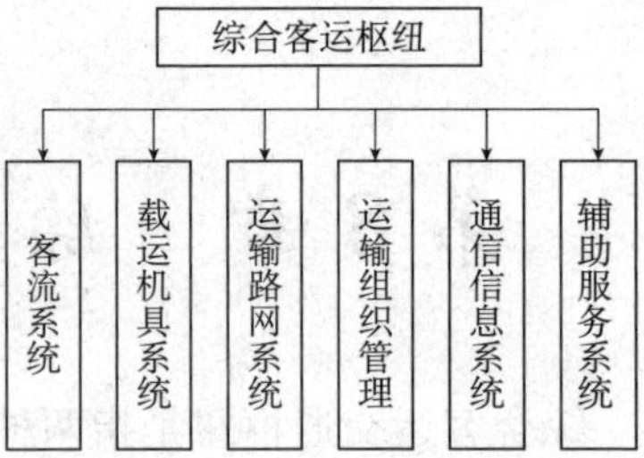

图 8.2 综合客运枢纽系统组成

8.1.2 综合客运交通枢纽的功能定位

综合客运交通枢纽汇集多种交通方式，能组织客流的集散和中转。此外，综合客运交通枢纽含有商业功能，但只是交通枢纽的附属功能。在对其商业功能定位时，需要首先考虑其交通功能是否能够实现。综合客运交通枢纽由于本身能对周边地区的交通状况进行改善，因此会吸引大批的乘客，给枢纽周边的区域发展带来巨大的商业价值。所以，大型的商业中心、办公区以及高密度的住宅区等通常建设于综合客运交通枢纽的周边地块，这也逐渐形成了城市发展的规律。

综合客运交通枢纽主要有换乘、停车、集散、引导和信息服务五个基本功能。

1. 换　乘

换乘是综合客运交通枢纽的核心功能。对于来自某一方向和路线的乘客通过转乘新的交通方式从而到达另一方向和路线而发生的行为称为换乘。这些乘客在达到交通枢纽之后，利用交通枢纽的换乘功能通过乘坐其他交通方式到达最终目的地，属于中转客流。

2. 停　车

对于来自不同方向和路线的车辆综合客运枢纽设有特定的停车区域，同时按照不同的车辆性质分配不同的停车区域，并配置合理的停车配套设施。

3. 集　散

综合客运交通枢纽的集散功能主要是客运枢纽能对到发的乘客和车辆按照一定的组织措施实现聚集汇合和疏散分流，以确保乘客安全出行、车辆顺畅通过。

4. 引　导

综合客运交通枢纽的引导功能主要是通过市内公交车辆与外来车流接驳，从而对外来车流进行管理、引导和截流，以保证城市客运各交通方式的分工合理，并使个体交通转向公共交通，促使整个城市的交通格局向多层次方向发展。

5. 信息服务

综合客运交通枢纽的信息服务功能主要是及时无误地收集、处理、分析、传输客流转换过程当中所发生的种种信息，帮助乘客了解在出行过程中应该搭乘何种交通方式以及如何选择最佳的交通方式组合方案，乘客从而获得最合理的行车路线和耗时最短的出行时间，方便乘客换乘。

8.1.3　综合客运交通枢纽的主要特征

对外客运交通方式主要有四种：铁路、公路、水运、民航；市内客运交通方式主要有三种：城市轨道交通、常规公交和出租车。

1. 对外客运方式特征分析

在以铁路为主的综合客运交通枢纽中，铁路是通过铁路线路和运输设备进行运输活动的运输方式，其特点为：运量大、速度快、成本低、安全性高以及长途运输效率高等。因此，铁路运输在对外交通运输中占有重要地位。

铁路是我国目前主要的城市对外客运交通运输方式之一，而对外乘客运输功能则是我国铁路运输的主要功能之一。国外许多城市的铁路除承担着对外运输以外，还担负着城市与近郊的通勤乘客运输任务。

经过综合分析，我国铁路运输的特征主要体现为：运输成本较低、运量较大、速度较快及准时、安全可靠。

2. 对内客运方式特征分析

(1)城市轨道交通

①客运量大。轻轨和地铁均可吸引大量的客流，其中轻轨每小时单向的断面流量(在高峰时间段一条线路的上行线或下行线一小时内区间运送乘客的最高人数)为1.3万人次，日客运量最高为40万人次；而地铁每小时单向的断面流量为3.7万人次，日客运量可达到100万人次以上。在这个基础上，可将封闭式轻轨或地铁修建在地下或者高架上，以此来解决市区内客运作业繁忙却又难以有效疏解的问题。城市轨道交通的修建可以通过吸引大量客流来缓解地面交通的繁忙，使城市道路的通行更加顺畅。

②速度快。城市轨道交通快速线路的速度为120 km/h左右，普通线路的最高运行速度也可达到80 km/h，旅行速度(从起点站开车到终点站停车的平均速度，包括启动、减速制动和停车时间)一般是30～40 km/h。如果目的地到市中心的距离在30 km以上，使用快速线路的话只需半个小时，如果是10～20 km之间的距离使用一般线路半小时之内也可到达。城市轨道交通十分适宜于对乘客进行市内中长途运输作业。

③正点率高。城市轨道交通列车的运行以及运行中车辆线路的调整和停车进路的排列，都由自动化系统指挥并按照事先设计好的运行图来执行，整个过程均按自动化程序高效、完整地进行，这就保证了列车的正点到达率。一般城市轨道交通列车的正点到达率均在99%以上。

④安全性好。城市轨道交通的运行采用的是封闭行进线路、使用专用通道的

方式，在正常情况下不允许行人或其他车辆进行干扰，因此，交通事故的发生概率极其微小。轨道交通系统内运行车辆的设备均有安全性能极好又不易受其他因素影响的自动化保护设施，在使用过程中出现故障的概率很低。所以，在运输相同客运量的情况下，同市内其他运输方式相比较，城市轨道交通的事故率有较大幅度的降低。

⑤服务性优。乘客在搭乘城市轨道交通的过程中，均可获得良好的服务。城市轨道交通除了列车运行速度快、安全正点、高效舒适以外，从购票、检票到换乘、出站都是系统化、自动化服务，乘车及候车区域都能调节空气温度，且乘车环境干净舒适，使得整个乘车过程即是一个享受的过程。

⑥污染性少。与汽车交通方式相比较，城市轨道交通运行的唯一能源就是电力。电能在使用过程中无空气污染，大大降低了综合客运交通枢纽系统内的尾气排放量。假如乘客的平均乘距为 10 km，按每天运送 100 万人次来计算，城市轨道交通的使用，其减少的污染尾气排放量就相当于 200 辆每辆行驶 100 km 的大客车(可容纳 50 人)，又或者 2 000 辆车每辆行驶 10 km 的客车。

(2)常规公交

公共汽车交通所需的初始投资相对其他公共交通方式来说较少，并且随着近年来汽车技术更加的先进，设计更趋于合理，许多城市的客运工具均以公共汽车为主。

公共汽车线路布置灵活，可沿着城市街道延伸到每一个角落，形成一个四通八达的网络。在客运量方面，公共汽车无论是作为大型客运工具用以集散乘客，还是作为辅佐作用在众多的客运支、干线上独立承担客运任务，公交运输均发挥着重要的城市交通基础作用。

(3)出租车运输

出租车运输是最为灵活的客运方式，相较于其他运输方式它可以提供多种车型、不定线路等运输服务。在城市公共交通运输体系中，出租车运输是唯一一种能够提供“门到门”服务交通运输方式。出租车营运方式所体现出来的不固定性和多样性，主要是由于城市内的客运交通客流量大、运输距离短、流向分散、上下车频繁、流动时段分布复杂等原因。目前，根据国内各大城市出租车的运营状况，出租车主要的营运方式有一般出租车客运、汽车租赁、包车客运等。

8.2 综合客运交通枢纽调查内容及实施

8.2.1 调查内容

交通需求预测是交通规划设计的基础工作，而数据调查不仅是交通需求和预测的基础，同时也支撑着方案设计、方案比选与评价等工作，是重中之重。客运枢纽交通调查的内容取决于调查目的，具体而言，大致有两种：一种是以支撑客运枢纽规划设计为目的，调查数据主要用于需求预测，进而明确设计能力和规模；另一种是以支撑运营管理为目的，调查数据主要用于服务水平评价、运营组织方案调整等方面。

支撑客运枢纽规划设计的数据调查要相对复杂一些，调查内容涉及的范围也比较广，具体包括以下内容。

1. 背景资料收集

背景资料，是指支撑客运枢纽需求预测以及规划设计的宏观层面的包含社会经济层面、土地利用层面以及相关政策与既有规划层面的资料，是交通需求预测的始点，是最基本的输入数据。

(1)社会经济层面

交通活动由社会经济活动派生而来，想明确交通需求最根本的是能够掌握经济社会活动的发展趋势，因此相关调查内容主要涵盖了国民经济指标的历史数据，如GDP、产业结构、人均收入、消费水平等，以及人口历史数据，如常住人口数量、流动人口数量、人口出生率、死亡率、增长率、性别结构以及年龄结构等。

(2)土地利用层面

交通与土地利用相互联系、相互影响，交通发展与土地利用相互促进。用地通过产生出行量作用于交通运输系统；反过来，交通运输通过增强可达性作用于用地布局。不同的土地利用形态，决定了交通发生量和交通吸引量，土地利用形态不合理或者土地开发强度过高，将会导致交通容量无法满足交通的需求。虽然在世界上，当土地利用因素与交通规划分析结合在一起时，结果变得非常的混杂，还未得出十分满意的数学模型来描述这种复杂关系，但土地利用资料的收集却仍是不可或缺的一部分，这里所指的土地利用资料，通常包括现状交通小区土地利用性质、强度、就业岗位等以及未来的土地利用规划。

(3)相关政策以及既有规划层面

无论是哪一类别的规划，都是建立在地方总体规划和土地利用规划的基础上的，都是要遵循地方相关政策与法规的约束，客运枢纽规划作为交通发展专项规划的一部分，自然也不例外。此外，掌握既有的规划，能够有利于准确把握未来的发展方向，因此，基础资料的收集还需包含区域或者城市的总体规划、经济发展规划、土地利用规划、人口、环境保护方面的规划以及相关政策。同时，还应重点掌握拟规划客运枢纽既有的一些规划设想或发展方向。

2. 交通调查

与背景资料收集相比，交通调查得到的数据在需求预测、规划设计、方案评价等工作中的应用显得更为直接。调查内容主要包含三个方面：基础设施、道路交通量、居民出行OD调查。

(1)基础设施

这里所提及的基础设施调查，是针对客运枢纽规划而言的，调查的重点则是区域内既有客运枢纽的基本情况，包括：既有枢纽的数量、布局、现有能力、设计能力、车辆到发情况、乘客到发量情况等。

(2)道路交通量

道路交通量调查的主要目的是掌握区域或城市现有的交通运行状态，分析现状供给与需求是否匹配，预测未来的需求。此部分调查包括主要路段以及重要平面交叉口的交通量和服务水平。交通量调查需要区分高峰与平峰和车型。另外，交叉口交通量还需要分流向。

(3)居民出行OD调查

区域或城市居民以及该地区的流动人口是客运枢纽最直接的用户群，居民出行OD调查对象包括常住人口以及流动人口，对于客运枢纽规划而言，流动人口的出行量以及出行特征是绝对不可忽视的部分。调查的目的是获得居民出行特征规律以及出行量，具体调查内容包括个人属性(性别、年龄、职业、收入等)、全日出行次数、起讫点、所采用的交通方式、出行目的等。

支撑客运运营管理的数据调查要相对微观一些，调查集中在客运枢纽影响范围内，具体包括：

①换 乘 量

客运枢纽通常包括多种交通方式，为更好地发挥各种方式之间的协调性，充分体现整体优势，各交通方式之间的运营组织应能够紧密配合，多种方式之间的客流换乘行为特性以及换乘量调查，是支撑枢纽运营组织工作的基础，可以辅助换乘量预测工作。

②客流时间分布特性

所谓客流时间分布特性，既包括季节波动也包括全日客流波动，它以特定时间段内的客流量为表征，季节波动通常可通过收集区域或城市已运营枢纽的客流历史数据得到，全日客流流动，则是通过分时段进行客流量调查得到，时段的选择可根据实际需求而定，通常可以以1 h为一个计数周期。客流时间分布调查结果可用于运营组织方案制定、协调调度方案的制定以及服务水平评价等工作。

上述调查内容主要是针对客运枢纽规划设计及相关工作提出的一般调查项目，在实际工作中，具体要开展怎样的调查还应结合工程实际。

8.2.2　调查实施

社会经济、人口、土地利用、既有规划等方面的背景资料，可以直接从相关部门得到，而交通量调查及居民出行OD调查则需要投入大量的人力物力财力，必要时还需要专业设备。

1. 交通量调查

交通量的常规调查方法主要有人工计数法、机械计数法以及浮动车法等。

(1)人工计数法

人工计数法是组织调查人员在路段或者交叉口进行交通流量的观测和记录，不需要特别的设备辅助。人工计数法可以得到分车型的交通数据、某一方向或者某一车道的交通流量、交叉口的流量和流向数据、非机动车和行人的交通量等，是国内早期使用并沿用至今的一种调查法。操作简单，灵活性强，但大规模调研时人力需求过大，工作量大。此外，调查会受天气原因影响，如我国北方城市，冬季时一般无法在户外开展此项调查。

(2)机械计数法

机械计数法主要是依靠机械设备进行交通量统计，此类设备通常需要具备两大功能，一是车辆检测功能，即当车辆通过时该设备能够识别出来；二是计数功能，即每识别一次车辆，设备都能够相应的计数，并能够将数字累计。与人工计数法相比，机械计数法能够最大限度节省人力，受天气影响小，精度有保障，尤其适合长期交通量调查；缺点是设备购入、安装、维护成本高，且安装与维护不便，灵活性差。但是随着技术的不断革新，未来新技术的采用将能够促进相关设备的改进。

(3)浮动车法

浮动车法是英国道路研究所于1954年提出的，该方法调查时使用一辆测试车，车内调查员需记录三类交通量数据：对向开来的车辆数、同向超越测试车车辆数、同向被测试车超越的车辆数，此外还需记录时间。上述调查数据按特定公式即可获得调查路段的交通量、车速以及行驶时间。浮动车法的可操作性较好，但只能对路段进行调查，不适用于交叉口。

(4)交通量调查新技术

交通数据采集方式基本可分为两种：

①固定设备静态采集，即利用位置固定的检测设备获得交通数据，所采用的设备从最初的埋设式(感应线圈)，发展到如今的悬挂式(视频检测器、超声波检测器、雷达检测器、光电检测器及红外线检测器等)。

②通过被调查对象自身载体动态采集数据，这其中又涉及车辆和人两类载体。对于车辆，主要采用车载GPS设备，利用全球定位系统可以获得车辆时空信息，此项技术精度高，但却存在采集盲区(如高架下的道路、隧道)，且车载GPS设备安装率不高，样本量有限。蓝牙技术在车用电子市场中的应用在一定程度上弥补了

GPS 设备采集盲区的问题，蓝牙技术应用在车辆数据采集上。除了车辆本身有蓝牙设备外，还需要道路上设置有相应的蓝牙设备配合，因此，目前还未能得到大范围的推广应用，但这是未来发展的一种趋势。对于出行者，可借助移动通信网络(GSM，CDMA，WCDMA 等)的蜂窝结构，通过手机定位信息来推算交通流状况，实现大范围的实时交通数据的采集，此项技术最近几年在世界范围内得到了快速发展。

2. 居民出行 OD 调查

居民出行 OD 调查是一项大规模的数据调查，涉及的调查队形众多，问卷的设计、发放、回收以及后续的数据处理，工作量大。它也是一项需要投入大量人力物力的调查。居民出行调查常用的方法有电话询问法、路边询问法、车牌照调查法以及家访调查法等。实际操作中，电话询问法可接受度不高，路边询问法在一定程度上影响正常交通运行，车牌照调查法过于粗糙，所以家访调查法是这些方法中使用较为广泛的一种。

家访调查法也称入户调查，通常由社区人员配合调查员进行，主要采用抽样的方式对调查区内的住户进行问卷调查，由调查员当面了解该户 6 岁以上全体成员的详细出行情况，包括出发地、出发时间、目的地、到达目的地时间、交通工具、出行目的、换乘情况、上车前后的步行时间等。调查人员可以与被调查对象面对面交流，为其解答问卷中的相关术语和题目含义，帮助其正确填写问卷，同时，入户调查也能使调查员对被调查对象个人及家庭基本情况有直观的了解，对调查过程的掌握较为灵活，数据可靠，还可同时得到出行者的个人属性及社会经济特征资料。

3. 换乘量及客流时间分布特性调查

换乘量及客流时间分布调查是为了配合客运枢纽微观层面的一些运营、管理、协调工作，调查方法同样是计数法(数量调查)和问卷调查法(行为特性调查)，不同之处在于，此项调查的调查重点应落在客运枢纽影响范围内，这一范围理论上由影响区和合理区两部分构成，对枢纽换乘客流分布预测具有十分重要的意义。影响区是枢纽实际上影响的区域，在这个区域内，乘客能够方便地利用枢纽的各种设施进行换乘，这个区域可以通过调查获得。合理区是从理论上考虑，通过对乘客体力消耗、总时耗及交通费用等因素综合考虑后所得出的区域。

对客运枢纽而言，其吸引力的大小一般会随着距离增大而衰减，考虑两个规模相当的枢纽 A 和 B，如图 8.3 所示。枢纽 A 和 B 的吸引力衰减曲线在 O 点相交，AO 区域的乘客以到 A 枢纽乘车、换乘为主，属于 A 的影响区；BO 区域的乘客以到 B 枢纽乘车、换乘为主，属于 B 的影响区。不同规模的客运枢纽有不同的影响区。

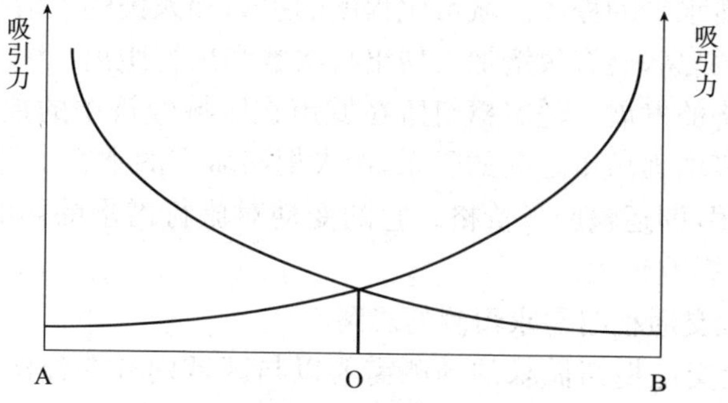

图8.3　客运枢纽影响区示意图

客运枢纽合理区是以枢纽为中心的，主要是从乘客的角度分析客流发生吸引的区域，包括“合理步行区”和“合理交通区”两方面，是客流发生的集聚区，一般对枢纽内换乘客流的预测都是在枢纽合理区内进行的。合理步行区是指以乘客步行到达枢纽的合理距离为半径的区域。合理交通区是指以居民乘坐非快速轨道交通工具到达枢纽的合理距离为半径的区域。

8.3　综合客运交通枢纽需求预测

8.3.1　预测思路与方法

综合客运交通枢纽需求预测应结合每个城市自身的特点、社会经济发展水平及市民出行特征等，选择合适的一种或多种预测方法进行预测，再对预测结果进行综合分析。

1. 综合客运交通枢纽需求预测的因素

综合客运枢纽系统是社会经济的子系统，它的发展除了与本身的实际历史发展情况有关，还和系统内不同子系统的发展情况相联系，同时也受周边地区社会经济及交通运输发展的影响。因此，在进行综合客运枢纽需求预测时，不应孤立地研究某一对象、某一问题，而应该将众多的影响因素关联起来进行考虑。影响综合客运枢纽需求预测的因素可概括为以下六方面：

(1)生产发展水平。生产性旅行需求占旅行需求的比重很大，所以生产发展水平和速度是影响旅行需求的重要因素。

(2)人口数量。影响乘客运输需求的一个重要因素是人口因素，人口规模越大，运输服务的需求也随之越大。

(3)综合运输网络的改善。改善综合运输网络，有效提高出行机动性、缩短出行时间、提高出行舒适性，会吸引更多的乘客出行。

(4)人民生活水平的提高。城市化程度的提高和人民的生活水平提高,特别是农民的生活水平提高,会有效增加人均出行次数和出行距离。

(5)区域经济的发展。随着枢纽所在城市在区域经济中的地位重要性和辐射作用的加强,势必增强城市之间的联系,增大枢纽城市的乘客出行需求。

(6)旅行费用,即运输服务价格。它的变动对旅行需求的影响较大,尤其是对消费性旅行需求影响较大。

2. 综合客运交通枢纽需求预测的思路

对综合客运交通枢纽需求的预测需要以与区域内社会经济发展政策相协调为基础,将区域内客运系统与经济社会系统相关联,同时使区域运输系统中各种运输方式联系起来。对客运量进行预测的时候,需要与区域内社会经济和交通运输历史发展相结合,从中得出区域内交通枢纽发展的潜在规律,在这个过程中,不仅要考虑本区域内运输需求的历史状况,还要通过对区域社会经济发展的条件、政策及制约因素进行研究分析,从而进行逻辑判断和决策。具体思路如下:

(1)首先基于城市以往客运量增长情况和社会经济未来发展趋势确定未来客运需求增长的总体速度,以客运量现状为基数,对客运需求总量进行预测。

(2)基于城市圈未来各城市之间的相互联系和城市圈与外部经济联系的发展趋势,确定不同运输层次的发展速度和在客运需求总量中的比例结构,进而预测出不同特征年城市圈和对外客运需求量。

(3)对城市圈客流和对外客流需求的运输结构进行分析预测。以特征年度各种运输方式基础设施的发展水平为主要依据,确定不同运输方式在承担各层次客流中的比重,其中公路运输分私人小汽车和营运性客运两种。

(4)把各种运输方式在不同运输层次中承担的客运量汇总得到未来客运总量。

(5)根据未来客运站的布局和功能分工,把不同运输方式营运性客运需求量分配到各客运枢纽场站,即为未来各客运枢纽场站的客流量。

3. 综合客运交通枢纽需求预测方法

客运枢纽交通需求预测包括总量预测与换乘量预测两部分:总量预测一般可基于历史数据考虑采用统计学上的时间序列预测法;换乘量预测可选用的方法包括四阶段法、因素分析法、类比分析法等。预测结果一般需要呈现总量数据及分时段数据。

(1)四阶段法

客运枢纽换乘量预测可借鉴传统的四阶段法中的交通分布预测和交通方式划分预测方法,这是因为客运枢纽的换乘量预测与交通分布预测和方式划分预测有一定的相似度,具体对应关系见表8.1和表8.2。

表 8.1　交通分布量预测和换乘量预测对应关系

项　　目	交通分布预测	换乘量预测
预测基础	交通小区	枢纽内各换乘交通方式
	交通小区数目 n	换乘方式种类 n
预测变量	出行生成总量 T	枢纽集散客流总量 H
	交通小区的出行发生量 P_i	换乘方式的客流集结量 I_i
	交通小区的出行吸引量 A_j	换乘方式的客流疏散量 D_j
	出行分布量 T_{ij}	换乘分布量 H_{ij}
出行阻抗与换乘阻抗	出行分布阻抗 t_{ij}	换乘阻抗 C_{ij}
发生量与集结量约束	$\sum_{j=1}^{n} T_{ij} = P_i$	$\sum_{j=1}^{n} H_{ij} = I_i$
吸引量与疏散量约束	$\sum_{i=1}^{n} T_{ij} = A_j$	$\sum_{i=1}^{n} H_{ij} = D_j$
总量约束	$T = \sum_{i=1}^{n}\sum_{j}^{n} T_{ij} = \sum_{i}^{n} P_i = \sum_{j}^{n} A_j$	$H = \sum_{i=1}^{n}\sum_{j}^{n} H_{ij} = \sum_{i}^{n} I_i = \sum_{j}^{n} D_j$
预测结果	出行分布矩阵	换乘矩阵

表 8.2　方式划分预测和换乘量预测对应关系

项　　目	方式划分预测	换乘量预测
预测基础	交通方式种类 n	换乘方式种类 n
	出行需求总量 Q	枢纽内换乘方式集散客流总量 H
	交通方式 i 分担的比例 K_i	换乘方式 i 的比例 X_i
预测变量	交通方式 i 承担的出行量 Q_i	换乘方式 i 的换乘量 H_i
约束条件	$\sum_{i=1}^{n} K_i = 1, \sum_{i=1}^{n} Q_i = Q$	$\sum_{i=1}^{n} X_i = 1, \sum_{i=1}^{n} H_i = H$
预测结果	交通方式分担的比例及所承担的出行量	换乘方式的比例及换乘客流量

“四阶段”法中涉及的预测模型又可分为集计模型和非集计模型两类，两类模型各有优缺点(模型对比见表 8.3)。结合使用则能发挥更好的作用，在模型总体结构上应用集计模型反映各方式间的换乘关系，对换乘方式选择行为分析应用非集计模型建立换乘阻抗函数，反映个人属性、换乘属性等对换乘行为选择的影响。就可以充分利用两种模型的优点，既保证模型具有较高的时间和空间可转移性，又在一定程度上降低了建模、预测、集计过程的复杂性。

(2)因素分析法

因素分析法仍然是以非集计模型为基础的。由计划行为理论可知，乘客的行为态度、行为主观规范、知觉行为控制是行为意向的诱因，而行为意向直接作用于换乘行为。乘客的态度，主观规范等受到自身社会经济属性、家庭特征、出行特征等多种因素的影响，通过观测这些影响因素的变化，可以推测换乘决策行为的变化。因素分析法正是在影响因素分析的基础上，以 Logit 模型为载体，将这些因素考虑到模型中，通过调整 Logit 模型中的相关影响因素，可预测换乘比率的变化趋势。

表 8.3 集计模型与非集计模型比较

项　目	集计模型	非集计模型
调查单位	单个出行	单个出行
分析单位	交通小区	个人(家庭、企业)
调查效率	需要的样本数多	需要的样本数少
因变量	小区统计值(连续量)	个人的选择结果(离散量)
考虑个人发生的难度	困难	容易
模型标定方法	回归分析等	极大似然估计法等
计算工作量	比较小	比较大
适用范围	标定模型用的小区	任意
政策表现能力	小区平均值的变化	各个自变量的变化

(3)类比分析法

类比分析法与四阶段法、因素分析法有本质的区别，它不再依赖于特定的预测模型。类比分析法是根据两个对象的已知相似性，把一个对象已知的属性或规律推介到另一个对象上，从而获得对另一对象新的认识方法。类比分析法主要应用于未建客运枢纽交通方式分担率的预测。更准确地说，更适用于中小城市客运枢纽的分析。类比分析法的基本思想是通过与其他城市或地区的客运枢纽进行比较，找出拟规划客运枢纽与其他客运枢纽之间的相似性，以已建客运枢纽的换乘方式划分情况为参考，预测拟规划客运枢纽的方式分担率。

8.3.2 方法适用性分析

(1)四阶段法

以四阶段法为基础的换乘量预测方法结合了非集计模型和集计模型的优点，并将交通方式的出行费用、舒适性、方便性和速度纳入换乘量预测模型中用于综合客运枢纽中各交通方式间换乘量的预测，提高了模型的预测精度。但是，由于模型的抽象化和实际问题的复杂性，在研究过程中仍存在许多不足之处，如没有考虑换乘原来的交通方式对换乘量的影响，以及未考虑到性别、年龄、距离等因素的问题。

(2)因素分析法

基于因素分析的换乘分担率预测方法是对未来年客运枢纽各方式的分担率变化趋势的预测，首先需要了解现有的客运枢纽换乘活动主要受到哪些因素的影响，具体可采用非集计模型进行影响因素的提取，对比分析这些因素的变化，进而预测换乘比率的变化趋势。

(3)类比分析法

应用类比分析法预测拟建客运枢纽交通方式分担率关键在于寻找可类比的城市及客运枢纽站，相似度越高，预测精度越精确。

分别从各类预测方法的基础资料需求、应用范围、常用模型、建模过程复杂程度及模型预测精度方面进行适用性分析，结果见表 8.4 和表 8.5。

表 8.4　各方法所需基础资料比较

预测方法	所需的基础资源或设备
四阶段法	枢纽内各种主导交通方式的客运量、交通阻抗；若应用与长期预测，需要枢纽所在城市 5～10 年的社会经济发展规划、城市土地利用规划、综合交通规划等基础资料；样本的 SP 调查
因素分析法	基于应用非集计方法对已有枢纽换乘量预测的基础之上，需要枢纽所在城市 5～10 年的社会经济发展规划、城市土地利用规划、综合交通规划等基础资料
类比分析法	类比城市的地理环境特征、经济发展水平、人口状况等基础数据； 类比城市枢纽的换乘量数据

表 8.5　各方法应用范围比较

预测方法	应用范围	应用模型	建模过程复杂程度	预测精度
四阶段法	已运营和拟建枢纽	交通分布、Logit 模型	复杂	较高
因素分析法	已运营枢纽	Logit 模型、敏感性分析	简单	一般
类比分析法	拟建枢纽	类比法	复杂	一般

8.4　综合客运交通枢纽布局设计评价方法

8.4.1　评价的目的与意义

综合客运交通枢纽布局设计评价，就是通过运用一些系统理论与数学方法，对枢纽的布局设计现状进行客观、真实的分析评价，通过评价其协调程度，可以为制定相应的措施及改进方案提供依据。

评价即评判的价值，它是对人或事经过判断、分析后得出的结论。在交通规划层面，评价工作可以细分为三个部分：一是规划开始前，对现状的评价，目的在于了解现状存在的问题以及需要改进的方向；二是规划实施阶段，对规划方案进行评价，目的在于辅助方案设计、对比不同方案的优缺点以便进行方案必选；三是规划对象投入使用后，对使用情况进行综合评价，目的在于了解该规划方案实际应用效果、功能水平等。客运枢纽布局设计评价同样可以从这三个层面展开，而无论是哪一层面的评价，其评价工作的流程都是相似的。

在交通领域，评价在最初阶段只是为了明确方案的成本费用、投资效益等指标，目的仅仅在于评判某个建设方案能否在经济上可行，甚至达到很好的盈利效果。但随着公众对交通服务提出的更高的要求，以及社会经济可持续发展的趋势，评价工作有了新的使命，对方案效果的评价的焦点已经不再局限于效益层面，而是延伸到社会满意度、环境、安全、能耗、资源分配、可行性、运行效率以及服务水平等众多层面。

交通规划本身属于综合性、社会性很强的工作，因此，评价工作也要求具有一定的科学性和较高的准确性，这就要求评价所用的基础数据以及背景资料必须准确可信，同时配备有科学的评价指标体系和评价方法。值得注意的是，评价并不等于决策，它只是为参与决策的人员（如规划人员、管理人员、公众等）提供决策依据，是辅助决策的一个不可或缺的手段。为了更好地辅助决策，应明确给出评价所用的假设和前提、指标体系、评价范围和可信性。

8.4.2 评价指标体系的建立

客运枢纽评价涵盖宏观、中观、微观三个层面。宏观层面，以多个枢纽及其相互之间的线网为对象进行评价；中观层面，以单个枢纽为研究对象，重点评价枢纽布局设计与控制、枢纽整体结构等；微观层面，重点评价枢纽内部设施配置及客流组织合理性等。客运枢纽布局设计评价应涵盖中观和微观层面，且以中观层面为重点。

评价指标体系的建立是评价工作中极其重要的一项内容，不同的指标体系或者同一体系不同指标都会带来评价结果的差异性，因此，评价指标体系的建立要力求科学合理，所选取的指标应能充分反映客观事实，并能与目标层的目标准确对应，具体应遵循以下原则。

(1)综 合 性

客运枢纽布局设计评价指标体系要能全面、系统地评价整个枢纽的布局结构、服务能力与服务质量，对评价目标进行准确分解，对各个指标因子进行层层析取。

(2)科 学 性

客运枢纽布局设计评价指标体系必须能够明确地反映评价目标，指标体系的大小也必须适宜。指标体系过大，指标划分过细，不利于对瓶颈问题的关注和研究；指标体系过小，指标划分过细，也不能充分反映整体水平。

(3)独 立 性

根据评价目标针对主要影响因素选取指标因子，从而得到各方面具有代表性的单项指标或综合指标，以确定适当的评价指标体系。每个指标都必须具有自己的影响特性，不能被其他的影响指标所代替。

(4)易获取性

客运枢纽布局设计评价以定量分析为主、定性分析为辅的方式进行，指标的计算和数据的获取应尽量满足评价操作便捷性要求，指标的计算不宜过于复杂。定性评价部分应有相应的评判标准，该标准应简单明了，避免出现歧义。

(5)稳定可比性

客运枢纽布局设计评价指标体系中选用的指标要有稳定的数据来源，才能保证评价结果的真实性、客观性和合理性，并且在不同方案里或不同时空状态下具有可比性。

客运枢纽布局设计评价指标应主要从功能与结构、社会经济效益以及环保节能三个方面进行，指标体系如图 8.4 所示。

(1)功能与结构指标

客运枢纽功能与结构指标主要包括客运枢纽总体的运行效率、客运服务能力、换乘方便性、不同方式之间的协调性、应急疏散能力等。

(2)社会经济效益指标

社会经济效益指标主要包括投入产出比、社会满意度、土地增值以及拉动就业能力等。

(3)环保与节能指标

绿色循环、低碳交通是新时期交通规划工作所遵循的基本发展思路。因此，客运枢纽布局设计评价指标体系中，环保与节能是不可或缺的。环保与节能指标主要包括生活环境影响、生态环境影响以及平均能耗等。

建立指标体系后，就要开展指标的选取工作，通常可分为初选、筛选和精选三个过程。初选是根据指标体系中不同的评价目标进行指标的初步归纳；筛选是根据评价目标的重要程度，以及各项指标与评价目标的一致程度，提取合理性较高的指标；精选是将筛选后的指标进行提炼和综合，得出最终的评价指标体系。

初选一般可采用范围法、目标法、部门法、问题法、因果法、复合法、分析法、专家咨询法等。

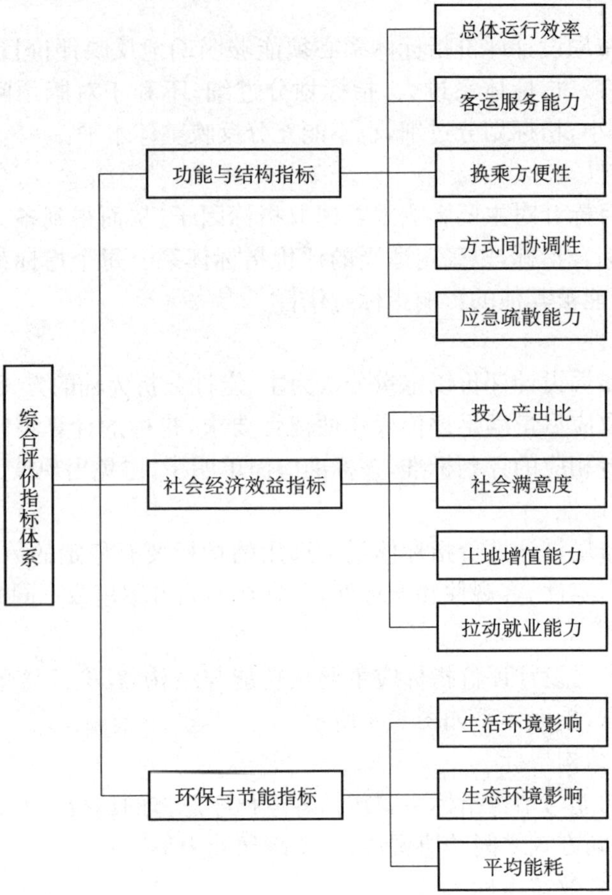

图 8.4 客运枢纽布局设计评价指标体系

筛选是对初选后的指标进行第一次优化，一般通过检验每一单项指标的可行性和正确性以及整个指标体系的必要性和完备性来进行。指标的可行性是指该指标的数值应能够获得且获得的手段与方法简单可行、不产生高额成本。指标的正确性是指该评价能够有准确的计算方法、计算范围及计算内容。指标体系的必要性是指从全局来考虑时，构成指标体系的所有指标都是必不可少的，无冗余现象。指标体系的完备性是指指标体系能够全面地、毫无遗漏地反映最初描述的评价目的和任务。

精选是对指标体系的二次优化，根据实际情况，对筛选后的指标再次进行核准、去糟取精，得到最终的评价指标。

8.4.3 评价方法的选择

最早且最常用的定量评价方法是与财务和技术经济有关的成本效益分析法，

但由于交通领域中的很多因素无法量化，只能定性分析，且评价工作也从单一的投资收益层面拓展到更广的范围，只能从一个角度反映被评价方案的优劣的成本效益法，已不能完全适用了。随着运筹学应用领域的不断扩展，逐渐出现了定性与定量相结合的评价方法，如层次分析法、模糊综合评价法以及以此为基础发展出来的各类组合评价方法，这些方法的基本思路与特点见表8.6。

表8.6　常用评价方法比较

类型	方法名称	基本思想	主要特点
确定型	层次分析法（AHP法）	将评价目标分为若干层次和指标，依照不同权重进行综合评价的方法	把定性问题定量化，但仍然存在评价过程的随机性和评价专家的主管不确定性，判断矩阵易出现严重的不一致性
	蒙特卡罗法	对于每一权重向量，利用加权法对评价对象进行排序，再统计每个评价对象排在各个排序位次上的次数，进而求出相应比例	对于难以得到解析解或根本没有解析解的问题，蒙特卡罗法是一种有效的求出数值解的方法
	主成分分析法	将多个指标化为少数几个综合指标，而保持原指标大量信息的一种统计方法	解决了指标间的信息重叠问题，具有全面性、可比性、合理性等优点，但如果对多个主成分进行加权综合会降低评价函数区分的有效性
	TOPSIS法	基于归一化后的原始数据矩阵，找出有限方案中的最优方案和最劣方案，然后分别计算每一方案与最优方案和最劣方案的距离，以此作为评价依据	具有客观、实际、主观因素小、区分明显等特点，但最终结果不是很准确
不确定型	灰色关联法	该方法是将灰色系统理论中的关联分析法用于多层次的综合评价中	较好地克服了关联分析法对各评价元素主次不分的不足，且计算简便
	模糊综合评价法	应用模糊关系合成特性，从多个指标对被评价对象隶属等级状况进行综合性评价的一种方法	数学模型简单、易于掌握，对于因素多层次的复杂问题评判效果较好
	粗糙集综合评价法	在保持分类能力不变的前提下，通过约简导出问题的决策或分类规则	适用于指标数量较多的评价体系

8.5　相关标准与规范

在客运枢纽规划与设计方面，国外的设计规范较为成熟，但由于在很多方面差异性明显，对国内工程建设指导意义不明显，因此，本书只对国内的情况进行介绍。

当前我国客运枢纽规划建设还处于起步阶段，没有形成一套完整的关于综合客运枢纽规划设计的标准与规范，基本仍沿用原有各种交通方式客运站规划建设的相关规范。

(1)铁路客运站

铁路客运站布局设计、设施功能以及规模确定主要依据为《铁路车站及枢纽设计规范》(TB 10099—2017)行业标准(以下简称《站规》)，自 2017 年 12 月 1 日起实施。

《站规》全面落实了国家有关生态环境保护、水土保持、土地保护等法律法规的要求突出“以人为本、服务运输、系统优化、着眼发展”的设计理念，强调铁路车站及枢纽设计应依据铁路网规划、城市总体规划和综合交通规划，系统分析客货运输要求，统筹协调车站及枢纽设施设备的布局，选择适宜的标准，合理确定车站及枢纽设计方案。修订后的规范适用于高速铁路、城际铁路、客货共线Ⅰ级和Ⅱ级铁路、重载铁路，涵盖了各级铁路，进一步完善了铁路工程建设标准体 系，是有效指导铁路工程建设的重要技术标准。

(2)汽车客运站

汽车客运站规划设计主要依据《汽车客运站建筑设计规范》(JGJ 60—1999)。

①为保证汽车客运站建筑设计的质量，使汽车客运站符合安全、卫生和使用功能等方面的基本要求，制定本规范。

②本规范适用于新建、改建、扩建的汽车客运站的建筑设计。

③汽车客运站的建筑等级应根据车站的年平均日旅客发送量划分为四级。

④当年平均日旅客发送量超过 25 000 人次时，宜另建汽车客运站分站。

⑤汽车客运站建筑设计除应符合本规范外，尚应符合国家现行有关强制性标准的规定。

(3)地铁站

地铁站内设施规模主要设计依据为《地铁设计规范》(GB 50157—2013)，自 2014 年 3 月 1 日起实施。规范指出，地铁工程的建设规模、设备容量以及车辆段和停车场等的用地面积应按远期预测的客流量和列车通过能力确定。

(4)公交站

在综合换乘枢纽内，由于客流量大，一般均在此设置公交首末站。公交首末站的停车用地，应保证其所交汇的每条公交线路正常输送乘客所需的停车空间。

公交首末站规模的确定主要参照《城市道路公共交通站、场、厂工程设计规范》(CJJ/T 15—2011)。

第9章　交通运输系统规划综合评价方法

一个规划方案能否被采用，应在设计和大量试验不同的规划方案之后才能确定。这些规划方案逐次被淘汰，直到剩下几个备选的可行方案；然后，对剩下的几个方案进行深入地评价，以确定哪一个方案能最大限度地满足规划的目标。因此，在交通运输系统规划中，对各个备选方案进行分析和评价是十分重要的。

交通运输系统规划的评价是对规划方案的描述和对其价值的分析阐明。评价的目的，是选择出最优规划方案，或在评价方案的优劣的基础上对现有方案进行修正或拟定新的规划方案从而为规划的最终决策提供科学的依据。

本章系统地阐述了交通运输系统规划的评价问题。首先分析交通运输系统规划评价的目的、内容、方法和特点，然后讨论了交通运输系统规划的技术评价、经济评价、社会评价和综合评价的方法。

9.1　交通运输系统规划评价的特点

交通运输系统规划评价应考虑不同方案的服务水平、可能产生的影响、满足区域预定的发展目标和任务的程度等多个方面。按传统的做法，不同规划方案的影响是从用户的观点进行评价的。但是，目前有关社会、经济、环境等方面的评价标准变得日益重要，在规划评价中已逐渐将重点转移到这些方面。因此，从评价的内容来看，交通运输规划评价主要包括技术评价、经济评价、社会评价和综合评价。

交通运输规划评价的方法包括定性和定量分析两种，一般采用定性分析来揭示其宏观的社会效果，用定量分析来揭示其微观的经济效果和技术效果，并在此基础上选择最佳方案。常用的定量分析方法有回归方法、成本效益分析法、层次分析法、模糊综合评价法、投入产出法等。在计算方案的评价值时，对于难以量化的评价指标，可采用专家咨询法，组织专家评分或进行等级评估，通过统计处理(如计算其均值与方差等)得到评价值。

一个科学的交通运输规划评价方法应具有以下特点。

(1)综 合 性

评价的综合性体现在两个方面。首先，交通运输系统规划是一种综合规划，包括铁路、公路、水路、航空、管道等多种运输方式，各种方式相互补充、相互影响、相互竞争，因此，对其评价是对所有运输方式的综合效果的评价，而不是单一的、割裂的评价；其次，交通运输系统规划是一个多层次、多因素、多目标的复杂系统，方案的实施，不仅改善了交通运输网络本身，而且对社会、经济、环境等方面都有着重大影响。因此，对其评价不仅要对运输网络本身的合理程度进行评价，而且要对其在技术、经济、社会等诸方面的影响进行综合评价。由此可见，对交通运输网规划的评价，应是综合的多种运输方式并波及整个地区社会经济的、反映规划整体效益的评价。

(2)定性与定量相结合

当区域社会经济结构较稳定时，交通运输对区域社会经济的作用可以采用数学模型定量计算；但是，当区域社会经济发展变化较大时，交通运输的先行作用往往难以量化。此外，技术评价的指标一般是容易量化的，而社会评价指标往往难以量化。因此，在进行评价时，应将定性与定量相结合，作出合理的、符合实际情况的评价。

(3)动 态 性

对于交通运输方案的评价，显然不能脱离时间的因素。若将现有交通量放在20年后的运网中进行考察是没有意义的。所以，对现状网的评价与对规划网的评价，其环境是完全不同的。此外，对方案的经济评价亦须考虑时间价值。因此，在评价时必须具有动态的观念。

(4)整 体 性

对交通运输网规划方案的评价，不仅要考虑方案对规划地区内部社会经济发展的影响，而且应注重方案对于发挥区域特点、提高区域在全国的地位与重要程度的贡献，即把规划区域放在全国乃至世界的大环境中，从整体出发加以考察。

如上所述，交通运输规划的评价，应是一种将定性与定量相结合，进行综合的、动态的、系统的评价。下面，分别讨论交通运输系统规划的技术评价、经济评价、社会评价和综合评价。

9.2 交通运输系统规划的技术评价

交通运输系统规划的技术评价是从技术因素方面分析网络的内部结构和功能，以验证规划方案的合理性，为优化和决策提供技术依据。

技术评价的指标可以分为两类：第一类指标反映网络自身的技术状况，而与是否满足运输需求有关，如运网连通度、路网密度、路网覆盖形态等，这些指标从网络的连续性、通达性、分布密度、布局等方面描述网络的状况；第二类指标则反映路网对社会经济需求的适应程度，既与网络的能力有关，又与对网络的需求有关，如饱和程度、负荷均匀性等，这些指标从网络能力适应需求的程度等方面描述网络的状况。下面介绍技术评价的主要指标和数学模型。

(1)运网连通度D_n

运网连通度反映各节点间的连接程度。其计算公式如下：

$$D_n=\frac{L_n/\zeta}{\sqrt{AN}} \tag{9.1}$$

式中，D_n 为运网连通度；L_n 为通车总里程；A 为区域面积；N 为区域内的节点数；ζ 为变形系数(反映线路的弯曲程度)，通常取 1.1～1.3。

考虑到多种运输方式，式(9.1)可修正为

$$D_{zn}=\sum_{i=1}^{m}\frac{L_i/\xi_i}{\sqrt{AN}} \tag{9.2}$$

式中，D_{zn}为综合运网连通度；L_i 为第 i 种运输方式的通车总里程；ξ_i 为第 i 种运输方式的变形系数；m 为运输方式的种类数。

(2)运网可达性

可达性是指在规划区内某一点出发抵达任一目的地的行程距离、行程时间或费用的大小。它反映各节点间交通的便捷程度。

路网中某一节点 i 的可达性，可由该节点开始至其他各节点的平均行程时间 T_i 或距离 D_i 表示如下：

$$T_i=\frac{\sum_{j=1}^{N}t_{ij}}{N},(i=1,2,\cdots,N) \tag{9.3}$$

$$\text{或 } D_i=\frac{\sum_{j=1}^{N}d_{ij}}{N},(i=1,2,\cdots,N) \tag{9.4}$$

式中，t_{ij}为网络中从节点i 至节点j 的最短平均行程时间；d_{ij}为网络中从节点i 至节点j 的最短平均行程距离；N 为区域内的节点数。

于是，整个路网的可达性，可用所有节点的可达性的均值来表示。

$$T=\frac{\sum_{i=1}^{N}T_i}{N} \tag{9.5}$$

$$\text{或 } D=\frac{\sum_{i=1}^{N}D_i}{N} \tag{9.6}$$

(3)连续性

连续性指标有两方面的含义。其一是指“运输方式的连续性”；其二是指“服务

水平的连续性”。运输方式的连续性十分重要。若不同的运输方式不能连续，对运输时间、运输费用、运输质量等诸方面均会产生很大的不利影响。服务水平的连续性主要用于公路网络，不同等级的交通设施具有不同的服务水平，从使用较高服务水平的交通设施（如高速公路）转换到较低服务水平的交通设施（如低等级公路）时，一般将增加交通事故率，因此通常要求高速公路网不能有支线端，即使其某些部分交通量很小，也应考虑设置连线，使得高速公路能与较高等级的干线公路连接。

（4）起讫点之间线路的效率 E

线路效率 E 是一个较为微观的指标，它是在起讫点给定的情况下，最短路线的行程时间（或距离）与实际行程时间（或距离）之比值。这里的最短路线行程时间（或距离）通常定义为航空线路的时间（或距离）或者某条实际存在的最短路线的时间（或距离）。它反映各起讫点之间的交通状况与最佳状况的差距。其计算公式如下：

$$E=\frac{d\sum_{k=1}^{K}f_k}{\sum_{k=1}^{K}d_k f_k} \tag{9.7}$$

式中，E 为某起讫点之间的线路的效率；f_k 为该起讫点间线路 k 上的交通量；d_k 为该起讫点间线路 k 的行程时间（或距离）；d 为该起讫点间航空线路的行程时间（或距离）。

如果规划在一些起讫点间增加新线路，设这些起讫点的确定有若干个方案。则用式（9.7）可计算出各个方案实施后的线路效率 E' 在某起讫点间增加新线路相对于在其他起讫点间增加新线路的重要程度（等级）W 为

$$W=\frac{\sum_{k=1}^{K}f_k}{E'} \tag{9.8}$$

式（9.8）表明，在某起讫点间增加新线路的重要程度，与该起讫点间的交通量成正比，与该起讫点间的线路效率成反比。这就是说该起讫点间的交通量越大，越需增加新线路；效率越低越需增加新线路。

利用起讫点间的线路效率指标，可考察在该起讫点间增加新连线的规划方案是否提高了线路效率以及新线路的重要等级，从而对方案进行精细的改进及调整。

（5）运网适应性 α 与 β

适应性就是运网规划方案所能达到的运输能力对国土、人口和经济适应状况的指标。适应性可用运网适应系数 α 和运网适应度指标 β 来表示。其计算公式如下：

$$\alpha=\frac{L}{\sqrt{SP}} \tag{9.9}$$

或 $$\alpha=\frac{L}{\sqrt[3]{SPQ}} \tag{9.10}$$

以及 $$\beta=C/Q \tag{9.11}$$

式中，α 为运网适应系数；β 为运网适应度指标；L 为运网总长度，km；P 为人口数量，万人；S 为区域面积，km；Q 为运输量，万 t；C 为运输能力，万 t。

运网适应系数 α 反映网络对于区域面积、人口与运输需求的适应状况，运网适应度指标 β 则表示运输能力适应运输需求的程度。

(6)饱和程度 V/C

饱和程度又称路网能力适应度，它是公路网特有的指标，反映公路网的能力适应需求的程度，也反映出公路网的拥挤程度。饱和程度等于运网上的实际交通量与设计容量的比值。其计算公式如下：

$$V/C=\frac{\sum_{i=1}^{n} V_i\, l_i}{\sum_{i=1}^{n} C_i\, l_i} \tag{9.12}$$

式中，V_i 为第 i 条道路(包括公路、铁路、航道)的交通量；C_i 为第 i 条道路(包括公路、铁路、航道)的容量；l_i 为第 i 条道路(包括公路、铁路、航道)的长度；V/C 为饱和程度；n 为道路的总数。

饱和程度是一个十分重要的指标，用饱和程度 V/C 可以对公路网给出一个直观的、综合性的评价结论。据我国原交通部公路科学研究所的研究成果，将公路干线网的状况采用如下评语集：{超前，适应，基本适应，不适应，很不适应}，其评价标准如下：

当 $V/C\leqslant 0.7$ 时，超前(指干线路网的能力超前于需求)，这时所有路段的 V/C 均小于 1，且有较多路段的交通量远未达到其通行能力；

当 $0.7<V/C\leqslant 0.85$ 时，适应，这时基本上所有路段的 V/C 均小于 1；

当 $0.85<V/C\leqslant 1$，基本适应，这时除少数路段外，大多数路段的 V/C 均小于 1；

当 $1<V/C\leqslant 1.5$，不适应，这时有相当多的路段的 V/C 均大于 1；

当 $1.5<V/C$，很不适应，这时几乎所有路段的 V/C 均大于 1。

(7)负荷均匀性 η

负荷均匀性也是公路网特有的评价指标，它反映区域内各线路上拥挤状况的差异程度。其计算公式如下：

$$\eta=\sqrt{\frac{1}{n}\sum_{i=1}^{n}(V_i/C_i-V/C)^2} \tag{9.13}$$

式中，η 为负荷均匀性指标；n 为道路总数；V_i 为第 i 条道路的交通量；C 为第 i 条道路的设计容量；V/C 为饱和程度。

(8)铺面率 PR

铺面率是公路特有的指标，它是指路面道路里程占公路总里程的比重。这里的“有路面”的道路包括具有高级、次高级、中级和低级所有经过人工适当处理的路面的道路。铺面率反映道路的质量，如行车的全天候性问题(即晴雨通车问题)、扬尘与颠簸问题等。其计算公式如下：

$$\mathrm{PR}=\frac{\sum_{k=1}^{K_i}L_k^f}{\sum_{i=1}^{I}L_i} \tag{9.14}$$

式中，PR 为铺面率；L_k^f 为第 k 条有路面的道路的长度；L_i 为第 i 条道路的长度；K 为有路面的道路的总数；I 为道路的总数。

铺面率的超前与否也有一定的判断标准。据我国交通部公路科学研究所的研究成果，将公路铺面率状况采用如下评语集：{超前，适应，基本适应，不适应，很不适应}，其评价标准如下：

当 $95\%\leqslant PR$ 时，超前；

当 $90\%\leqslant PR<95\%$时，适应；

当 $80\%\leqslant PR<90\%$时，基本适应；

当 $60\%\leqslant PR<80\%$时，不适应；

当 $PR<60\%$时，很不适应。

(9)路网密度 HD

路网密度描述区域内路网的密集程度，它等于平均单位国土面积上的道路里程长度。其计算公式如下：

$$\mathrm{HD}=\frac{\sum_{i=1}^{n}l_i}{A} \tag{9.15}$$

式中，l_i 为第 i 条道路(包括铁路、公路、航道)的长度；A 为区域土地面积。

路网密度也可定义为区域内每万人口或每万元产值所拥有的道路长度。一般认为，运网密度越大越好，但运网密度越大，意味着需要的建设资金越多，对环境等影响也越大，因此运网密度应当有一个合理的量。

路网密度反映了交通运输网络建设的总体规模与水平。通过不同地区或国家之间的横向比较，可以评价运网的宏观规模的合理性。一般地，一个国家的路网密度与该国的经济发展水平和人口密度的关系最为密切，经济发展水平和人口密度越高，对交通运输的需求就越大，因而路网密度也越高。这一关系可由下述数学模型表示：

$$\mathrm{HD}=K\cdot \mathrm{PD}^{\alpha}\cdot \mathrm{PG}^{\beta} \tag{9.16}$$

式中，HD 为路网密度，km/100 km；PD 为人口密度，人/(km)^2；PG 为人均国民生产总值，美元；K,α,β 为参数。

分别将世界上发达国家、发展中国家、国内其他地区的有关数据作为样本，用回归分析法可确定上式中的参数，建立不同的回归模型，从而可以将待评价区域的路网密度与发达国家、发展中国家、国内其他地区进行横向比较，判断出本区域现状网络与规划网络是否适应社会经济发展及其处于何种水平。

(10)网络覆盖形态

网络覆盖形态与区域开发及服务水平等问题有着密切的关系。网络覆盖形态应与土地开发形态、人口分布形态、经济发展形态相适应，运网的均匀发展将促进地区的均衡发展。所以，这一指标不仅能反映运网的宏观规模，更重要的是能深入、具体、直观地描述运网在区域内的分布与覆盖程度，从而反映了网络的重要特征。

网络覆盖形态可用基于分维理论的覆盖形态评价模型进行评价。分维数越大，网络的覆盖形态就越好。因此，可用分维数定义网络覆盖度。除了覆盖度以外，还常用覆盖深度来描述网络覆盖形态。覆盖深度越小，说明该区域相距较小的距离就有一条道路，因此交通状况就越好。

(11)路网平均技术车速

路网平均技术车速是一个评价公路网的指标，它是以各路段的长度为权重得到的整个路网的平均技术车速。其计算公式如下：

$$V=\frac{\sum_{i=1}^{m}V_iL_i}{\sum_{i=1}^{m}L_i} \tag{9.17}$$

式中，V 为路网平均技术车速，km/h；V_i 为第 i 条路段的平均技术车速，km/h，根据该路段的道路等级获得；L_i 为第 i 条路段的长度；m 为路网中路段的总数。

合理的路网平均技术车速应高于汽车的燃油经济车速。

对于水运网，可用平均航速来反映这一指标。

上述 11 个指标是描述交通运输网络的主要指标。在应用时，不必对每个指标都进行计算，而应突出重点，根据具体情况选择其中的几项指标进行计算、分析与评价。在这 11 个指标中，一般认为饱和程度 V/C、负荷均匀性 η、运网连通度 D_n、运网可达性、路网密度 HD、网络覆盖形态是较为重要的指标。

9.3 交通运输系统规划的经济评价

交通运输系统规划的经济评价是利用效益费用分析原理和方法对其进行经济效益分析。它是可行性研究的重要组成部分，是判断项目是否合理，建设规模、建设时间和经济效益优劣的依据。

交通运输项目通常有三种经济影响：一是交通运输项目实施后，对运输部门本身产生的效益，它是对交通运输设施的使用者征收运输费用获得的，即对运输部门内部的经济影响，这部分影响可通过财务经济评价进行计算；二是交通运输项目实施后，使用者在经济上得到方便的效果，称为直接经济效果，这部分影响可通过国民经济评价进行计算；三是交通运输项目实施后，对周围地区的影响效果称为间接经济效果。这种效果十分重要，但一般较难量化，应采用定性与定量相结合的方法进行分析。这三种影响均包括收益和危害两个方面。一般地，交通运输项目的直接经济效果和间接经济效果远远超过其经营部门的获利。所以，在经济评价中，通常将评价的重点放在国民经济评价上。

经济评价应遵守的原则是：①费用与效益的计算范围对应一致的原则；②“有—无”对比的原则（即应假设规划项目实施与不采用规划项目时的费用和效益进行对比）；③进行动态计算的原则（在费用和效益计算中要考虑资金的时间价值进行动态计算）；④在对不同方案进行评价、比较时，应注意方案在时间、价格、指标等方面的可比性。

经济评价的主要内容有：国民经济评价（直接经济效果评价）、间接经济效果评价、财务经济评价、不确定性分析、方案比较等。

9.3.1 国民经济评价

国民经济评价就是按照资源合理配置的原则，从国家整体的角度来考察规划项目的收益和费用，从而评价规划项目经济上的合理性。这里的费用是指规划项目投入的直接经济价值。主要包括：规划项目的建设费、规划项目的养护费、规划项目的管理费、残值等。这里的效益是指该项目为国民经济所做的贡献，并且能用货币形式表现的项目产出的经济价值。主要包括：缩短运输距离带来的运输费用降低的效益；缩短客、货在途时间的效益；新建道路或提高道路等级、改善道路条件及交通条件带来的运输费用降低的效益，以及由此诱发与吸引新运量所产生的效益；相关公路减少拥挤产生的效益；提高运输质量、减少货损货差的效益；减少交通事故而产生的效益等。

1. 国民经济评价主要评价指标

国民经济评价的主要评价指标如下：

(1)效益费用比(BCR)

效益费用比是建设项目在使用年限内各年效益的现值总额与各年费用的现值总额的比率，其经济含义为每万元投资费用可获得的收益。

(2)经济净现值(ENPV)和经济净现值率(ENPVR)

经济净现值是评价期各年项目的效益现值总额减去费用现值总额后的余额。经济净现值率是项目的经济净现值与其投资现值之比，即单位投资的经济净现值。

(3)经济内部收益率(EIRR)

经济内部收益率是规划项目在计算年限内，使效益现值总额同费用现值总额两者相等时的折现率，也就是经济净现值等于零时的折现率。

(4)经济投资回收期(ET)

经济投资回收期是以规划项目的净效益抵偿该项目建设总投资所需的时间，也就是使得经济净现值 ENPV 等于零所需的时间。经济投资回收期反映出项目的获利能力与风险的大小。经济投资回收期短，表明获利能力较强，风险较小。

除以上 4 个指标外，还有反映项目对国家外汇贡献的指标“经济外汇净现值($ENPV_F$)”“经济外汇净现值率($ENPVR_F$)”“经济换汇成本和经济节汇成本”等。

2. 经济收益计算

在国民经济评价中，交通运输项目的经济收益的计算是一项相当复杂的工作。它通常包括以下内容：

(1)缩短运距减少运输费用的效益 B_{hd} 和 B_{kd}

若规划项目的实施将缩短运距，则在这些路段上的货运与客运运输成本的减少额分别为

$$B_{hd}=C_{ho}Q_h(L_o-L_n) \tag{9.18}$$

$$B_{kd}=C_{ko}Q_k(L_o-L_n) \tag{9.19}$$

式中　B_{hd}，B_{kd}——分别为规划项目实施后，因缩短运距节约的货运运输成本与客运运输成本，万元；

C_{ho}，C_{ko}——分别为规划项目实施前，在规划年交通量状况下的货运单位运输成本(元/t·km)与客运单位运输成本，元/人公里；

Q_h，Q_k——分别为规划项目中缩短运距路段上相应的预测货运量(万 t)与预测客运量，万人；

L_o，L_n——分别为规划项目实施前与实施后的线路里程，km。

(2)公路等级提高带来的效益 B_{hj} 和 B_{kj}

若规划项目的实施将提高道路等级，则将提高车辆平均行驶速度、降低油耗和材料消耗，从而降低了货运与客运的运输成本。这部分效益可用下式计算：

$$B_{hj}=(C_{ho}-C_{hn})Q_hL_j \tag{9.20}$$

$$B_{kj}=(C_{ko}-C_{kn})Q_kL_j \tag{9.21}$$

式中 B_{hj}，B_{kj}——分别为规划项目实施后，因道路晋级而节约的货运运输成本与客运运输成本(万元)；

C_{ho}，C_{ko}——分别为规划项目实施前，在规划年交通量状况下的货运单位运输成本(元/t·km)与客运单位运输成本，元/人公里；

C_{hn}，C_{kn}——分别为规划项目实施后，在规划年交通量状况下的货运单位运输成本(元/t·km)与客运单位运输成本，元/人公里；

Q_h，Q_k——分别为规划项目中晋升等级道路上相应的预测货运量(万 t)与预测客运量，万人；

L_j——晋升等级道路里程，km。

(3)相关公路减少拥挤的效益 B_{hy} 和 B_{ky}

若规划项目的实施将吸引大量的交通流量，则将使原相关道路上的拥挤程度降低，平均技术车速提高，从而降低相关道路上的货运与客运的运输成本。这部分效益可计算如下：

$$B_{hy}=(C_{ho}-C_{hn})Q_hL_y \tag{9.22}$$

$$B_{ky}=(C_{ko}-C_{kn})Q_kL_y \tag{9.23}$$

式中 B_{hy}，B_{ky}——分别为规划项目实施后，因相关道路减少拥挤而节约的货运运输成本与客运运输成本，万元；

C_{ho}，C_{ko}——分别为规划项目实施前，在规划年交通量状况下的货运单位运输成本(元/t·km)与客运单位运输成本，元/人公里；

C_{hn}，C_{kn}——分别为规划项目实施后，在规划年交通量状况下的货运单位运输成本(元/t·km)与客运单位运输成本，元/人公里；

Q_h，Q_k——分别为规划项目实施后，可减少拥挤的原相关道路上相应的预测货运量(万 t)与预测客运量，万人；

L_y——可减少拥挤的相关道路里程，km。

(4)节约货物在途时间的效益 B_{hs}

若规划项目的实施将提高车速，节约货物在途时间，则可缩短资金周转时间而产生效益。这部分效益可按在途物资所需流动资金利息(可用社会折现率)的减少支出量计算，即：

$$B_{hs}=CQ_hI_hT_{hs} \tag{9.24}$$

式中　B_{hs}——规划项目实施后，节约货物在途时间的效益，万元；

C——在途货物的平均价格，元/t；

Q_h——规划项目中的预测货运量，万 t；

I_h——年小时流动资金利息率或社会折现率，%；

T_{hs}——规划项目实施后，节约货物在途时间总量，h。

(5)减少货损货差的效益 B_{hl}

若规划项目的实施将改善交通条件，则可减少在途货物的货损而产生效益。其计算公式如下：

$$B_{hl}=CQ_h(S_o-S_n) \tag{9.25}$$

式中　B_{hl}——规划项目实施后，减少在途货物货损所节约的费用，万元；

C——在途货物的平均价格，万 t；

Q_h——规划项目中的预测货运量，万 t；

S_o，S_n——分别为规划项目实施前与实施后的货损率，%。

(6)节约乘客在途时间的效益 B_{ks}

若规划项目的实施将提高车速，节约乘客在途时间，则可创造更多的国民收入而产生效益。这部分效益可按乘客的时间价值计算，即

$$B_{ks}=\alpha I_k Q_k T_{ks} \tag{9.26}$$

式中　B_{ks}——规划项目实施后，节约乘客在途时间的效益，万元；

α——乘客工作性出行时间占总出行时间的比例；

Q_k——规划项目中的预测客运量，万人；

I_k——规划年社会劳动者人均小时国民收入，元/h；

T_{ks}——规划项目实施后，节约乘客在途时间总量，h。

(7)减少交通事故而节约的费用 B_A

若规划项目的实施将改善交通条件，则可减少交通事故，从而减少事故损失费而产生效益。其计算公式如下：

$$B_A=L_A(A_o-A_n)M \tag{9.27}$$

式中　B_A——规划项目实施后，减少交通事故所节约的费用，万元；

L_A——交通事故平均损失费用，万元/次；

A_o，A_n——分别为规划项目实施前与实施后的事故率，次/万车公里；

M——规划项目中的预测的车辆行驶量，万车公里。

(8)诱增交通量带来的效益 B_Z

若规划项目的实施将改善交通运输条件、降低运输费用，则可能诱发与吸引新的运量需求而带来效益。这部分效益的计算比较复杂，应根据规划项目的具体情况而定。

综上所述，规划项目可带来的全社会总的直接经济效益 B 为上述各效益之

和,即

$$B=B_{hd}+B_{kd}+B_{hj}+B_{kj}+B_{hy}+B_{ky}+B_{hs}+B_{hl}+B_{ks}+B_{A}+B_{Z} \quad (9.28)$$

9.3.2 间接经济效果分析

交通运输规划项目对国民经济所做的贡献除了能用货币形式表现的产出的经济价值外,还有无法简单地用货币形式表现出来的间接经济效果。其内容主要有:促使生产布局的合理化;促进区域经济的发展;有利于资源(如矿产资源、旅游资源等)的开发和利用。此外,还有因项目的综合利用带来的发电效益、防洪效益、灌溉效益、水产效益、旅游效益等。交通运输规划项目对经济还有一些负面影响(又称外部不经济影响),如因占用农田造成的减少农作物产量等。

9.3.3 财务经济评价

财务经济评价是企业从财务角度出发,根据国家现行财税制度和现行价格体系,分析、计算项目直接发生的财务效益和费用,编制财务报表,计算财务评价指标,考察项目的获利能力、清偿能力及外汇效果等财务状况,以判断项目在财务上的可行性。

在项目的财务评价中,研究的重点是现金流量。现金流量包括现金流出量、现金流入量和现金净流量。其中,现金流出量是指方案引起的企业现金支出的增加额;现金流入量是指方案所引起的企业现金收入的增加额;现金净流量是指一定期间现金流入量和现金流出量的差额。

财务评价中的费用又称财务费用,它与国民经济评价中的费用(又称经济费用)的概念不同。项目的财务费用是从运输企业财务角度来衡量估算项目支出的货币代价。财务费用是以货币的支付和现金流量的减少为鉴别原则,凡是为项目的兴建和运营造成了货币支付和减少现金流量的,不论是过去发生的而应摊入项目负担的已投入费用,也不论是上缴税款和债务清偿,更不管是否消耗,只要是发生了费用,便一概列入财务费用。而项目的经济费用是指为兴建和经营项目耗费的全部费用。经济费用不是以货币的支付为转移,也不以现金流量的减少为标准,而只以减少国民收入为唯一的鉴别原则。因此,只有因项目的实施造成的国民经济费用的增加部分,才可列入经济费用。经济费用应考虑资源的机会成本。机会成本是指由于进行这个项目占用了某种资源,而使这种资源不能用于另一个项目上,因而放弃了另一个项目所能获得的最佳效益。例如,将一个果园改建为车站,而这个果园原先每年的净收益是100万元,由于建成车站而被迫放弃了这个收益机会,则其机会成本即为100万元。财务费用和经济费用从不同的角度来估算项目的费用,它们在评价中互为补充。在实际评价中,可以采用转换系数将财务费用调整为经济费用。

财务评价的主要指标有：

(1)财务净现值(FNPV)，它是指方案未来现金流入的现值与未来现金流出的现值之间的差额。

(2)财务内部收益率(FIRR)，它是项目在计算期内各年现金净流量现值的和等于零时的贴现率，或者说使项目的净现值为零的贴现率。

(3)静态投资回收期(T)和动态投资回收期(T′)，投资回收期是指投资引起的现金流入累计到与投资额相等所需要的时间。它代表收回投资所需要的年限。回收年限越短，方案越有利。其中，静态投资回收期不考虑资金的时间价值，而动态投资回收期则考虑资金的时间价值。

财务评价除了上述3个常用的指标外，还有投资利润率、投资利税率、资本金利润率、借款偿还期等指标。

9.3.4　不确定性分析

在项目评价中存在着许多不确定因素。例如，预测数据的误差，基本数据的误差和不足，统计资料的不足，技术进步引起的变化，价格的变动，经济结构的变化等。各种不确定因素作用的结果，可能对评价项目产生很大的影响。因此，在进行规划项目评价时，需要进行不确定性分析，以估计项目可能承担的风险，确定项目在经济上的可靠性。

不确定性分析包括盈亏平衡分析、敏感性分析和风险分析。

盈亏平衡分析是通过盈亏平衡点分析项目的成本与收益的平衡关系的方法。通过平衡分析，可以观察在运价变动、运输需求不足等不利情况下，项目可承受多少风险而不致发生亏损。

敏感性分析是找出对经济效益评价指标的优劣影响大的因素，并确定其影响程度。这类因素称为敏感性强的不确定因素。例如：价格、建设工期、外汇汇率等。这些因素的变化将产生风险，并使经济评价的结果随之发生变化。敏感性分析的目的，就是找出这些敏感性强的不确定因素，分析其产生的原因，确定其变化条件和范围，并采取相应的对策以提高经济评价结论的可靠性。对于受不确定因素影响很大的方案，可考虑予以淘汰。

风险分析是利用概率来研究和预测不确定因素的变化对方案经济评价指标产生的影响，为决策提供依据。

9.3.5　不同方案的经济比较

方案的经济比较是寻求最优决策的重要依据。方案的经济比较，就是对经筛选后的可行方案进行经济计算，通过详细的论证比较来确定经济效益最优的方案。

原则上方案比较应通过国民经济评价结果来进行。如果各比较方案的费用和效益基本相同，为了简化计算，可在不与国民经济评价结果发生矛盾的条件下，通过财务评价结果的比较来进行。方案比较的具体做法可按各个方案所含的全部因素（相同因素和不同因素）计算各方案的全部经济效益，进而作出全面的比较；也可不计算方案的相同因素，而仅就不同因素计算相应的经济效益，进而作出局部的比较。通过方案比较，可得到经济效益最佳的方案。不过最终决策还要对方案的技术效益、经济效益（包括直接与间接经济效益）、社会效益等综合效益进行全面衡量才能作出。

9.4 交通运输网络规划的社会评价

社会评价是分析规划方案（项目）对规划区内的社会方面的作用和影响。

交通运输业在城市的形成、资源的开发、就业的增加、区域的繁荣过程中起着举足轻重的作用，上海港对于上海繁华的作用就是一个明证。交通运输对于社会经济的这种作用往往是其他部门不可代替的、具有推动性的重大作用。其中，对于社会方面的作用一般较难量化，而且在不同情况下有着很大的差别。因此，在进行社会评价时，应将定性与定量相结合，根据具体情况进行分析。

社会评价的主要内容如下：

（1）对人们生活、工作的影响（用户效益、服务水平）。

这部分影响又称用户效益。从交通运输行业的角度看，就是服务水平的提高。它是指交通运输的快捷性、安全性、经济性、舒适性等。

（2）对国土开发与利用的影响。

这是指交通运输发展带来的生产力布局和产业结构的变化及由此带来的对土地开发利用的影响，以及交通运输项目占用的土地损失等。

（3）对增加就业机会的影响。

（4）对分散城市人口、促进人口流动的影响。

（5）对国防的影响，以及对促进对外交流、增强国际威望的影响。

（6）对文化、教育、卫生的影响。

（7）对促进交流、增进国家统一与民族团结的影响。

（8）对环境的影响。这部分影响包括交通运输项目对空气、水质、土壤、噪音、动植物的不良影响，对自然景观和历史遗迹的破坏等。

9.5 交通运输系统规划的综合评价

前文介绍了交通运输系统规划的技术评价、经济评价和社会评价，但是，要最终确定各个方案的优劣排序，还需将交通运输系统规划方案在诸方面的效益综合起来，得到方案的综合评价值。综合评价就是在各规划方案的技术、经济和社会评价的基础上，对各方案的全部效益进行全面的、综合的评价，从而获得科学的、客观的结论。

9.5.1 综合评价的内容和原则

综合评价是对交通运输规划项目进行综合分析和评价，并提出主要结论性意见。其主要内容如下：①综述项目的技术效益、国民经济效益和社会效益；②综述项目的企业(财务)经济效益；③综述项目的综合效益；④综述项目研究过程中重大方案的选择和推荐意见；⑤综述项目评价中存在的问题和建议。例如，需要与项目同步建设或先期建设的项目及要求条件需要地方和有关部门配合解决的问题等。

在进行综合评价时，应注意以下原则：

(1)区域间的交通联系需要多种运输方式来共同完成，5种运输方式是一个整体，应从总的社会经济效益出发，促进各种运输方式密切协作和相互配合，发挥综合运输的优势。

(2)交通运输的布局，应尽量使区域交通结构合理化、协调化，使区域交通运输与区域的经济、人口规划自然环境、资源开发利用等相适应。除了考虑本区域社会经济发展的运输需求外，还要考虑更大地域的运输需求。

(3)交通运输布局和运输方式选择要做到点(站，枢纽)、线(线路)、面(交通网络)相结合，形成综合运输能力；还要考虑线路通过地区的地质、地形、气候、水文等自然条件以及社会经济技术、城市规划等因素，进行多因素、多目标的综合研究和评价。

(4)5种运输方式均有其各自的技术运营特点、经济功能、适应范围和不足之处，因此应在各种不同运输方式的单一指标的基础上进行综合比较；方案的技术、经济、社会等效益也有其各自的评价指标，这些指标的量值水平与量纲不同，因此应先将各效益的评价结果变换为具有可比性的量值，再进行综合比较。

(5)综合评价的结果，要在对各规划方案进行全面审查、分析、比较的基础上，提出综合效果好的方案，为决策者提供科学依据。

9.5.2 综合评价的指标体系

如前所述综合评价应对规划方案的多种方式、多种效益进行评价，这种评价是多因素、多目标的评价，为此，应建立相应的综合评价指标体系。

(1)技　　术

运网自身的建设水平，包括网络连通度、路网密度、运网可达性、运输方式与服务水平的连续性、与网外干线连接程度、覆盖形态和铺面率；

运网满足需求的水平，包括运网适应性、路网饱和度、负荷均匀性和路网平均技术车速。

(2)经济效益

国民经济直接经济效益，包括经济净现值、效益费用比、经济内部效益和投资回收期；

经营部门经济效益；

国民经济间接经济效益，包括对地区经济发展的影响、自然资源的开发与利用和项目的综合利用。

(3)社会效益

与国家政策及地区经济发展的一致性；

对国土开发利用的影响；

就业；

促进人口合理分布；

国防及对外交流；

对促进交流、增加国家统一与民族团结的影响；

对人民生活的影响。

(4)环　境

国土占有；

污染(排放污染物、噪声)；

对生态平衡的影响；

对自然景观和历史遗迹的影响。

该评价指标体系较全面地反映了交通运输对于社会、经济、技术、环境诸方面的影响。其中，“环境”也可作为“社会效益”的子准则，考虑到交通运输的发展对环境往往有负面影响，而且该指标十分重要，因此，我们将“环境”作为一个独立的重要评价准则单独列出。在实际评价工作中，可根据具体情况对该指标体系中的指标进行简化、修改或增删。

9.5.3　综合评价的方法

由图 9.5.2 中的指标体系可知，由于交通运输系统规划系统是一个多目标、多准则、多因素、多层次的复杂系统，因此交通运输系统规划的评价有多个指标。在众多指标中，有些指标只能进行定性分析，有些指标虽能定量计算，但指标间的量纲也不统一。此外，每一个评价指标只反映方案在某个侧面的特点。因此，要确定各方案在总体上的优劣，必须将评价指标及单目标的评价结果统一到一个标准尺度上。

为了得到综合评价结果，首先要确定各评价指标的权重，即确定各评价指标的相对重要性。然后，要根据实际情况给出各方案的单指标评价值。最后，要将单指标的评价值按其权值综合起来，得到各方案的综合评价值。

综合评价的常用方法有：①专家打分法；②专家调查法；③层次分析法；④模糊综合评价法；⑤多目标综合评价方法。

在上述方法中，层次分析法是一种较为实用的多准则综合评价方法。它把复杂问题分解为各个组成因素，并将这些因素按支配关系形成有序的递阶层次结构；通过两两比较的方法确定层次中诸因素的相对重要性；最后，综合人的判断以决定决策诸因素相对重要性的排序。这种方法能够统一处理决策中的定性与定量因素，具有实用性、综合性、系统性、简洁性等优点。用层次分析法进行交通运输系统规划的综合评价的基本步骤如下。

(1)建立递阶层次结构模型。通过查阅文献资料，构造初步的交通运输系统规划的评价指标体系。将此初步的评价指标体系交由有关专家评审与修改，最后，建立交通运输系统规划的递阶层次结构模型。

(2)确定比较判断矩阵。由于大部分技术指标与经济指标较易量化，我们可将计算得出的运网的技术指标值和经济指标值进行比较，并将比较结果转化为比较判断矩阵。对于较难量化的指标，我们可通过向专家咨询，用两两比较的方法，并将其量化，得到这些指标的比较判断矩阵。

(3)运用模型，计算各方案的相对重要性排序权值，并进行一致性检验。

层次分析法模型可通过编程，在计算机上运行，进行层次单排序与层次总排序。运行结果，得到各指标的相对重要性排序权值(权重)、各方案的单指标评价值及其综合评价值。同时，对模型进行一致性检验，只有当模型具有满意的一致性时，模型才是有效的，否则应对比较判断矩阵进行修正。

(4)分析运行结果，提出最优方案的推荐意见。

总之，交通运输系统规划评价是交通运输规划中的重要问题，上述方法可为交通运输规划的优化和决策提供较科学的思路。

参 考 文 献

[1]任科社. 交通运输系统规划[M]. 北京:人民交通出版社，2005.
[2]陈声洪，陈小鸿，阮哲明，等. 城市交通战略与规划[M]. 北京:中国建筑工业出版社，2016.
[3]沈志云. 交通运输工程学[M]. 北京:人民交通出版社，1999.
[4]周楠森. 城市交通规划[M]. 北京:机械工业出版社，2011.
[5]王振军. 交通运输系统工程[M]. 南京:东南大学出版社，2008.
[6]邵春福.交通规划原理[M]. 北京:中国铁道出版社，2004.
[7]王炜，过秀成. 交通工程学[M]. 南京:东南大学出版社，2000.
[8]张荣光，李婧，邵春福. 公路实测交通量与统计运输量关系模型研究[J]. 现代交通技术，2007,4(6):59-62.
[9]蒋昌俊，章昭辉. 城市交通先进计算技术[M]. 北京:科学出版社，2014.
[10]张伟，魏永青，刘婷婷，等. 大数据背景下的智能交通系统应用与平台构建[J]. 山西建筑，2019，45(11):183-185.
[11]王庆海. 城市道路交通规划与管理[M]. 北京:中国建筑工业出版社，2007.
[12]陆锡明. 综合交通规划[M]. 上海:同济大学出版社，2003.
[13]陈伟，佐律. 城市道路网等级结构布置方法浅析[J]. 城市建设理论研究:电子版，2012(13):1-4.
[14]王炜，过秀成. 交通工程学[M].2 版. 南京:东南大学出版社，2011.
[15]祖永昶，王波，顾金刚，等. 国家标准《城市道路交通组织设计规范》(GB/T 36670—2018)解读[J]. 交通运输研究，2018，4(5):12-19.
[16]中华人民共和国住房和城乡建设部. 城市道路交叉口规划规范:GB 50647—2011[S]. 北京:中国计划出版社，2011.
[17]文国玮. 城市交通与道路系统规划[M]. 北京:清华大学出版社，2001.
[18]徐循初. 城市道路与交通规划[M]. 北京:中国建筑工业出版社，2007.
[19]过秀成. 城市交通规划[M]. 南京:东南大学出版社，2010.
[20]中国建筑学会城市交通规划分会. 1998—2008 年全国城市交通规划优秀作品集[M]. 北京:中国建筑工业出版社，2009.
[21]沈丽萍. 城市轨道交通系统规划[M]. 四川:西南交通大学出版社，2013.
[22]邱志明，周晓勤. 城市轨道交通系统规划与建设:中国武汉与日本部分城市的案例研究[M]. 北京:北京交通大学出版社，2006.
[23]刘迁. 我国城市轨道交通线网规划实践与思考[M]. 北京:人民交通出版社，2015.
[24]朱顺应，郭志勇. 城市轨道交通规划与管理[M]. 南京:东南大学出版社，2008.
[25]陆化普. 城市轨道交通规划的研究与实践[M]. 北京:中国水利水电出版社，2001.
[26]耿淑香. 航空公司运营管理方略[M]. 北京:中国民航出版社，2000.

[27]刘舒燕. 交通运输系统工程[M]. 北京:人民交通出版社，2006.
[28]吴兆麟. 综合交通运输规划[M]. 北京:清华大学出版社，2009.
[29]纪书锦，王磊，孙兴堂,等. 手机信令技术在城市路网规划中的应用研究:以镇江东站片区路网规划为例[J]. 江苏城市规划，2019(5):29-33.
[30]毛晓汶. 基于手机信令技术的区域交通出行特征研究[D]. 重庆:重庆交通大学,2014.